子どもと保育を守る！

［令和版］

園と保育者の防災防犯大全

ダウンロードコンテンツつき

国崎信江 著

Gakken

はじめに

令和6年元日に能登半島地震が発生しました。

「地震は時と場所を選ばない」とはよく言いますが、家族や親族が集まる正月に起きるなど誰が想像できたでしょうか。あまりに残酷な事態に、その悲しみを伝える言葉が見つかりません。能登半島地震で亡くなられた方の多くが、建物の脆弱性により、逃げる間もなく家屋に挟まれたり閉じ込められたりしました。残念なことに津波の危険があり、助けを求めても、津波警報が解除されるまで警察も消防も救助活動ができず、無念にも救えない多くの命がありました。

この地震の教訓は、「大きな災害が起きると、警察も消防も誰も助けに来られない」という覚悟をもつこと。そして、なによりも子どもや職員の命を守るために、園舎等の耐震性の確保が防災の「一丁目一番地」、最重要事項だと言えます。

防災では常に最悪の事態を想定して備えることが基本ですが、園において対策を講じる際も、一番発生してほしくない時間や場所について、つまり最悪の状況を想定して準備しているかどうかを見直してみましょう。

「想定外」をできるだけ「想定内」にしておくことで、被害を軽減することができます。これは防災だけでなく、事故や犯罪にも共通して言えることです。過去に起きた事故や事件について、「悲劇を繰り返さない」という強い意志をもって、さまざまなシチュエーションを想定して対策を練る必要があります。本書では、園で起こりうるあらゆるシチュエーションを取り上げ、対策について説明しています。この情報を参考にしながら、みなさんの園の環境に合わせて対策を練っていただければと思います。

本書は、雑誌『ほいくあっぷ』の3年分の連載記事に新たな内容を加えて構成しています。雑誌の読者からの「見逃した記事を読みたい」「あらためて読み返したい記事がある」「まとめて保存したい」というご要望にお応えする形で書籍化しましたが、まとめてみるとコンテンツ量が多く、かなり充実した読み応えのある本になっていると感じます。

見落としがちな留意点やこれまであまりふれられていなかった項目など、これまでにないきめ細やかな情報を提供しています。また、近年に発生した事例など、最新情報も紹介していますので、園に求められる危機管理対策への新たな気づきもあるのではないでしょうか。

大きな災害が頻発し、痛ましい事故、犯罪が起きるたびに、今日命があることが奇跡のように感じます。笑顔で平穏に過ごせる奇跡がずっと続くように、そして、万が一、災害や事故、犯罪が起きたとしても、致命傷にならず、一日も早く復旧・復興ができるように、しっかり備えてほしいと思います。この本が、安全な毎日を築くためのよりどころとして、みなさんのお役に立てることを願っています。

国崎信江

(危機管理アドバイザー・危機管理教育研究所代表)

CONTENTS

第1章 まずは地ならし！
園の防災防犯きほんのき 7

知っておこう！
園の災害リスク 8

万全に、でも無理なく！
安全計画を立てよう 12

安全な環境づくり【園庭編】 18

安全な環境づくり【園舎編】 22

行政機関との連携 26

備えあれば憂いなし！
防災グッズを備える 28

第2章 守りを固める！
災害・感染症・不審者・事故対策 33

近年増加傾向！
大雨・雷対策 34

雪が少ない地域も！
雪害対策 40

防火・消火・避難の基本！
火災対策 44

迅速に情報を得て避難！
津波対策 48

降灰への対策も！
噴火対策 52

基本をおさらい！
感染症対策 56

園内でも園外でも！
不審者対策 60

散歩中やバス送迎時は注意！
交通事故対策 64

ほんろうされない！
メディア対応と情報公開 68

第3章

地震に負けない！

被災・被害時の対応 71

災害発生直後の動きが大事！
初動対応 72

注意深く、適切に！
救助活動 76

備えたアイテムを適切に使って
応急手当 80

被災状況を入念にチェック！
施設に被害が出たら 86

電話やネットがつながらなくても！
通信・情報収集手段を備える 90

「避難所になる」想定で準備を！
園が避難所になったら 92

園でできることはたくさん！
子どもと保護者の心のケア 96

被災しても、しなくても！
職員の心のケア 100

再開までの道筋を知る！
休園になったら 104

被災時は力を借りてOK！
支援が必要なとき 108

第4章

ベストをつくす！

保育時の安全対策 113

年度初めから防災防犯対策を！
入園式 114

目的地まで気を抜かない！
散歩 118

下見を忘れずに！
遠足 122

準備と監視を徹底！
水あそび・プールあそび 128

水難事故から子どもを守る！
海あそび・川あそび 136

防災にもつながる！
お泊まり保育 140

防災・感染症対策をしっかりと！
作品展・生活発表会 142

「なんとなく」ではなく本気で！
引き渡し訓練 146

保護者との情報共有を徹底！
入園前説明会・保護者会 152

ダウンロードコンテンツについて

このマークのついたコンテンツは下の
二次元コードからダウンロードできます。
また、下記URLからもアクセスできます。

https://hoikucan.jp/book/bousai/

ダウンロードコンテンツの使用許諾と禁止事項

■ ダウンロードしたコンテンツは、購入された個人または法人・団体が、その私的利用の範囲内で使用することができます。

■ コンテンツ内のイラスト等を園児などの募集広告、施設や園バスのデザイン、施設や団体のPR、物品に印刷しての販売促進への利用や販売など、営利を目的とした配布物や掲示物には使用できません。また、不特定多数の人に向けた配布物や広報誌、業者に発注して作る大量部数の印刷物に使用することもできません。

■ ホームページやSNS（私的利用を含む）など、すべてのウェブサイトに使用することはできません（コンテンツを使って作成した表などをPDFなどの形式で園のホームページに掲載することはできます）。

■ 使用権者であっても、ダウンロードしたコンテンツを複製し、転載・貸与・譲渡・販売・頒布（インターネットを通じた提供も含む）することを禁止します。また、コンテンツ内のイラストを変形・加工して利用することも同様に禁止とします。

著作権

■ 弊社は、この本のダウンロードコンテンツの全ての著作権を管理しています。

免責

■ 弊社は、この本のダウンロードコンテンツの使用により発生した直接的、間接的または波及効果によるいかなる損害や事態に対しても、いっさいの責任を負わないものとします。

動作環境について

■ OS：Windows 10 以上推奨
ソフトウェア：Microsoft Word 2016 以上
アプリケーション：PDF 形式のデータが扱えるアプリケーションソフト

■「安全計画」は、Microsoft Word 2016 に最適化されています。お使いのパソコンの環境やアプリケーションのバージョンによっては、レイアウトが崩れる可能性があります。

第1章

まずは地ならし！

園の防災防犯きほんのき

自園の災害リスクは？
万が一に備えた環境づくりは？
安全計画は万全？
どんな災害や事故にも負けない園にするために、
まずは危機管理の基本を押さえましょう。

知っておこう！

園の災害リスク

自園の地域には、どんな災害のリスクがある？ 安全計画を立てる前に、地域の災害リスクをチェックしましょう。

Check 1

ハザードマップで確認！

地域の災害リスクを調べるのに便利な、ハザードマップ。自治体以外の情報も紹介します。

あらゆる情報を駆使して！

ハザードマップとは、過去の災害と地質的な調査結果を反映して危険区域を指定したもの。主に自治体で作成され、ウェブサイトなどで公開されています。自治体によっては、科学的な知見をもとに最悪のシミュレーションをした結果を反映していることもありますが、近年の異常気象を考えると、ハザードマップ上では危険区域でなくても、安全とは限らないことにも留意しましょう。

また自治体以外に、国土交通省などで公表している災害リスク情報もあります。ウェブサイトで見られる、国土交通省の「川の防災情報」、民間企業による「地盤サポートマップ」など複数あるので、多角的に災害リスクを調べて避難計画に反映し、保護者とも情報を共有しましょう。

POINT

ぜひブックマークしてほしいのが「川の防災情報」。トップページに国土地理院や気象庁のサイトへのリンクがあり、防災情報を集めるのに便利です。

災害リスク情報 関連サイト

川の防災情報	https://www.river.go.jp/index
重ねるハザードマップ	https://disaportal.gsi.go.jp/maps/index.html
地理院地図	https://maps.gsi.go.jp
気象庁防災情報	https://www.jma.go.jp/jma/menu/menuflash.html
地盤サポートマップ	https://supportmap.j-shield.co.jp/

※掲載しているサイトの内容等は変更になることがあります。

Check 2

土砂災害・津波のリスクを調べる

ここでは静岡市をモデルに、「重ねるハザードマップ」で土砂災害・津波の災害リスクを見ていきます。自園の地域についても、同じように調べてみてください。

土砂災害のリスクは…

「重ねるハザードマップ」トップ画面から、自園のある場所を入力し「土砂災害」アイコンをクリックすると……

- □ 土砂災害・土石流発生の危険性がある地域が、色分けして表示される。
- □ 色分け表示地点をクリックすると、詳しいリスク解説が表示される。
- □ 「避難場所を表示」をクリックすると、近隣の避難場所の位置も表示。

津波のリスクは…

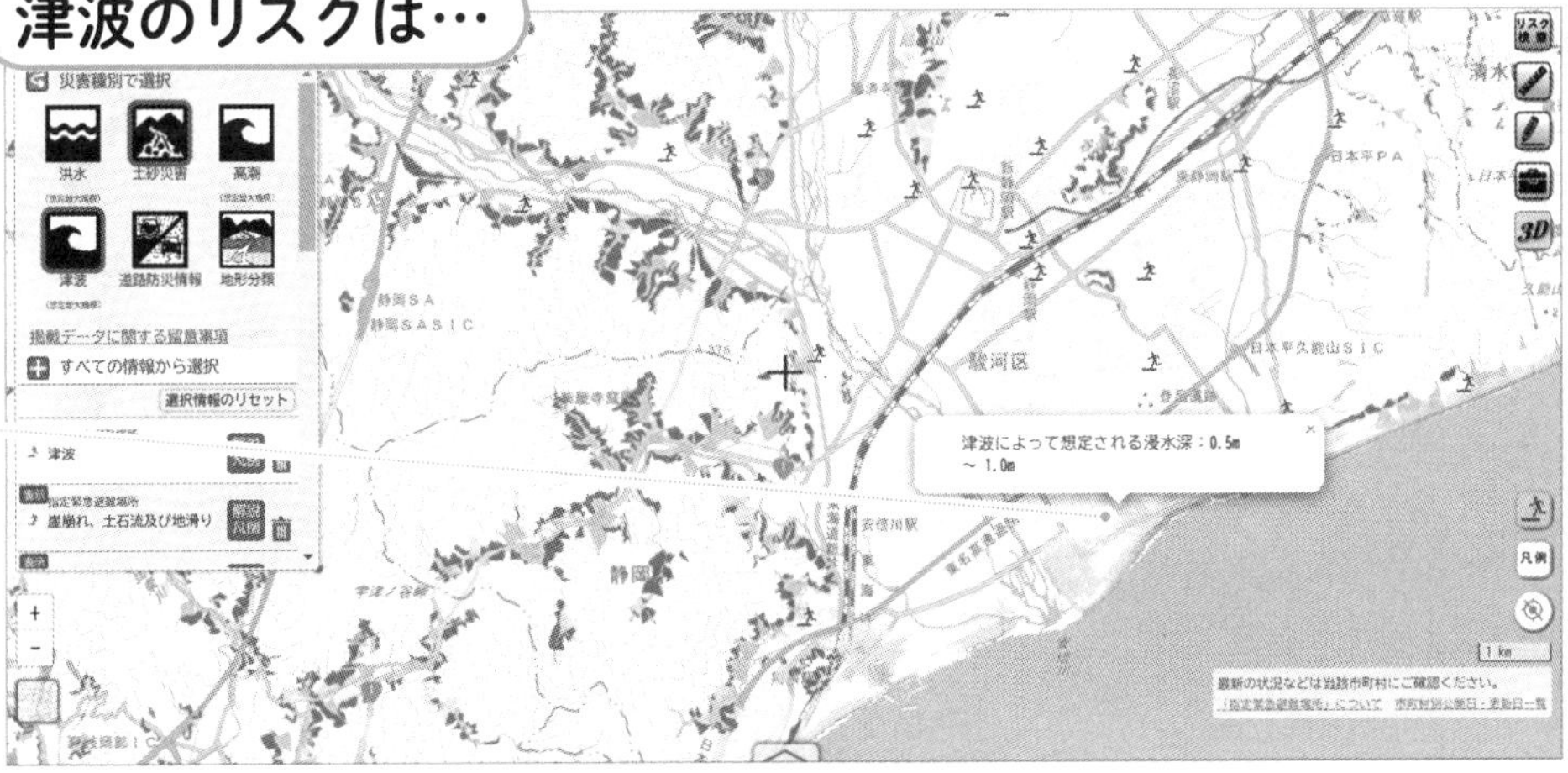

- □ 「津波」アイコンをクリックすると、津波の危険性がある地域が色分け表示され、そこをクリックすると、津波による浸水の深さも表示される。

土砂災害・津波リスクを重ねて見ることで、避難場所・ルートの判断がしやすくなる！

過去の地形も重ねると…

- □ 「地形分類」アイコンをクリックすると、過去の地形も表示される。
- □ 色分けされたところをクリックすると、例えば「氾濫平野」などと表示され、その地形の災害リスクが分かる。
- □ かつて川が流れていたことも画面上に示される。

過去も含めた地理を理解することで、災害状況に対して臨機応変な対応が可能に！

Check
3
水害のリスクを調べる

近年、台風・豪雨による想定外の被害が増えています。静岡県伊豆の国市をモデルに、水害のリスクを確認します。

洪水のリスクは…

□ 「重ねるハザードマップ」の「洪水」アイコンをクリックすると、洪水の危険性がある地域が、色分け表示される。

□ 表示されたところをクリックすると、想定される浸水の深さも表示される。

川の状況を確認するには…

□ 「川の防災情報」トップページの「観測所等の地図情報」をクリック、地域を選択すると、地域の川の水位情報やライブカメラ画像、ダム放流通知などが確認できる。

観測所の河川情報

ライブカメラ画像

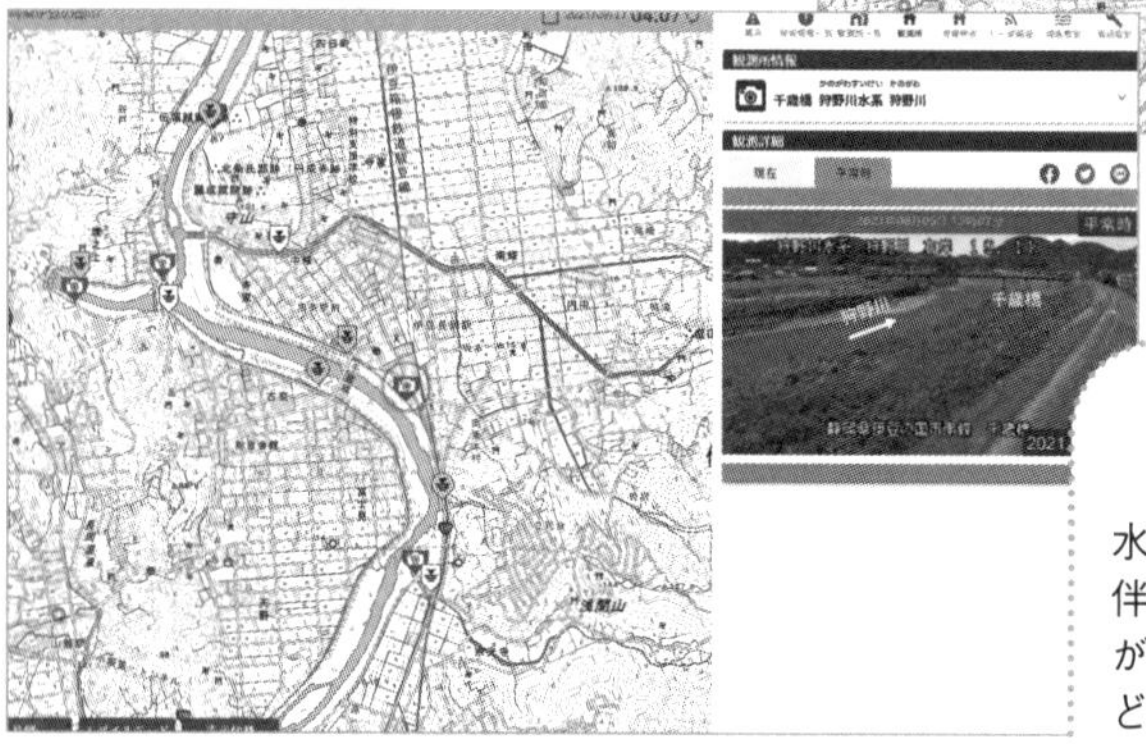

川の水位を確かめに行くのは危険！「ライブカメラ画像」で確認を。

上流にダムがある川沿いの地域では、放流のタイミングをこまめに把握し、即避難できる態勢を整えるのが鉄則。

国崎チェック!

水害は土砂災害の危険性も伴います。最近は集中豪雨が多く、山間部の傾斜地などで地すべり・がけ崩れ・土石流が増えています。地面のひび割れや陥没、がけや斜面から水が噴き出したり、樹木が傾いたりするのは、その前兆。水害・土砂災害のリスクの確認とともに、前兆現象にも注意しましょう。

Column

防災無線の声が豪雨にかき消されて

ダムに溜まった水を放流する際には、河川流域に行政の防災無線で避難を呼びかけます。ただ、激しい雨が降り続いている中では、その声が届かず、過去に逃げ遅れて犠牲者が出たケースがあります。

そんな悲劇を繰り返さないためにも、ウェブサイト上で川の水位を確認すると同時に、上流にダムがある地域ではダムの水位も確かめましょう。

Check 4

地域の災害史・土地の変遷を知る

地域で過去に起きた災害は？　園周辺の街並みはどうやってできたの？
その土地の過去を知り、防災に生かしましょう。

自然災害伝承碑が災害リスクを伝える

日本は昔から自然災害が多く、過去に災害があった場所に石碑が建てられていることが多いです。近年の災害では、石碑があったにもかかわらず見逃されたために教訓として生かされなかった例があり、国土地理院は「自然災害伝承碑」という地図記号を作成。これは国土地理院のサイト「地理院地図」でも確認できます。

園の周辺に自然災害伝承碑があるかを調べ、散歩のルートに入れたり、遠足に行ったりして、子どもたちに伝えるのもお勧めです。

その土地の過去を知り防災対策に生かす

「地理院地図」トップページで「年代別の写真」を選ぶと、過去数十年ほどの航空写真を見ることができます。園がある地域は昔はどんな土地だったのかを調べると、そこから災害リスクを予想することもできます。例えば、数十年前は沼や池だったなら、地震時に液状化する可能性があることが分かり、その土地特有のリスクが見えてきます。園のある地域の地理を、時間・空間ともに立体的に知ることが大切です。

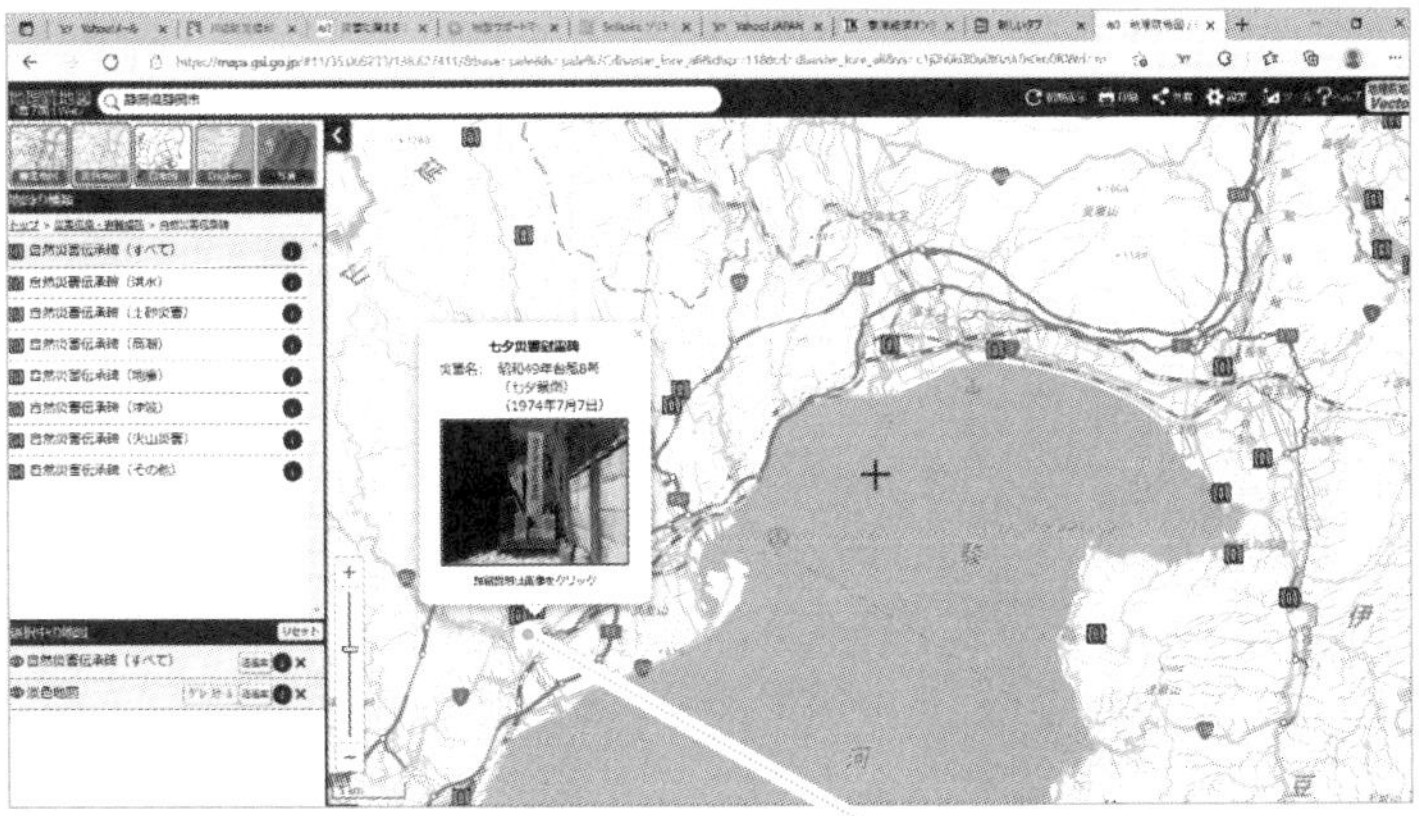

地図記号
「自然災害伝承碑」

- □ 国土地理院「地理院地図」のトップページで、場所を入力し、「地図」アイコンをクリック、「災害伝承・避難場所」から「自然災害伝承碑（すべて）」を選択すると、各地の碑の場所が表示される。
- □ 地図記号をクリックすると、写真と詳しい伝承内容が見られる。

1980 年代の JR 静岡駅周辺。

2020年の JR 静岡駅周辺。約 40 年の間に道幅が広くなり、再開発の跡がうかがえる。

万全に、でも無理なく！

安全計画を立てよう

2023年4月から、全ての園で安全計画を作ることが義務付けられました。災害や生活上の安全を確保でき、無理なく実践できる計画を立てましょう。

Check 1

安全計画作成のポイント

なぜ安全計画作成が義務化されたの？　作成のポイントは？　計画倒れにならないように、基本を押さえて作りましょう。

安全計画作成が義務化

幼稚園などでは以前から学校安全計画の作成が義務付けられていましたが、厚生労働省の「児童福祉施設の設備及び運営に関する基準等の一部を改正する省令」により、2023年度から保育所などでも「安全に関する事項についての計画（安全計画）」の作成が義務付けられました。

義務化のきっかけは、送迎バス内に置き去りにされた園児が亡くなるという事案が連続して発生したこと。子どもの安全確保についての法律は以前からありましたが、災害が増えた昨今は防災に力を入れる傾向が強くなっていました。上記の事案を通して、日常の園生活上の安全確保も含めた、総合的な安全計画が必要とされることに至ったのです。

今回の義務化以前から安全計画を作っていた園でも、防災面だけでなく、園生活のさまざまな場面の安全性を確保できる内容かどうか、改めて吟味する必要があります。

国崎チェック！

計画のポイントは？

POINT 1

量よりも質

たくさんの計画で埋めつくすと、計画倒れになりかねません。無理なく実践できる範囲で計画を立てることが大事です。

POINT 2

園環境に合わせる

高潮、噴火などの災害の可能性がある、交通量が多く道が狭いなど、その園特有の環境に合わせて安全計画を立てましょう。

POINT 3

計画を振り返る

年度末に、計画に沿って実践ができたか、足りない要素がなかったかなどを振り返り、安全計画をアップデートしましょう。

学校安全計画例（幼稚園）

月		4	5	6	7・8
安全教育	生活安全	○園内の安全な生活の仕方 ・遊びの場や遊具（固定遊具を含む）、用具の使い方・小動物のかかわり方 ・困ったときの対応の仕方 ※5歳児：新しく使える遊具や用具、場所の使い方 ○子供110番の家	○園内の安全な生活の仕方 ・生活や遊びの中で必要な道具や用具の使い方（いす、はさみ、ステープラー、スコップ、箸等） ・けがや不調なときの対応 ・小動物の世話の仕方 ・通園バスの乗り降りの仕方や待ち方の約束 ○集団で行動するときの約束 ・一人で行動しない	・雨の日の安全な生活の仕方 ・雨具の扱い方、始末の仕方 ・廊下、室内は走らない ○水遊びのきまりや約束 ・準備体操 ・プールでの約束 ○家に帰ってから ・知らない人についていかない ・「いかのおすし」の約束を知る	○水遊びのきまりや約束 ・準備体操 ・プールでの約束 ○暑い日の過ごし方 ・熱中症予防の水分補給 ・遊び場や遊び方、休息 ○夏季休業中の生活について（安全で楽しい過ごし方） ・花火の遊び方 ・外出時の約束 ・一人で遊ばない
	交通安全	○安全な登降園の仕方 ・初歩的な交通安全の約束(親子で手をつなぐ) ・自転車登降園での約束 ○園外保育での安全な歩き方 ・並ぶ、間隔を空けない等	○道路の安全な歩き方 ・標識、標示（とまれ・等）の意味 ・安全確認（両足をそろえる、左右を見る）の仕方 ○親子路上安全教室	○雨の日の安全な歩行の仕方 ・傘の持ち方 ○園外保育での安全な歩き方 ○乗り物に関する約束 ・車中での過ごし方	○交通安全に関する約束を再確認 ・飛び出し ・道路では遊ばない ・自転車に乗るときの約束（保護者の付き添い） ・自動車の前後の横断
	災害安全	○避難（防災）訓練の意味や必要性 ・教職員など大人の指示に従う ○避難の仕方 ・避難訓練の合図（サイレン、放送・緊急地震速報等） ・「おかしも」の約束 ・防災頭巾等のかぶり方	〈火災：サイレン、放送で伝達〉 ※3・4歳児：集合場面 ・火災時は靴を履きかえない ※5歳児：自由に活動している場面 ・教職員の指示を聞いての避難	〈地震：サイレン、放送、緊急地震速報で伝達〉 ○地震のときの避難の仕方 ・頭を守る ・机の下に潜り、脚を持つ ・避難時は靴を履く（火災と同様に上履きでの避難） ・「おはしも」の徹底	〈火災：火災報知機・放送にて伝達〉 ○放送・教職員の指示を聞き、避難 ・非常用滑り台で避難 ・ハンカチを鼻、口に当てる、煙が発生した場合は低くして避難 ・持っているものは置いて避難
行事		入園式	園外保育・遠足	園外保育・遠足 プール開き	終業式 夏祭り 夏季休業日
安全管理		○安全点検表の作成 ○園内外の環境の点検、整備、清掃 ○保育室の遊具、用具の点検、整備、清掃	○園外保育・遠足等の目的地の実地踏査 ○消防署の指導により教職員の通報訓練、初期消火訓練	○幼児の動線を考え、室内での安全な遊びの場づくりの工夫 ○プールの清掃、水遊びの遊具、用具の安全点検	○熱中症予防のための冷房や換気の活用 ○夏季休業中は園舎内外の施設、設備の見回り ○新学期が始まる前に、保育室内外の清…具、用具の安全…
学校安全に関する組織活動（研修を含む）		○保護者会、園だよりで周知 ・園生活を安全に過ごすためのきまり、約束を連絡（登降園の仕方、園児引渡しの仕方、一斉メールによる連絡の仕方、出欠の連絡、けがや病気に関する連絡方法、災害時の対応） ・通園状況の把握 ○春の交通安全運動 ○遊具の安全点検の仕方に関する研修	○保護者会、園だよりで周知 ・定期健康診断の結果連絡、健康で安全な生活についての意識の高揚 ・一斉メールを使った練習 ・路上での実際指導 ・光化学スモッグ警報発令時の対応の仕方を連絡 ○心肺蘇生法（AEDを含む）の研修	○保護者会、園だよりで周知 ・水遊びのための健康管理 ・夏の生活で必要な安全（雨天時の歩行、登降園時に親子で注意、熱中症への配慮） ・登降園時の落雷や集中豪雨等の自然災害への対応 ○幼児の交通事故の現状（警察署から講義）	○保護者会、園…で周知 ・警察署より交…及び防犯（誘…ついて講話 ・夏季休業中の過…（健康生活、落…風などの気象…の配慮事項の確… ・地…犯…ての… ○不…対…ろな…察…

文部科学省が例示している「学校安全計画（幼稚園）」例
（文部科学省ホームページより）

園児への安全教育を、生活・交通・災害の３つの項目に分けて重点的に記しているのが特徴。安全管理や職員の研修なども含め、１枚の表にまとめている。

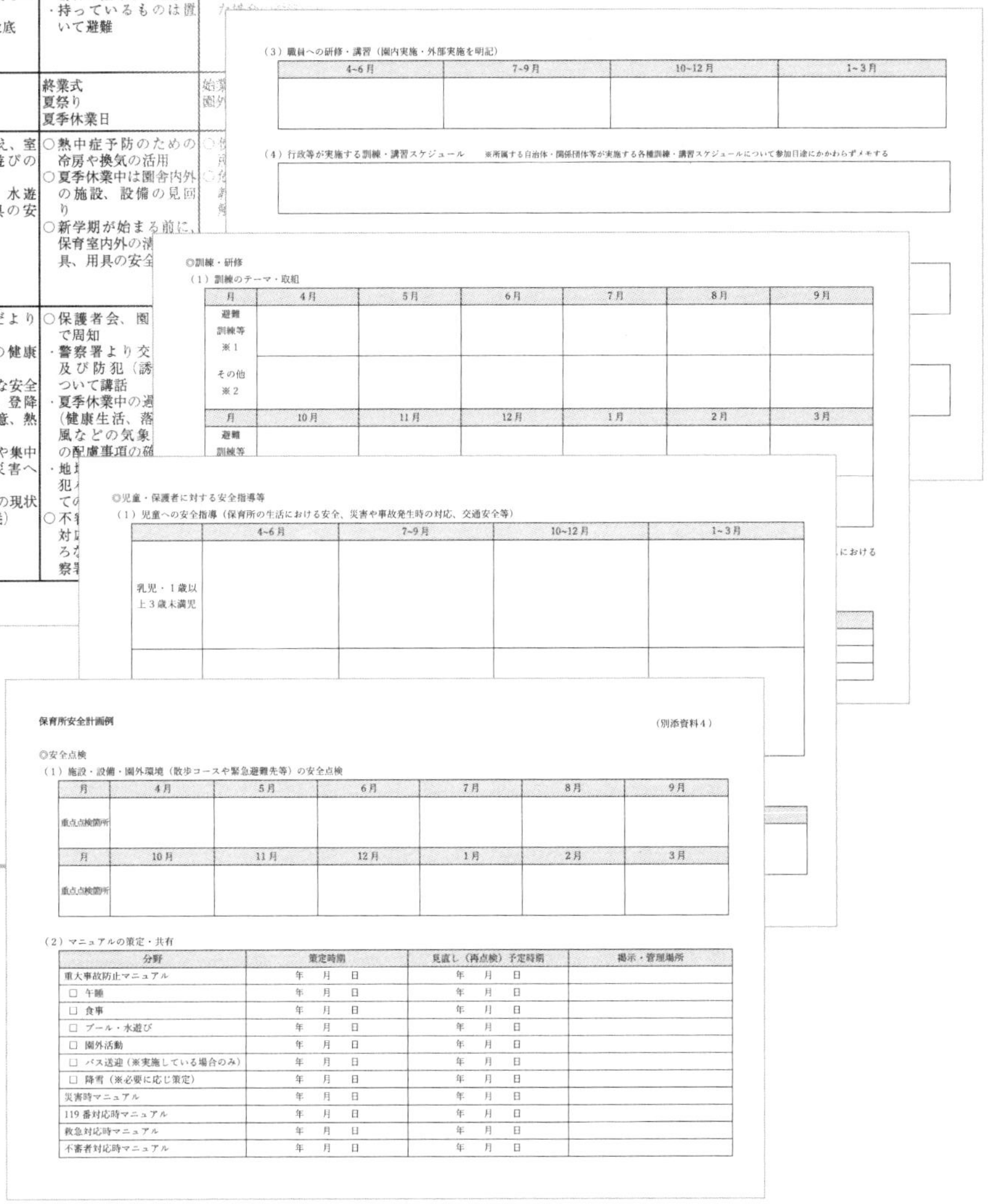

保育所安全計画例　（別添資料４）

◎安全点検

（１）施設・設備・園外環境（散歩コースや緊急避難先等）の安全点検

月	4月	5月	6月	7月	8月	9月
重点点検箇所						
月	10月	11月	12月	1月	2月	3月
重点点検箇所						

（２）マニュアルの策定・共有

分野	策定時期	見直し（再点検）予定時期	掲示・管理場所
重大事故防止マニュアル	年　月　日	年　月　日	
□ 午睡	年　月　日	年　月　日	
□ 食事	年　月　日	年　月　日	
□ プール・水遊び	年　月　日	年　月　日	
□ 園外活動	年　月　日	年　月　日	
□ バス送迎（※実施している場合のみ）	年　月　日	年　月　日	
□ 降雪（※必要に応じ策定）	年　月　日	年　月　日	
災害時マニュアル	年　月　日	年　月　日	
119番対応時マニュアル	年　月　日	年　月　日	
救急対応時マニュアル	年　月　日	年　月　日	
不審者対応時マニュアル	年　月　日	年　月　日	

厚生労働省が例示している「保育所安全計画」例
（こども家庭庁ホームページより）

安全点検、安全指導、保護者との共有、訓練・研修などのスケジュールを、それぞれの表にまとめている。マニュアル策定・共有の一覧表もある。

Check 2

安全計画を作ってみよう

園に必要な危機管理をまんべんなく入れた、国崎オリジナルの安全計画を紹介します。これを参考に、自園の環境に合わせてカスタマイズして作ってみましょう。

Let's ダウンロード!

国崎オリジナル安全計画

11	12	1	2	3
食の安全	火災予防	冬季の地震対策	性教育	1年の振り返り
■給食室の設備安全点検 ■食物アレルギー専用調理場の安全点検	■防火扉・避難経路周辺の設備確認 ■コンセント周りのほこり、電気コードの劣化等の確認	■雪害・防寒対策の設備・グッズ点検 ■雪で滑りやすい場所の点検と措置	■監視カメラの装備・点検 ■盗撮盗聴機器の有無を確認	■内外装・天井・照明器具の安全点検 ■園庭の植栽・遊具の点検・整備 ■防災グッズの保管場所の把握と整理
■食物アレルギー・誤飲誤嚥対応マニュアル作成・確認 ■詰まりやすい食材の確認	■火災時の点呼方法の確認 ■火災時に持ち出す貴重品の確認	■大雪時の対応確認 ■雪かき手順の確認	■ホームページ・SNS上の園児写真取扱いの総点検	■安全計画を作成 ■緊急連絡先を整理 ■災害時の通信、情報収集手段を検証
■安全な食事の仕方	■火の性質を知る ■火災避難時のルールの確認	■雪道、凍った道の歩き方	■性教育の話	■小学校付近の安全な歩き方(5歳児)
■水害避難訓練 ■不審者訓練	■火災避難訓練(園外に避難)	■地震避難訓練(降雪時想定)	■火災避難訓練 ■不審者訓練	■水害避難訓練
■エピペンの使い方・窒息時の対応の訓練	■初期消火の訓練(消防署指導)	■雪下ろし、除雪の実技訓練	■性被害防止研修	■園の重大事故の事例と今年度の園内ヒヤリハット振り返り研修
■アレルギー疾患がある子どもの保護者と面談	■行事参加時の避難経路、避難方法	■降雪時の登降園の注意点	■情報セキュリティ(園児写真のSNS投稿など)	■預かり備蓄返却 ■園の防災防犯対策、登降園時・トラブル発生時・SNS取扱いのルールなど(入園前説明会時)
	■消防署と連携強化	■行政・近隣園と定期防災会議	■地域外の園・系列園と災害協定	

火山噴火の危険がある園の場合

・火山災害のハザードマップを確認し、保護者にも共有
・噴火に伴う諸現象に沿った災害対応マニュアルを作成
・保育中に噴火警報が発令された想定で避難訓練

国崎チェック!

この安全計画の特徴は、月ごとにテーマを立てていること。施設・設備点検、園児への安全指導などの項目に、テーマに合わせた内容を入れています。年間を通して実践することで、防災防犯のあらゆる危機管理ができるはずです。

安全計画（○○○園）

月		4	5	6	7	8	9	10
今月のテーマ		散歩時の安全	園バス事故防止	水害被害防止	プール時の安全	不審者対策	地震の減災対策	感染症対策
安全点検	施設・設備	■遊具の安全点検（毎日） ■公園までの道路上の安全点検 ■公園などの施設安全点検	■園バス車両の整備点検の実施 ■園児置き去り防止対策の機器・システムの設備確認	■浸水防止対策と点検 ■水はけの悪い場所・滑りやすい場所の点検と措置	■プールの設備・水質・防犯面点検 ■日陰設備の設置 ■保育室内の危険箇所点検・家具固定	■防犯カメラ・モニターの点検 ■施錠設備（鍵の劣化等）の点検 ■不審者侵入防止の設備点検	■園内の什器類の転倒防止策の点検 ■救助活動に必要な工具の点検 ■窓ガラスの飛散防止対策の点検	■石鹸、消毒液、抗菌対策の備品の設置点検 ■吐物処理キットの設置
	安全な環境づくり	■ヒヤリハット事例共有（毎月） ■交通安全マニュアル、散歩マップの作成・確認	■置き去り防止のチェック表作成・確認 ■園バス交通事故発生時の行動確認	■洪水・土砂災害のハザードマップ・自主避難の基準・気象情報サイトの見方を共有	■プールあそびのルール作成・確認 ■プールの監視体制確認 ■熱中症予防マニュアルの確認	■不審者の侵入経路の検証 ■園外保育時の不審者対策を検討	■保護者の引き取り方法を確認・検討 ■職員の家族との連絡方法を確認	■感染症ガイドラインの作成 ■吐物処理の手順の確認
園児への安全指導		■安全な遊具の使い方 ■散歩時のルール	■園バスのクラクションの鳴らし方	■雷から身を守る姿勢	■プールあそびのルール	■知らない人に声をかけられたときの対応	■地震発生時の行動	■手洗いの仕方 ■体調管理・生活リズムについて
園児と行う訓練		■地震避難訓練 ■交通安全教室	■火災避難訓練 ■園バス乗降訓練	■水害避難訓練	■地震避難訓練（プール時想定）	■水害避難訓練 ■不審者訓練	■地震救助訓練 ■引き取り訓練	■火災避難訓練
職員研修・訓練		■地震発生時の初動対応訓練 ■FMB*の使い方 ■乳幼児突然死症候群予防確認研修	■施設被災状況の目視点検研修 ■園バス運転士の実技講習	■下水の逆流防止の実技訓練 ■止水板、土のう設置訓練	■過去の水難、海難事故の事例研修 ■水上安全法講習	■不審者対峙訓練（警察指導）	■地震時の救出手順、止血法・胸骨圧迫法・AEDの使い方の講習 ■FMB使用訓練	■感染症流行時の室内除菌の訓練 ■吐物処理の実技訓練
保護者との情報共有		■園の災害リスク、被災時の連絡、引き取り方法 ■預かり備蓄提出	■園児欠席時の連絡・保護者証着用の徹底 ■送迎時の注意点	■水害時避難場所の周知	■健康観察シート記入の徹底	■保護者証着用の徹底 ■家庭での不審者対策	■勤務先・自宅からの引き取り訓練を実施	■預かり備蓄入れ替え（衣服・食料）
行政・地域との連携			■地域の園、学校と協力体制を構築	■行政・近隣園と定期防災会議	■水あそびの注意文書を行政と共有	■警察と連携強化		

こんな項目も入れよう！

マンション・ビル内にある園の場合

- 施設管理者の指導のもと、メンテナンス業者の点検を受ける
- 施設管理者が作成した災害対応マニュアルに沿って、園のマニュアルを作成
- 施設の防火管理者立会いのもと、防災訓練

津波の危険がある園の場合

- 津波来襲時の予想危険地域、津波に関する知識を全職員で共有
- 津波避難場所・避難ビルまでの経路の確認と検証をし、保護者にも共有
- 園から津波避難場所・避難ビルまでの避難訓練

*FMB（ファーストミッションボックス）については73ページ参照。

経験から学ぶ！

安全計画を作りました

安全計画作成の義務化を機に、初めて自園の安全計画をまとめた、静岡県焼津市のなかよし大富保育園。園ならではのスタイルを目指した工夫について聞きました。

園の防災防犯を「見える化」したら……

これまで、さまざまな防災防犯対策や訓練、マニュアル作りなどはもちろん行っていましたが、安全計画作成の義務化を機に、それらを一つに集約しつつ計画を練りました。

まずは、公開されている他園の安全計画をできる限りたくさん参照。多くの計画を見る中で、「みんなが見やすいものがいい」と感じ、文部科学省で例示されている学校安全計画の様式を土台に、項目の配置などを工夫して、1枚の表にまとめることにしました。

作成で気をつけたのは、細かくしすぎないこと。細部まで書き込むと、それを義務的にこなすだけになりかねません。危機感がなくなってしまったら本末転倒です。

主任と2人でまとめ、職員全員にチェックしてもらって完成したので、作成にはかなり時間がかかりました。できあがった安全計画は、年度初めに保護者とも共有しました。

安全計画を作成してよかったことは、いままで当たり前にやっていたことを再確認できたこと。「見える化」したことで、もっと意識的に取り組むきっかけになりました。また、保護者と共有したことで、園の危機管理を伝えやすくなりました。

初めてまとめた安全計画なので、改善の余地はまだまだあります。曖昧なところはもっと具体的な言葉で……など、年度ごとに繰り返し検討していきたいです。

なかよし大富保育園
園長
片山昌代さん

12	1	2	3
発表会 避難訓練	どんど焼き 避難訓練	節分の会 美術展 避難訓練	遠足 卒園式 避難訓練
◎誘拐の防止 ◎暖房機の危険性と安全に関する約束 ◎休園中の生活について（安全で楽しい過ごし方）	◎危険につながる服装を知る ◎冬の健康な遊び方、安全な行動の仕方	◎身の回りの危険を知ろう	◎身の回りの危険を予測しよう
◎いつもと違うことが起こった時に保育者の言葉を聞いて行動しよう		◎身の回りの危険を知ろう	
◎登降園時、園外保育 ・自分で身を守る ・自分の耳と目で確かめる習慣	◎風が強い時の過ごし方	◎マラソンをするときの交通ルールを知る	◎就学にむけての心構え （危険な道路、場所の確認）
◎寒さの中の避難について	◎火の大切さ怖さについて知る	◎不審者、誘拐の対処について知る	◎どこでもどんな場所でも災害が起こることを想定して訓練
◎冬の健康で安全な生活について ◎年末年始の地域の防犯、防災活動に関心を 持ち、幼児に伝える ◎感染症蔓延防止のための換気の徹底	◎感染症蔓延防止のための換気の徹底	◎感染症蔓延防止のための換気の徹底	◎ヒヤリハットによる検証
→	→	→	◎気づきから来年度に向け検討、引継ぎ
→	→	→	◎気づきから来年度に向け検討、引継ぎ
◎冬に流行する病気について知らせる ◎冬に流行する病気について研修	◎感染症の流行や状況を把握しての再確認研修	◎誤嚥誤飲しやすい食材の再確認	◎気づきから来年度に向け検討、引継ぎ

POINT

文部科学省例示の書式を土台にしていますが、保育園のため生活面をより詳しくしたく、「安全管理」項目の中にさらに「食」「睡眠」の項目を作りました。また、「生活安全」項目では、「幼児」「乳児」に分けて、全園児の安全教育に配慮。自然が多い園の環境に合わせて、虫や小動物などに特化した記載も加えています。

なかよし大富保育園　安全計画

月	4	5	6	7	8	9	10	11
行事	入園進級式 避難訓練	子どもの日のつどい 避難訓練 健康診断	避難訓練 歯科健診 花火教室	プール開き 合宿 避難訓練	夏祭り 避難訓練	避難訓練	卒園旅行 運動会 避難訓練 健康診断	交通安全教室 遠足 避難訓練
安全教育 生活安全 幼児	◎園内の安全な生活の仕方 ・登降園の仕方、身支度と約束 ・遊具、用具の使い方、ルールの確認 ・小動物や虫との関わり ・困った時の対応の仕方	◎園内での安全な生活の仕方 ・道具や遊具の使い方 ・椅子、ハサミ、箸、ブランコなどのルール ◎集団での約束 ◎危険な虫を知る ◎散歩の約束を知る	◎熱中症対策 ・休憩・水分補給の大切さを知る ◎雨の日の楽しみ方 ・滑りやすい場所を知る ・雨後の固定遊具の危険性を知る ◎狭くて閉じられた場所の危険を知る	◎プール、水遊びでの約束 ・準備体操 ・プールでの約束 ◎熱中症対策 ・休憩・水分補給の大切さを知る ◎家に帰ってから ・ 知らない人について行かない	◎プール、水遊びでの約束 ・準備体操 ・プールでの約束 ◎熱中症対策 ・休憩・水分補給の大切さを知る ◎危ない小動物を知る	◎運動あそびでの危険なことの約束 ◎ボールや縄跳びなど道具についてのルールを知る	◎園外での（幼児クラスは公共の場での）ルールを知る	◎不審者対応 ・不審者が園に侵入したときの避難の仕方
安全教育 生活安全 乳児	◎園内の安全な生活の仕方 ・生活の流れを知る	◎園内での安全な生活の仕方 ・園内のいろいろな場所を知る		◎プール、水遊びでの約束 ・準備体操 ・プールでの約束 ◎水分補給		◎園内、園外での危険なことを知る ・保育者の言葉から危険に気づき、自分でも経験から感じていく		
安全教育 交通安全	◎安全な登降園の仕方 ◎園駐車場の約束	◎車中での過ごし方	◎雨の日の歩き方、傘の使い方	◎交通安全に関する約束の再確認 ・飛び出し ・道路では遊ばない ・自動車の前後の横断	◎交通安全に関する約束の再確認 ・飛び出し ・道路では遊ばない	◎雨風が強い時の歩き方	◎信号の正しい見方 ・点滅しているときの判断の仕方、適切な行動	◎様々な状況、場面での交通ルール ・道路の横断・駐車中の自動車の前後の横断 ・信号が点滅しているときの行動の仕方など
安全教育 災害安全	◎避難訓練の意味や必要性 ・避難の仕方 ・避難の合図 ・避難経路	◎園外活動中の避難について知る	◎地域との災害時連携について ◎家庭で地震が起こった場合の対処の仕方 ◎花火の使い方	◎プール活動時の災害発生についての避難	◎熱中症アラート下での災害避難	◎総合避難訓練 ◎台風の時の過ごし方 ◎洪水訓練	◎火災で煙が充満したと想定しての訓練	◎災害時引き渡し訓練 ◎県防災訓練
安全管理	◎救急シミュレーション ◎散歩マップの確認 ◎安全点検票作成 ◎園内外、保育室の環境の安全点検、整備、清掃 ・玩具の誤飲がないか ◎与薬についての確認	◎疾病の一次対応を学ぶ ◎散歩コースの再確認（散歩マップへの追記と職員全体への周知） ◎不審者対応の確認	◎暑さの予報とカリキュラムの照らし合わせ ◎園内の「狭くて閉じられた場所」チェック ◎食中毒予防の調理手順の徹底 ◎雨後の固定遊具の点検	◎水遊び、プール遊びの注意点の徹底 ◎水遊び時の救急シミュレーション ◎熱中症予防徹底 ◎虫よけ剤の使い方	◎玩具の破損チェック	◎「気づき」の出し方の確認 ◎「保育の質」が原因でのケガ事例の検証・検討	◎身の回りの危険をわかりやすく伝えていく	◎遠足は複数人で下見を行い危険個所と危険行動の予測 ◎交通安全教室からの気づきを職員間で共有
安全管理 食	◎誤嚥誤飲しやすい食材の確認 ◎食事介助の仕方の確認 ◎食物アレルギー確認	◎個々の食べ方に応じた介助	◎食中毒に気を付け配膳から食べるまでの時間を配慮					
安全管理 睡眠	◎睡眠環境についての確認（SIDS 乳幼児突然死症候群防止） →点検	◎個々に応じた睡眠の把握						
安全に関する組織活動	◎安全に過ごすための決まり、約束の連絡 ・登降園の仕方・引き渡しの仕方 ・出欠連絡・けが病気時の連絡方法 ・災害時の対応 ・メール動作確認 ・災害時緊急お迎えの人リスト ・SIDS（乳幼児突然死症候群）予防睡眠実施確認（園長・主任）	◎新年度が始まって気が付いたことを検討 ◎欠席連絡の徹底 ◎感染症研修	◎災害時、地域との連携について ◎夏の暑さに向けて保護者へ手紙配布 ◎食中毒、熱中症研修	◎夏に流行する病気について知らせる ◎水遊び時の健康状態の管理、連絡 ◎AED 講習 ◎夏に流行する病気についての研修	◎水遊び時の健康状態の管理、連絡 ◎誤嚥誤飲しやすい食材の再確認	◎台風時の緊急連絡先の確認	◎運動と発達について知らせる	◎動きやすい服装についての確認

POINT

安全計画とは別に作成した「年度初めに全職員で共有する項目」。年間を通して徹底すべき確認事項を、睡眠、食事、災害などの項目に分け、保護者との共有事項も含めてまとめています。表にすることで大事なことが整理され、全職員がもれなく共有・確認できるようになりました。

年度初めに全職員で共有する項目

	基礎項目	睡眠	誤嚥誤飲	食事	ケガ・疾病・救急	災害
保育園として	・園内危険個所 ・遊具チェック→修繕 ・散歩危険マップ ・散歩の行き方確認、人数確認の徹底など ・散歩の持ち物の確認 ・乳母車の点検 ・不審者対応シミュレーション ・出席確認のフローチャート ・グローアップ大富と連絡し帽子の色の確認と協力体制 ・各種訓練のスケジュール調整 ・緊急時の役割分担	・うつぶせ寝をしない ・フカフカのもの、ひも状のものを傍におかない ・子どもだけにしない ・採光に配慮し顔色・呼吸を見て睡眠チェック表に記入（定期的に） →状況チェック	・誤嚥窒息予防 ・誤嚥しやすい食材の周知 ・食事介助の仕方の周知（少量で、口の手前の方で） ・玩具の誤飲	・アレルギーの確認 ・宗教食の確認 ↓ ・誤食を防ぐマニュアルの徹底 ・食中毒を防ぐ調理手順（ハサップ）及び配膳	・救急シミュレーション ・疾病対応 ・ヒヤリハット伝達の確認	・災害時避難のルート、行動確認 ・火災・地震・津波・洪水・原子力災害 ・地域との連携の連絡
保護者と共に	・安全指導 ・メール動作確認 ・お迎えリスト確認 ・駐車場の留意事項 ・門扉の約束 確実に大人が施錠 送り迎え時の園児の門扉のすり抜けを共にみてもらう ・出席確認について	・家庭にもSIDSを周知	・誤嚥窒息予防 お弁当に入れる食材についての手紙を出し、誤嚥防止を周知	・アレルギーの確認 ・宗教食の確認	・疾病対応 ・与薬方法確認 ・基礎疾患確認 ・危険な服について周知 ・足に合った靴のお願い	・災害時の避難場所の周知 ・災害時引き渡しリストの確認

安全な環境づくり【園庭編】

園庭は、子どもがあそぶ場としても、いざというときの避難場所としても、安全な環境でなければなりません。防災・防犯・遊具の安全性など、さまざまな観点から確認しましょう。

Check 1
敷地周辺の地盤を知る

避難場所として心強い園庭！……と思う前に、まずは敷地周辺の地盤を確認しましょう。

液状化の可能性は？ 活断層は？

園庭の安全を確認するには、まず敷地の地盤を調べることが重要。盛り土された土地や埋め立て地は、地震発生時に地割れや液状化する可能性があります。

国土交通省が定めている「地質調査業登録」をしている業者に調査を依頼したり、各自治体が作成している「液状化マップ」などを確認したりして、液状化の危険性をチェックしましょう。もし液状化の危険性がある場合は、地盤改良など大規模な対策が必要となります。

また、活断層にも要注意。園の真下に活断層があろうものなら、地震で地盤が隆起したり、地面が裂けたり建物が傾いたりすることもあります。活断層から少し離れていても、地盤が緩い場合は大きな被害を受けるので、危険と判断したら、園庭へ避難せずに園内に留まれるよう、耐震補強や家具の固定などをしっかりと行いつつ、園庭以外の避難場所を決めておく必要があります。地域のハザードマップと活断層マップを合わせて確認し、避難場所や避難ルートを決めておきましょう。

Column
災害時に役立つ！井戸や砂場

近年、災害の頻度が高くなる中で、井戸の有用性が見直されています。災害時は、飲料水だけでなく生活用水・防火用水も必要となりますが、井戸水があれば活用できるからです。水質の安全性が確認されれば、飲料水として活用することもできます。園庭に井戸があれば、地域の給水場としても役立てられます。

井戸を掘ることが難しい場合は、雨水タンクを園庭に設置するのも一案です。井戸や雨水タンクの設置については、補助金・助成金制度を設けている自治体もあります。

また、園庭によくある砂場も災害時に役立ちます。水害が起こりやすい地域ではたくさんの土のうが必要になりますが、砂場があれば、砂を土のうに使うことができます。

砂場がある場合に気をつけたいことは、衛生面。夜間にネコや野生動物が園庭に侵入し、砂場で排泄することがあり、砂場であそぶ子どもの手指を介して寄生虫の卵や細菌が体内に入る危険性があります。行政などで厚生労働省の登録検査機関を紹介してもらい、定期的に細菌検査を行うことを勧めます。

Check

❷ 不審者を園内に侵入させない環境

不審者の侵入を防ぐ防犯体制は整っていますか？
もしも自分が不審者だったらという目で点検しましょう。

❶フェンス・塀

防犯的な観点では、園庭は敷地の外からは見えづらく、園舎からは見やすいのがベスト。園舎から敷地全体が見渡せると、不審者の存在に早く気づけるので、視界をさえぎるものがない方が安心です。

敷地を囲うフェンスや塀は、高ければよいというものではありません。大人の平均身長より高くしても、自転車を踏み台にして乗り越えることは簡単。塀に「忍び返し」を付けると防犯度が高まります。

フェンスにするか塀にするかは地域の特性に応じて、どちらでもOK。地震に対してはフェンスのほうが安全ですが、水害に対してはブロック塀のほうが浸水を防いでくれるメリットがあります。

また、敷地の外から園児の様子が丸見えにならないように、常緑樹を植えるなどの工夫をしてもよいでしょう。特に、カシやシイなどの常緑広葉樹を選ぶと、防火性も高まります。

❷防犯カメラ

設置場所に応じて、防犯カメラの種類を選びましょう。死角になりやすい通用門には、警報音が鳴る赤外線センサー付きのカメラを設置することを勧めます。人が通ると、警報音が鳴るので、そのときにモニターで確認できます。エントランスや園庭に面した場所は、多くの人が通るので、警報音が鳴るタイプである必要はありません。

❸インターフォン

インターフォンは音声だけでなく、顔も確認できるモニター付きにしましょう。モニター画面上で身分証を提示してもらい、保護者・出入りの業者・宅配業者などの確認をします。特に宅配業者の場合、制服だけを見て信用しないように、注意が必要です。

不審者をブロック！ 安全点検のポイント

園の安全点検は、侵入経路とタイミングに重点を置いて行いましょう。

侵入経路

- □ 門・扉の施錠はできている？
- □ 容易に乗り越えられる塀はない？
- □ 死角になっている空間はない？
- □ 生垣の隙間から園内に入れない？

侵入のタイミング

- □ 登降園時、保護者に紛れて侵入しやすくなっていない？
- □ 園庭であそんでいる際、敷地周辺に不審者はいない？
- □ 園児の見守りが手薄になりがちな時間帯はない？
- □ 行事の際、来賓者に紛れて侵入しやすくなっていない？

Check 3
園庭・遊具の日常点検

子どものあそびを保障し、災害時の安全を確保するためには園庭・遊具の点検は欠かせません。日々、子どもの目線に立って点検をしましょう。

キィ
キィ
枝が体に当たりそう！切らないと
すごい音！さびてる？

毎朝、あそぶ前に点検を！

園庭の遊具は、的確な点検と適切な維持管理が行われていることを前提とし、安全に使用できる期間が鋼製では15年、木製では10年と一般社団法人日本公園施設業協会（ＪＰＦＡ）によって設定されています。ただ、期間内でも金属疲労や経年劣化などで遊具に傷みが生じ、あそんでいる最中の事故や、地震による倒壊などの危険をはらんでいます。

こうした危険を回避するためには、子どもたちにあそび方やマナーを守るように指導することと同時に、日常点検が重要です。できれば毎日、園児が使う前にチェック。不具合を見つけたら、使用中止とし、早急に業者へ修理の依頼をしましょう。

点検方法は、大人の目線だけでなく、保育者が遊具を使ってみて子どもの目線になってチェックすることが大切。また保育者が共通認識をもって行えるように、日常安全点検表を作成し、その内容にそって安全確認をしましょう。点検技術を修得するには、ＪＰＦＡが開催している公園管理者や保育園・幼稚園・小学校の職員等向けの「遊具の日常点検講習会」に参加することを勧めます。

園庭・遊具の日常安全点検のポイント

●園庭

□つまずきそうな石ころ、ガラス片などの危険物はないか
□フェンス・ブロック塀は安全な状態か
□樹木は安全な状態に保たれているか
□花壇の柵や道具入れなどに破損はないか
□植栽に有害な虫が発生していないか

Let's ダウンロード！

園庭・遊具の安全点検リスト

●すべり台

- □本体にゆがみやたわみがないか
- □金具、締具の変形や緩みはないか
- □ひびや破損、腐食、塗料の剥離などはないか
- □きしみや揺れなどの異常はないか
- □手すりやすべり板、金具などに欠損はないか

●ブランコ

- □本体にゆがみやたわみがないか
- □金具、締具の変形や緩みはないか
- □ひびや破損、腐食、塗料の剥離などはないか
- □鎖や座り板、金具などに欠損はないか

●落下の危険がある遊具（うんてい・鉄棒など）

- □本体にゆがみやたわみがないか
- □金具、ボルトやナットの変形や緩みはないか
- □ひびや破損、腐食、塗料の剥離などはないか
- □握る部分や金具に欠損はないか

●その他

- □木製遊具のささくれはないか、ロープ遊具の状態は良好か
- □遊具の下のマットなどの状況は安全に保たれているか
- □遊具が水滴などでぬれたままになっていないか

参考資料　スポーツ庁ホームページ
「遊具・園庭の日常安全点検表（例）」

安全な環境づくり【園舎編】

自然災害がますます激しさを増して被害も増大する中、園舎内で園児や職員を安全に守るにはどうすればよいでしょうか。

Check 1

日頃から施設点検をしっかりと

災害時の被害を少なくするためにも、日頃から、職員自身での施設点検をしっかり行いましょう。

下記のチェック項目以外にも、空調の室外機や棚、ロッカーなどが固定されているか、ピアノなどの滑り・転倒防止がされているかを確認しましょう。

災害時の安全確保のため平時に異常を発見・対処！

被害を少しでも減らすためには、日頃の点検が欠かせません。その際、全ての施設点検を1年に1度まとめて行うのではなく、点検エリアを狭い範囲で分け、継続的に点検を行うことが大事です。例えば、「毎月〇日は点検日」と決め、6月は職員室、7月はホール、8月はプールなどと、細かく分けてチェックします。

点検の際は、どんなに細かいひび割れでもチェックリストに記入して処置をしましょう。気づいた点があればそのときに対処することが、減災につながります。

国崎チェック！

近年は、豪雨や竜巻などの災害の頻度が高まっています。園がある地域のここ数年の災害傾向を振り返りましょう。例えば、台風の被害を経験していたら飛来物から園舎の窓を守るなど、園舎内の安全性を改めて見直す必要があります。

チェックリスト（例）

番号	点検項目		劣化状況 脱落 ・ずれている ・垂れている ・ぶら下がっている ・落ちそう	変形 ・ガタついている ・曲がっている ・ゆがんでいる ・たわんでいる ・傾いている ・凹んでいる	剥離 ・膨らんでいる ・ふかふかする ・剥がれている	ひび・破損 ・切れている ・破れている ・折れている ・割れている ・ひび割れている	変質 ・染みがある ・錆びている ・腐っている	点検結果 ※該当欄に○	特記事項 （具体的な異常箇所・状態等）
1 天井									
❶	天井	天井（天井仕上げボード、モルタル等）にずれ、ひび割れ、染み等の異常はないか						A・B・C	
2 照明器具									
❶	照明器具	照明器具に変形、腐食等の異常はないか						A・B・C	
3 窓・ガラス・扉									
❶	ガラス	窓ガラスにひび割れ等の異常は見当たらないか						A・B・C	
❷	窓・扉の開閉	窓や扉の開閉時に引っかかる、著しく重いなどの異常はないか						A・B・C	
❸	窓の鍵	開閉可能な窓の鍵はかかっているか						A・B・C	
❹	窓ガラス周辺	地震時に衝突するおそれがある物を置いていないか						A・B・C	
❺	扉など	保育室の扉など、内部建具に変形、腐食、ガタつき等の異常はないか						A・B・C	
4 外壁（外装材）									
❶	外壁（外装材）	外壁に浮き、剥離、ひび割れ等の異常はないか						A・B・C	
5 内壁（内装材）									
❶	内壁（内装材）	内壁に浮き、剥離、ひび割れ等の異常はないか						A・B・C	

Check 2

窓ガラスの防災対策

竜巻や台風の突風で、飛来物が園舎の窓を直撃することが！
室内にいる園児や職員を守るため、窓ガラスの対策を考えましょう。

ガラスの特性を知ろう！

窓ガラスに使われているガラスは、大きく分けて5種類。それぞれの特性を紹介します。

フロートガラス

ゆがみの少ない透明板ガラス。最も一般的に使われているガラスで、窓のほか、水槽・食器棚の扉・テーブルなど、さまざまな用途に使われる。衝撃に弱く、割れやすい。

強化ガラス

同じ厚さのフロート板ガラスに比べ、3～5倍の強度をもつ。衝撃を加えると、ガラス全面が粒状になって割れるため、比較的安全性は高いが、1か所の破損で全体が割れるため、防犯性は低い。

網入りガラス

金網が入ったガラス。中に金網があるためガラスが飛び散らず、火災の際に炎の侵入を防ぎ、延焼をくいとめる特性がある。ただし、直射日光などで金網が熱をもつと、ひび割れすることも。

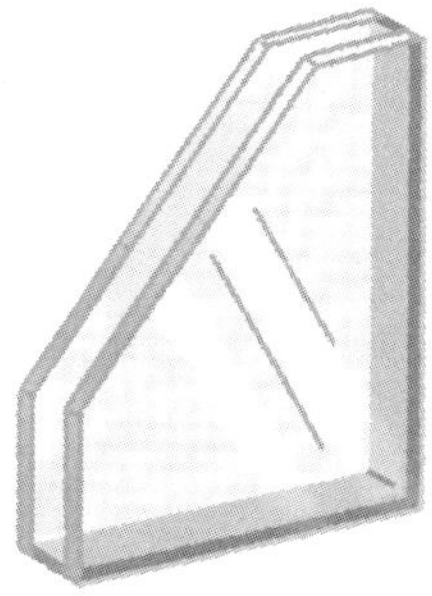

複層ガラス

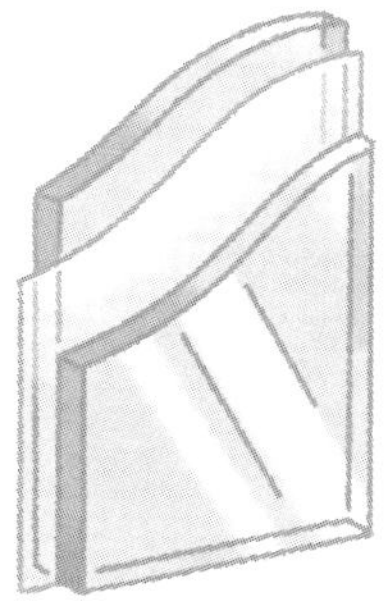

合わせガラス

国崎チェック！

風速60メートルの風で瓦を飛ばす実験では、複層ガラスは簡単に割れ、合わせガラスは瓦をはじきました。角材の場合は、フロートガラスも強化ガラスも網入りガラスも貫通。一方、合わせガラスは貫通しないという結果に。

複層ガラス

ガラスが2重になっているガラス。2枚のガラスの間には空洞がある。断熱性が高く、結露を防ぐ効果があり、ここ最近の新築戸建て住宅のほとんどで使われているが、割れにくいわけではない。

合わせガラス

2枚以上のガラスを強靭な樹脂膜で接着して一体化したもの。ガラスが破損しても、樹脂膜に付着して破片が飛び散らず、安全性に優れる。耐貫通性も高く、飛来物を通しにくい。

飛散防止フィルムと合わせガラスで飛来物対策を

２０１８年の台風21号では、大阪府のマンションで飛来した建材が窓ガラスを貫通し、中にいた人が死亡する事故がありました。雨戸やシャッターがない建物では、台風や竜巻のときは窓が最後の砦になるので、可能なら、合わせガラスにしたいところ。もしくは、窓に飛散防止フィルムを貼って飛来物の貫通を防ぎましょう。

飛散防止フィルムを貼る際は、窓の室内側に貼りましょう。外側に貼ると、太陽光や風雨にさらされてフィルムが劣化するおそれがあります。

また、台風・竜巻が発生した際に避難するスペースを事前に決めておきましょう。窓が少なく広いスペース、例えばホールなどがよいかもしれません。決めたら、そのスペースにある窓だけでも合わせガラスにできればベストです。

Check 3

物の落下・転倒・飛散を防止

家具や物が命取りに！
全ての部屋を総確認

園舎内の設備の安全を確保するには、次の3つの「消防の基本」を守ることが大事。

● 火を扱う場所に燃えやすい物を置かない
● 避難動線上に物を置かない
● 防火扉があるところに物を置かない

これが、火災だけでなく地震対策にもつながります。それをふまえた上で、物の落下・転倒・飛散を防止する対策を徹底しましょう。

巨大地震では、小さな物でも想定以上の速さで飛び、重くて大きい家具は、固定していなければ容赦なく倒れます。災害時のサバイバルのカギは、地震発生時にけがをしないこと。子どもはもちろん、職員も無事であるために、保育室だけでなく、職員室、給食室、休憩室など、園舎内の全ての部屋を確認し、家具の固定、棚の上や中の物の落下・飛散防止を抜かりなく行いましょう。

特に油断しがちなのが、職員室。パソコンやプリンター、テレビなど重い電子機器は、すべり止めシートの上に置くなどの工夫をしましょう。大人しか入らない部屋でも、壁にガラス板のついた時計や額縁を掛けるのは危険なので避けたいところ。また、書類のペーパーレス化は、飛散物を減らすことにもつながるので、環境保全・防災の両面でメリットがあります。

国崎チェック！

大地震を経験したある園では、常に安全対策を怠らなかった保育室では落下物などは最小限に済んだものの、職員室や調理室は物が散乱し、特に書類が山のように床にあふれたそう。そうした被害を食い止めるには、ペーパーレス化を進めることはもちろん、キャビネットを低いものにするのもお勧め。転倒の危険が少なくなるだけでなく、職員室全体の見通しがよくなり、安全性と快適な職場環境が保てます。

大きな地震だと、物が飛び出すかも……
幅の広いゴムでストッパーを付けたらどうかな？

Column

避難経路の安全確保

避難経路の安全を確保するには、経路となる廊下や防火扉付近には物を置かないことが大事。

また、ガラスが割れて飛散した上を歩くのは危険なので、窓や額縁などのガラスが避難経路のそばにないかどうかを確認し、破片の飛散防止対策をしましょう。

また子どものロッカーや引き出しつきの収納ボックスがある場合は、ストッパーをつけて中から物が飛び出さないような工夫が必要。物が散乱すると避難の妨げになるからです。

室内の安全対策　ここに注目！

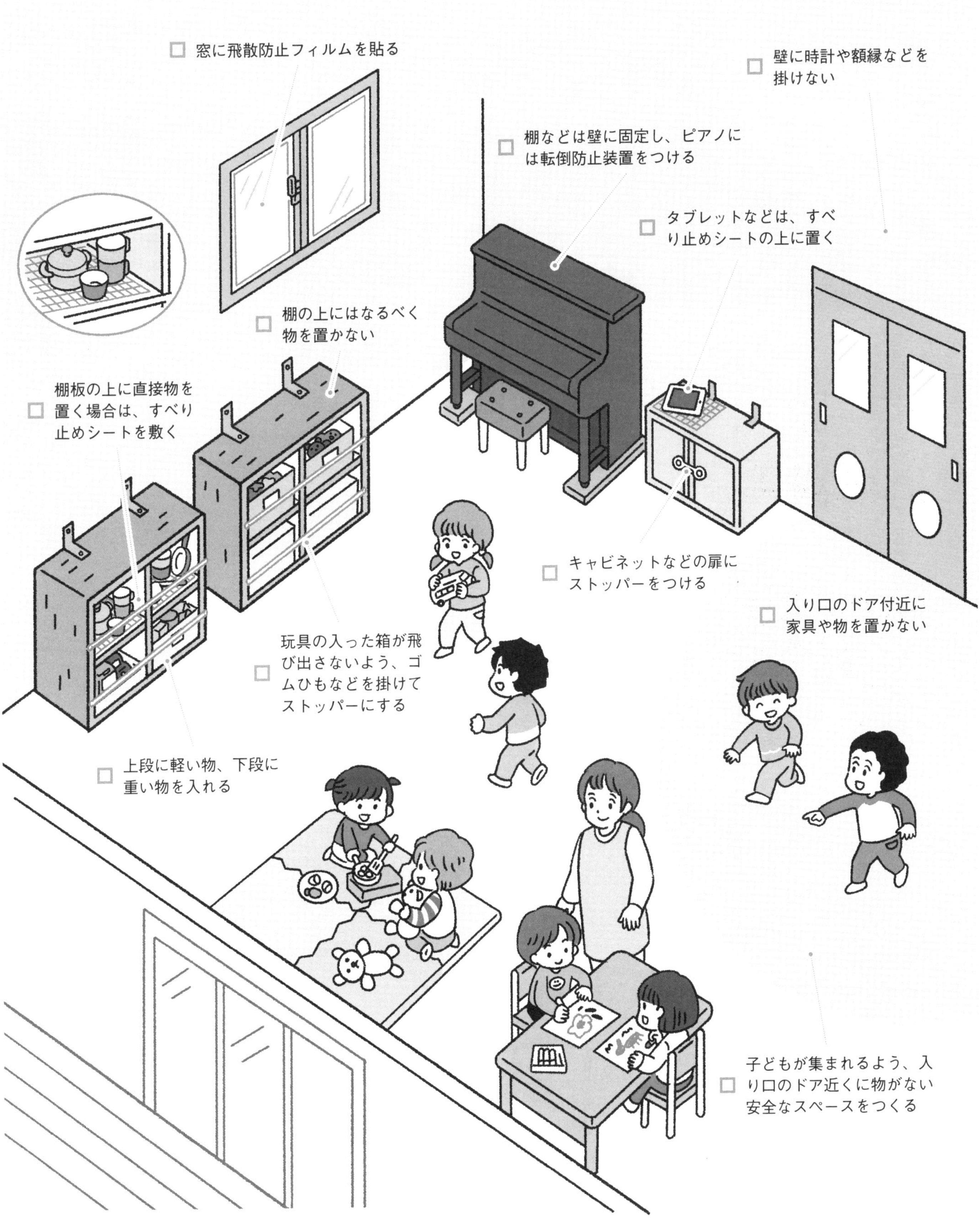
□ 窓に飛散防止フィルムを貼る
□ 壁に時計や額縁などを掛けない
□ 棚などは壁に固定し、ピアノには転倒防止装置をつける
□ タブレットなどは、すべり止めシートの上に置く
□ 棚の上にはなるべく物を置かない
□ 棚板の上に直接物を置く場合は、すべり止めシートを敷く
□ キャビネットなどの扉にストッパーをつける
□ 入り口のドア付近に家具や物を置かない
□ 玩具の入った箱が飛び出さないよう、ゴムひもなどを掛けてストッパーにする
□ 上段に軽い物、下段に重い物を入れる
□ 子どもが集まれるよう、入り口のドア近くに物がない安全なスペースをつくる

行政機関との連携

災害時に園が単独でできることは限られています。そんなときに頼るべきは行政機関。園から積極的にアプローチして、連携を深めましょう。

Check 1 行政発信の情報・制度を確認

国や自治体が発信している情報や制度は要チェック。最新情報を把握しておきましょう。

確認① 行政作成の「地域防災計画」を確認！

各行政機関は、災害対策基本法に基づいて地域防災計画を作成しています。いろいろな災害予防・事前準備、災害応急対策、災害復旧・復興など、時系列に沿った対応をまとめたものです。この地域防災計画をあらかじめ読み込み、園に対しては具体的にどのような支援を考えているのか、また、園にどのような役割を求めているのかを直接確認しましょう。

このとき、子ども支援課など保育関連部署と防災課の担当者だけでなく、災害時にかかわる福祉課や保健課の担当者にも同席してもらうことが重要です。園が、災害時に行政にしてほしい具体的な支援メニューをリストアップし、どこまで対応してもらえるかも確認します。

確認② 防災対策に必要な最新情報を確認！

行政が公開しているハザードマップ、防災のガイドラインなどの疑問点を聞き、園のマニュアル作成の参考にしましょう。これらの内容は、例えば近年の気候変動がハザードマップに反映され、危険エリアや避難所の場所も変更となるといった、頻繁な更新があります。常に新しい情報を入手して、園のマニュアルに反映させましょう。

確認③ 被災・防災支援の助成制度を確認！

災害時に園舎に被害があったとき、その程度によって助成制度を利用できます。助成金額は自治体によって違うので、事前に確認しておきましょう。防災の備蓄品などについても、自治体によって助成の対象になる物とそうでない物があるので要確認です。

また、秋から冬にかけて補正予算が組まれると、新たに助成される項目が加えられる可能性があります。その時期に問い合わせてみることを勧めます。

Column

行政とつながるため、定期的な情報交換の場を！

被災時に、行政からどのような支援を得られるのか、連携ができるのかを知るには、まずは園と行政が定期的に情報共有できる場を設けることを勧めます。その際、近隣園も一緒に参加するのがベター。地域全体で連携体制を構築することで、いざというとき、園同士で助け合うこともできるからです。理想は、行政機関にあらかじめ相談し、各園の園長が集まる防災会議の発起人になってもらうこと。行政が窓口であれば他園も参加しやすくなり、行政側も同時に複数園と情報共有できるため、協力しやすいはずです。

行政の担当者と共通認識を深めることで、非常時にも落ち着いた行動をとることができます。遠慮せずアプローチしていきましょう。

Check 2

災害時の行政との連携内容を確認

災害が起きてしまったとき、行政から得られる支援、求められる連携はどんなもの？
いざというときに備え、次のことを中心に確認しておきましょう。

確認① 発災後、保護者が子どもを引き取りに来ないときは？

発災後、保護者が子どもを引き取りに来ない場合を想定し、行政に確認しておきましょう。

子どもを引き取りに来ない場合、保護者が病院に搬送されていたり、亡くなっていたりと、最悪のケースも考えられます。負傷者・死亡者情報は、自治体の災害対策本部にいち早く届くので、この情報を得られる担当窓口を把握しておくと、不安を抱えて待つ時間を減らせます。

また、保護者が引き取りに来ない場合の対応も相談を！ 例えば、子どもは自治体が定めた保護施設で、保育者に付き添われつつ一定期間保護者を待ち、それでも現れないときは、暫定的に被災孤児として児童相談所で保護するなど、対応を提案し、検討してもらいましょう。保護施設に子どもが集まれば、そこで小・中学校に通うきょうだいに会える可能性もあります。

検討してもらうには、できれば児童相談所の担当者、市民課の担当者にも同席してもらいます。保護時の子どものケアについても確認しておくと安心です。

現在の状況を教えてください
現時点で引き取りのない子どもは1人です

確認② 自園が「福祉避難所」になっているかどうかを確認！

災害時には、被災者はまず一般の指定避難所に避難しますが、介護が必要な人や高齢者、乳幼児がそこで過ごすことが困難な場合は、福祉避難所へ移動することがあります。保育施設も福祉避難所の候補となることがあるので、行政側から特に福祉避難所として指定されていない場合でも、自園が避難所になることがあるか、行政の担当者に確認しておきましょう。

あらかじめ自園が福祉避難所に指定されている場合は、受け入れを前提とした備蓄品を用意する必要があります。そのための助成についても確認しておきましょう。

国崎チェック!

被災孤児となった子どものケアについては丁寧に確認を。特に心のケアは大事。例えば、児童心理司をつけてもらえるのかどうかなど、行政の担当者としっかり協議しましょう。

福祉避難所ってどんなところ？

主に要介護者・障がい者・妊産婦・乳幼児・病弱者など、指定避難所への適応が難しい人を受け入れます。災害発生直後に開設することはなく、受け入れ態勢を整え、発災から数日後に開設する計画になっていることが多いです。自治体の福祉施設、協定を結んだ民間の福祉施設などが福祉避難所として指定されていますが、災害状況によっては、指定に至っていなくても、候補として目されていた施設に緊急要請があることも。

備えあれば憂いなし！

防災グッズを備える

防災グッズは、園全体と各クラスのそれぞれで備えておくべき。さらに、園児一人一人、職員一人一人のグッズがあれば万全です。

Check 1

園の防災グッズ

園全体の備蓄は、規模や人数に合わせて適宜調整し、少し余分に用意しましょう。

Let's ダウンロード！

防災グッズリスト

園全体の防災グッズリスト

- □ 園防災マニュアル
- □ 水・ミネラルウォーター
- □ 非常食
- □ おやつ
- □ 粉ミルクまたは液体ミルク
- □ 使い捨て哺乳瓶
- □ 携帯型浄水器
- □ ポリタンク（水用）
- □ カセットコンロ
- □ カセットガスボンベ
- □ 簡易トイレ
- □ トイレットペーパー
- □ 紙おむつ
- □ ウェットティッシュ（おしりふき）
- □ ゴム手袋
- □ マスク（大人用・子ども用を人数分より多めに）
- □ ポリ袋
- □ 抗菌剤
- □ 消臭剤
- □ バスタオル
- □ サバイバルブランケット
- □ おんぶひも
- □ さらし
- □ 充電式 LED 投光器
- □ 充電式 LED ランタン
- □ ヘッドライト
- □ トランシーバー
- □ 手回し式ラジオ
- □ ブルーシート
- □ 粘着テープ
- □ 救助工具
- □ 応急手当用品（中身は 81 ページ参照）

Column

防災グッズの保管場所は全職員が把握！

災害時、防災グッズがどこに保管されているのかを、全職員が把握しておく必要があります。避難時の行動マニュアルを作成する際には、図なども使って、保管場所が明確に分かるようにしておきましょう。

また、防災グッズの保管場所は、災害により柔軟に考えましょう。水害を想定するなら、2階など高い場所に保管。地震の場合は、屋外でも品質が変わらない物は倉庫に、発災直後に必要な物は保育室や職員室に、個人的な物はロッカーに、と分散して保管するとよいでしょう。

保管した物と場所が一目で分かるように一覧表を作成し、職員室の扉や、災害時の優先電話の横など、誰もが見られる場所に掲示するのもよいでしょう。また、防災グッズの定期的なチェックも欠かさないようにしましょう。

備蓄品リスト
場所：北側倉庫
品目 数 期限
ミルク 10 ○/○
10 ○/○
そろそろ非常食の賞味期限が近づいてる！

Check 2

クラスの防災グッズ

クラスごとの防災グッズの内容は、乳児と幼児では異なります。年齢に合わせて必要な物を用意しましょう。

クラスの防災グッズリスト

- □ 初動対応・園防災マニュアル
- □ 引き渡し名簿
- □ 園児保護者の緊急連絡先一覧
- □ 筆記用具
- □ 非常用給水袋
- □ 簡易トイレ
- □ トイレットペーパー
- □ ウェットティッシュ
- □ ポリ袋
- □ 抗菌剤
- □ 消臭剤
- □ フェイスタオル
- □ バスタオル
- □ サバイバルブランケット
- □ さらし
- □ 防災用ヘルメット（園児人数分＋担任分）
- □ 簡易テント
- □ ヘッドライト
- □ トランシーバー
- □ 手回し式ラジオ
- □ ブルーシート
- □ ロープ
- □ 応急手当用品

乳児クラスの場合はさらに…

- □ 粉ミルクまたは液体ミルク
- □ 使い捨て哺乳瓶
- □ お湯を入れるボトル
- □ 紙おむつ
- □ おんぶひも
- □ タオルケット
- □ 防災頭巾（園児人数分）

経験から学ぶ！

災害時にも使える備品を選ぼう

北海道胆振東部地震（2018年9月、北海道厚真町で震度7を記録）で被災したはやきた子ども園では、備品購入の際、災害時に転用できる物を選んでいました。例えば薪ストーブは冬に災害が起こった場合に備えて設置。また、あらかじめ購入していたコードレスクリーナーは､停電時に重宝。軽量のノート型パソコンも、バッテリーが長時間使えて、災害時に「情報発信基地」として十分に機能しました。

ライフラインの復旧まで、特に役立ったのがアウトドア用品。夏祭りなどの行事や野外活動のために常備していた発電機や、送電に必要な延長コードは、園舎に電気を引き入れるのに役立ちました。

もう一つ、停電時に意外と役立ったのが電気自動車。電気自動車に貯めた電力で、一般家庭の2、3日分の消費電力量がまかなえます。はやきた子ども園でも、電気自動車に搭載された蓄電池や発電機が非常用電源として活躍したそうです。

Check 3

園児の防災グッズ

子ども一人一人の発達に応じた着替えや食事の備蓄があれば万全。そこで、保護者に協力をお願いして用意してもらう「預かり備蓄」を紹介します。

預かり備蓄システムの勧め

預かり備蓄システムは、園が同じサイズの箱もしくは袋を全園児分用意し、その中に着替えやおやつなどを保護者に入れてもらって園で管理するシステムです。中に入れる物は、おむつ・ミルク・離乳食など、発達段階に応じて必要なものや、食物アレルギーに対応したおやつなど。一人一人の子どもの発達・特性に沿った備蓄ができます。

備蓄品は、夏休みや冬休み前など、季節ごとに持ち帰ってもらいます。そして、賞味期限が切れていない食べ物や、季節や子どものサイズの変化に応じた衣服に取り替えてもらいましょう。

子どもの〝安心グッズ〟を一つ入れてもらおう

災害時に子どもが不安になったり、機嫌が悪くなったりしても、これさえあれば落ち着いて過ごせるという物を一つ、入れてもらいましょう。自宅にあるぬいぐるみや絵本、おもちゃなど、その子の心が安らぐこだわりの物を保護者に入れてもらいます。

預かり備蓄は、保護者の防災意識も高めます。保護者と園が協力して備えましょう。

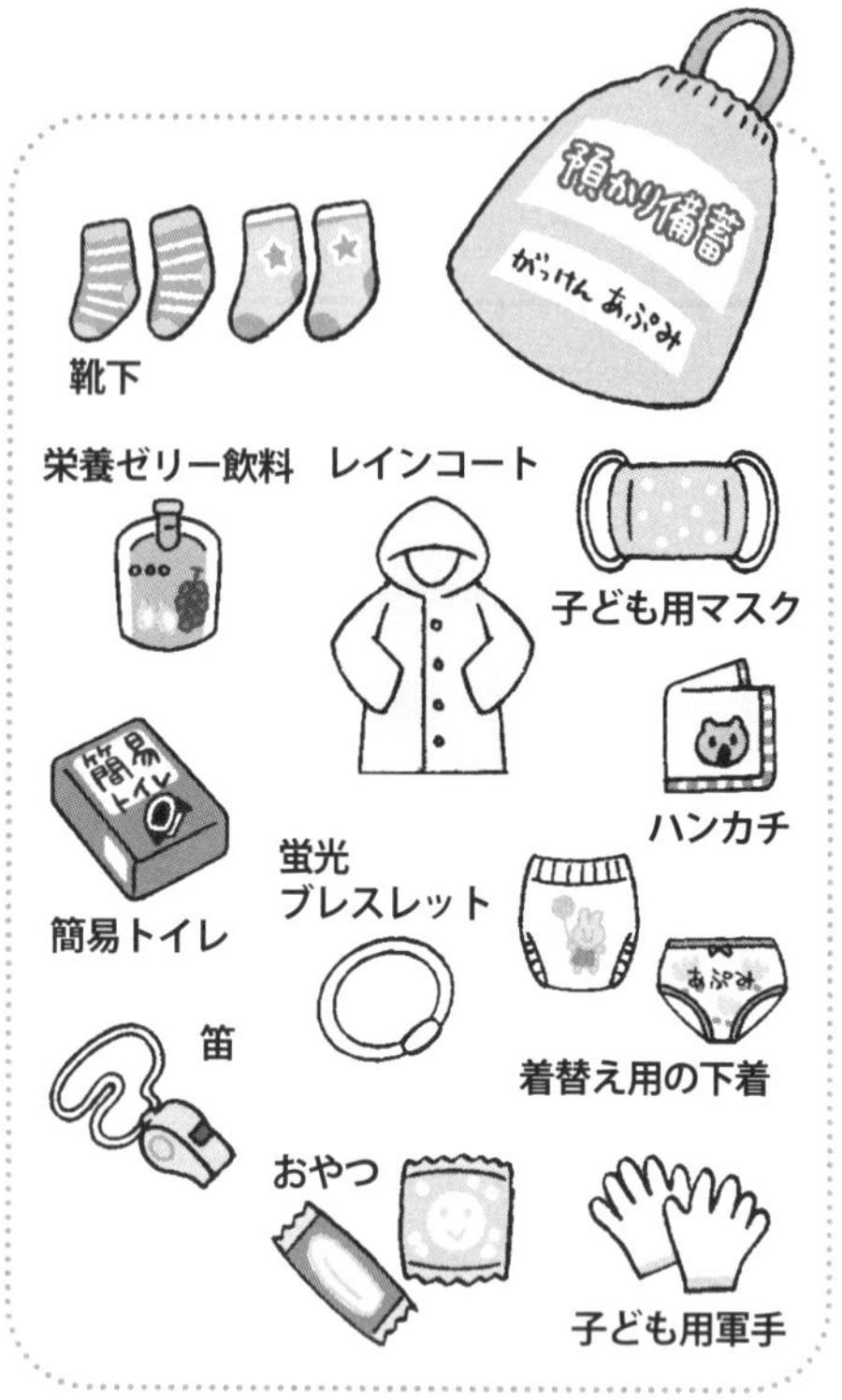
預かり備蓄
がっけん あぷみ
靴下
栄養ゼリー飲料
レインコート
子ども用マスク
ハンカチ
簡易トイレ
簡易トイレ
蛍光ブレスレット
笛
着替え用の下着
あぷみ
おやつ
子ども用軍手

国崎チェック!

預かり備蓄に保護者が何でも詰め込まないように、入れる物は園である程度リスト化しましょう。

預り備
がっけん あ

Check 4
職員の防災グッズ

どんなに防災対策を整えても、全ては職員自身が安全であることが前提。園と子どもを守るだけでなく、自分の身を守るためにも十分な備えをしておきましょう。

通勤時の防災グッズと園での自分専用備蓄

自宅と園の距離が離れている場合、大地震が起こった際は、目的地まで徒歩で向かわなければならないこともあります。例えば、歩いて帰宅する場面では長距離を歩くので靴ずれするかもしれませんし、場合によっては停電で足元が暗いかもしれません。左に、通勤バッグに入れておくと安心なグッズを挙げたので、参考にしてみてください。

また、園にも自分専用の備蓄をしておくのを勧めます。食料など園での備蓄があるからといって安心せず、個人的に必要なもの、例えば処方薬や生理用品、予備のメガネやコンタクトレンズ、コンタクトレンズの洗浄液など、帰宅できない場合に必要なものは園に備蓄しておきましょう。また、食物アレルギーがある人は、自分専用の非常食も用意しておく必要があります。

職員同士の情報を共有し園全体で助け合う

先に挙げた食物アレルギーもそうですが、職員の家族構成、家庭の事情など、職員の個人情報は組織の中で共有できていないことが意外に多いもの。非常事態になって初めてそのことに気づくのでは遅いので、組織の中で、互いの家族構成や家庭環境など、話せる範囲で伝え合い、管理者はそれらを考慮した上で災害時の職員配置を考えておきましょう。

もちろん家庭内でも、災害時に家族がどう動くかなどを話し合っておくことが大事です。他園に預けている子どもや、介護施設に通う家族がいる場合は、利用している施設とも災害時の対応を話し合い、その内容を園に伝えておきましょう。

バッグの中に入れておきたい

防災グッズ

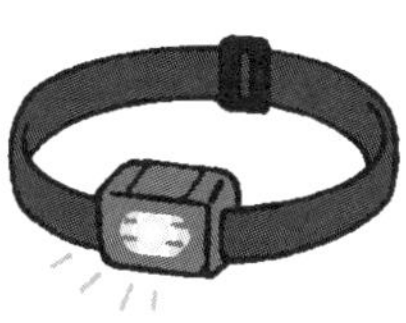

ヘッドライト
両手が空くので、
懐中電灯よりもお勧め

モバイルバッテリー
通信手段が
途絶えないためにも必携

栄養ゼリー飲料
腹持ちがいいのでお勧め。
栄養価の高いものを

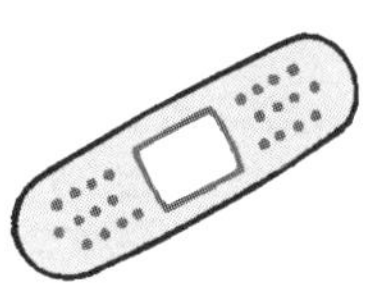

絆創膏
長時間の歩行での
靴ずれなどに

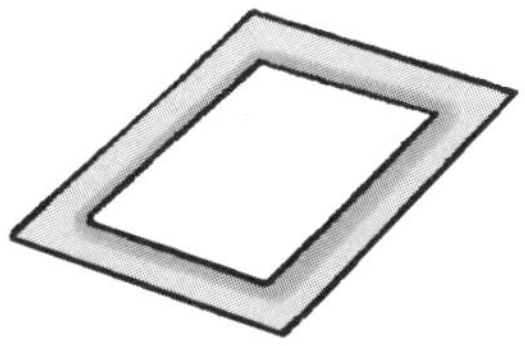

止血パッド
けがの際、失血は命取り！

ウェットティッシュ
風呂に入れなくても、
清潔を保てる！

携帯トイレ
目隠しのポンチョ代わりに、
大きめの黒いポリ袋もある
と便利

絶対オススメ！防災グッズ

もっと！便利な防災グッズ

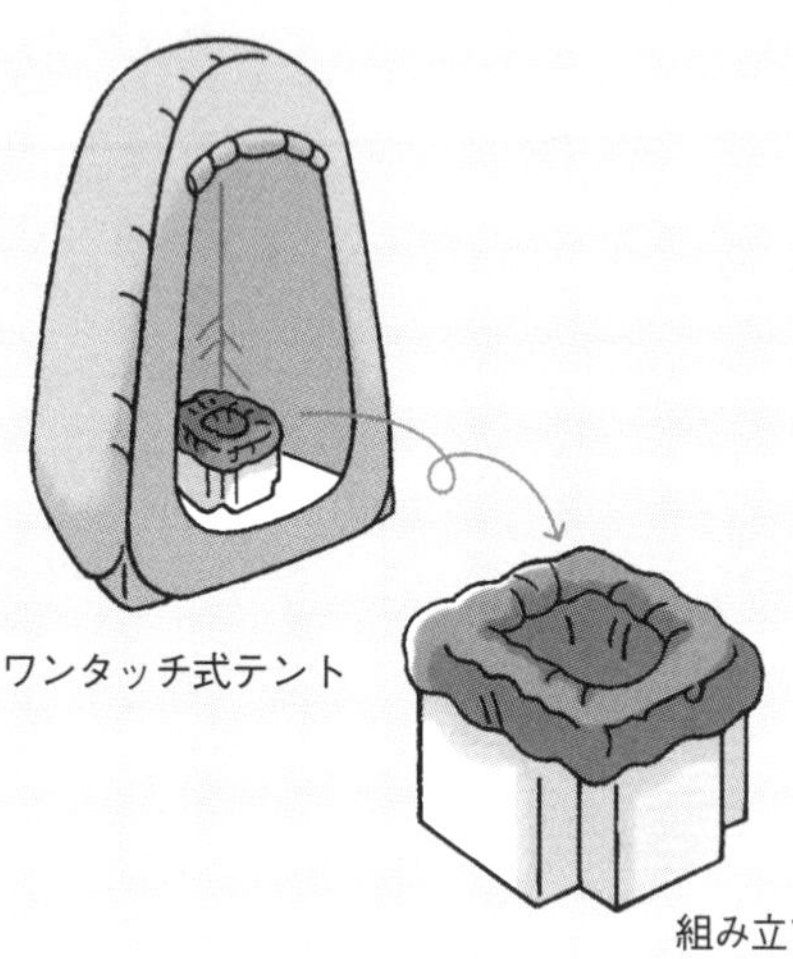
ワンタッチ式テント
組み立て式トイレ

組み立て式トイレ

多くは段ボール製で、組み立てて汚物袋をセットすれば完成。災害で園舎内のトイレが故障した際、園庭にワンタッチ式の簡易テントを張り、その中に設置すれば、プライバシーを守る簡易トイレに。簡易テントとセットで備えておくと安心です。

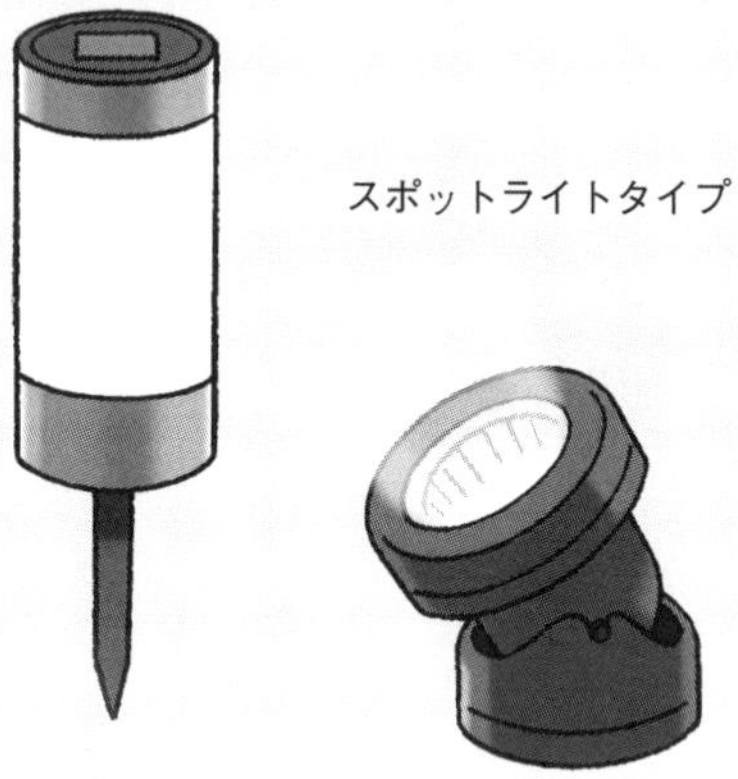
差し込みタイプ
スポットライトタイプ

ソーラーライト

園庭・玄関脇・窓の下などに置くだけで、夜になると自動的に点灯。太陽光発電なので近くにコンセントがなくても使えて、停電時も重宝します。人感センサー付きの製品は、防犯にも最適。さまざまな形態があるので、設置場所によって使い分けましょう。

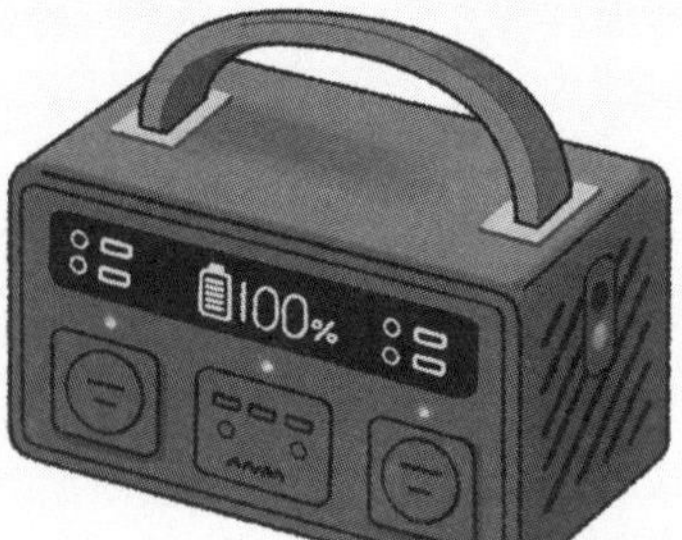
100%

ポータブル電源

モバイルバッテリーよりも大容量の電気を蓄え、持ち運びもでき、プラグをつなぐことも可能なので、携帯電話やノート型パソコン、小型家電も充電できます。照明付きのタイプや、太陽光で充電できるタイプも。

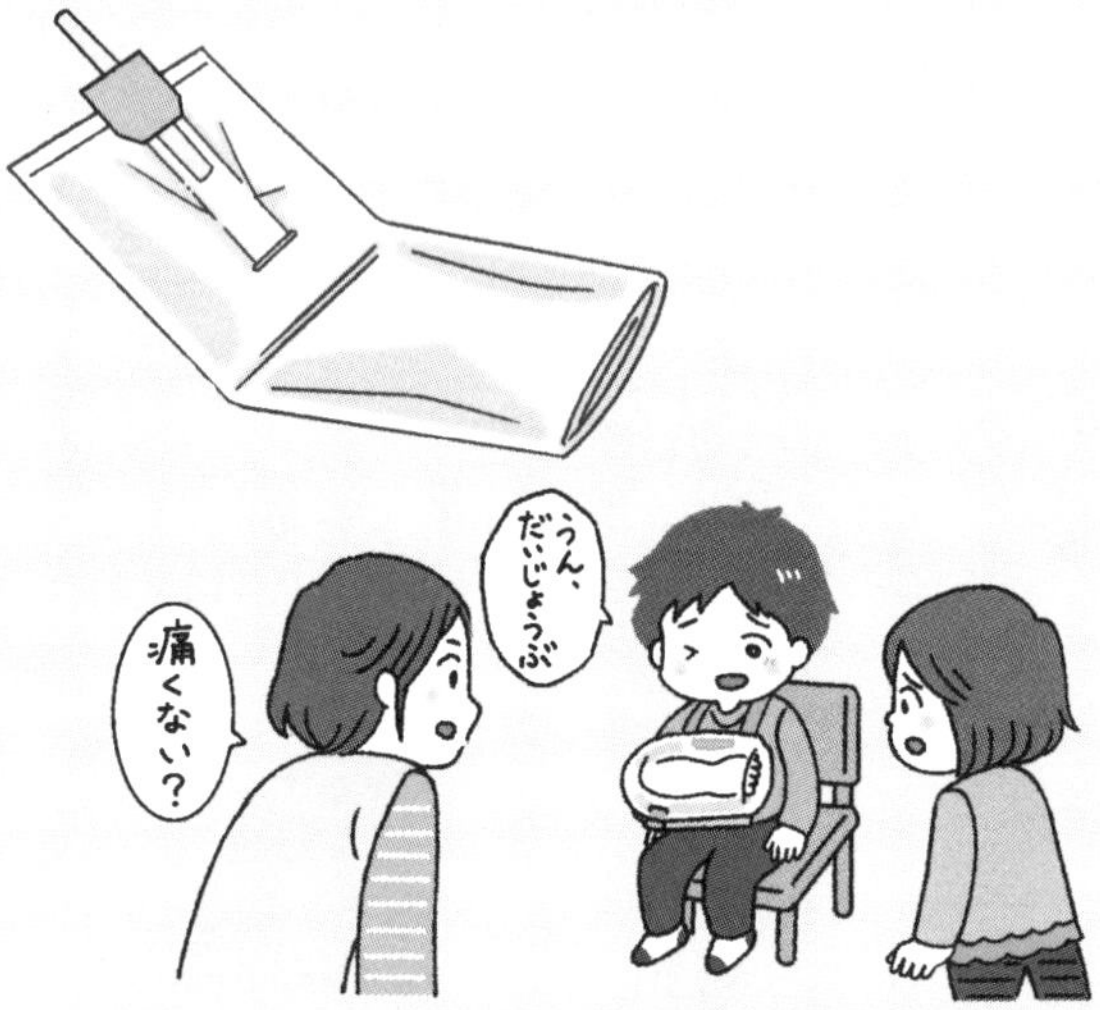
うん、だいじょうぶ
痛くない？

エアギプス

骨折などのけがをしたとき、患部をエアギプスで包み、チューブから息を吹き込んで圧迫固定します。圧迫止血や傷を保護する際も使えます。さまざまなサイズがあり、子どもから大人まで幅広く対応。使用前は畳まれているので、コンパクトに収納。

第2章

守りを固める！

災害・感染症・不審者・事故対策

多発する自然災害に加え、感染症、不審者、事故など、
危機管理が必要な場面はたくさんあります。
園児や保護者、職員を守るためにも、
セキュリティ強化は必須。
場面別の対策を紹介します。

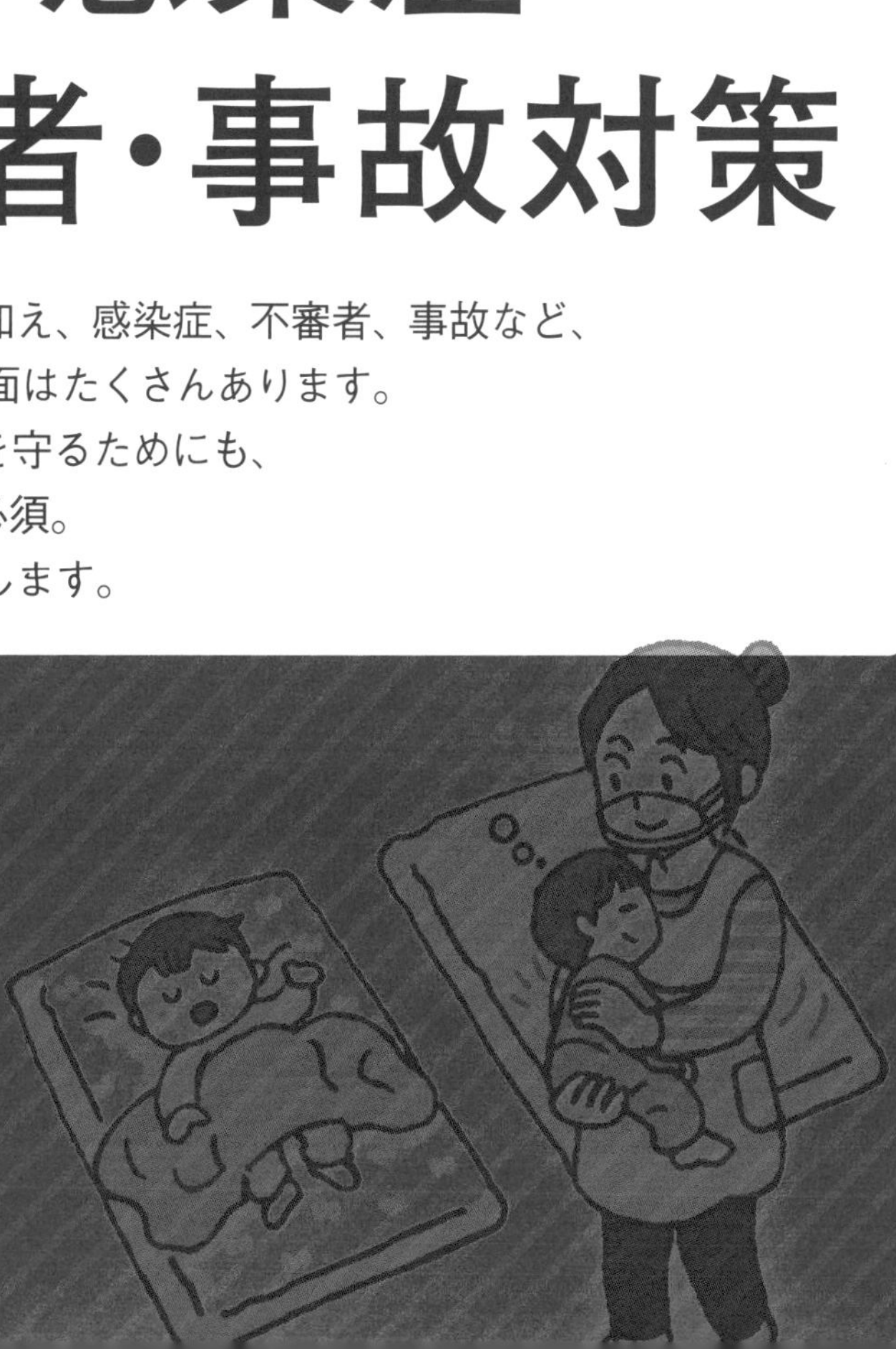

近年増加傾向！ 大雨・雷対策

近年、ゲリラ豪雨、線状降水帯などによる水害が増えています。的確に情報をキャッチして早めの避難、そして被害を小さくする対策をしましょう。また、大雨時は雷の被害も多いので、落雷の危険を回避する術も知っておきましょう。

Check 1

水害リスク軽減のポイント

年々増えている、大雨による災害。被害を最小限に抑えるには？

豪雨・台風などが増加

地球温暖化の影響で、大雨による洪水や、干ばつなどの自然災害が、世界中で毎年のように起きています。日本でも、豪雨や台風、竜巻による災害件数が増加。気象庁の観測からも、1日の降水量が200ミリを超える大雨を観測した日数が増加傾向にあることが分かっています。また、1時間あたりの雨量が50ミリを超える頻度も増加傾向。短時間で、息苦しくなるほど激しく、滝のように降るなど、雨の降り方も変わってきています。

特に都市部では、地面のほとんどがアスファルトやコンクリートに覆われているため、雨水を吸収する場所が少なく、氾濫のおそれがある川が近くになくても、洪水が起こりやすくなっています。

また、高台・低地・河川の近くなど、園の立地によって水害リスクが異なります。まずは水害リスクを軽減するポイントを押さえましょう。

POINT 1

自園のリスクを知る

各自治体のハザードマップで自園のリスクを調べ、浸水・洪水・土砂崩れの危険度を確認。何を備えればよいか、どんな災害に注意する必要があるかなど、自園のリスクに応じた対処方法が明確になります。

POINT 2

気象災害情報をチェック

大雨に関連する浸水・洪水・土砂崩れや雷など、最新の気象災害をウェブサイトで確認。気象庁のウェブサイトで発信する危険度分布「キキクル」では、土砂災害・浸水災害・洪水災害の危険度を、国土交通省のウェブサイト「川の防災情報」では、近隣の河川の水位や状況を確認できます。

POINT 3

自主避難の基準を決める

各園の環境・リスクに合わせて、自主避難の基準を決めます。例えば「洪水・浸水の心配はない地域だが、近くに山があるので、土砂災害の危険度が警戒レベル3で、1時間雨量が30ミリを超えたら避難する」など。避難のタイミングは、行政の警報を待つだけではなく、目の前の状況で判断することも重要です。

Check 2

園舎内への水の浸入を防ぐ！

洪水による浸水や下水の逆流で、室内に水があふれることも。事前にできる対策を紹介します。

あっぷこども園

外から園舎内への水の浸入を防ぐ

浸水のおそれがある地域に園がある場合、防水建材で製造された防水塀を造設したり、玄関や園庭とつながっている保育室の窓・扉に止水板を設置したりして、しっかり対策を行いましょう。特に止水板は、軽量で簡単に設置できる製品を選べば、女性職員が多い園でも少ない負担で設置できます。

また浸水の危険が高い園は、園舎に水が浸入した場合に備えて、重要書類やデータは常日頃から2階にまとめて収納しておくことがベスト。2階がない園では、密封袋に乾燥剤と一緒に入れておけば、万が一浸水しても大事な物を守れます。

室内の排水口にふたをし下水の逆流をストップ

豪雨時には、短時間で大量の雨が下水道管に流れこみ、雨水や生活排水が集まる排水設備の水位が上昇します。一定の水位を超えると、排水処理ができなくなって下水が逆流し、建物内のトイレ・風呂・流し台などの排水口から噴出することがあります。これを防ぐためには、排水口に水のうなどを置いてふたをすることが必要です。

排水口に水のうを置くタイミングは、時間雨量が50ミリを超えたとき。全ての階の排水口にふたをしないと、高層階でも、空いている排水口から逆流します。園がマンションやビルに入っている場合も、逆流するので要注意です。

水のうは、大きめのゴミ袋を2枚重ね、中に水を入れてしっかりと口を閉めて作ります。排水口の数を把握し、いつでも迅速に準備できるようにしましょう。

マンホール
下水道管
宅地内ます
逆流時の水の流れ
ふだんの水の流れ

参考資料　東京都下水道局ホームページ

Check 3

5段階の警戒レベルを確認

大雨・洪水の避難情報では、5段階の「警戒レベル」があります。それぞれの警戒レベルに沿って、避難行動を考えておきましょう。

警報が発出されたら いつでも避難できる体制を

「警戒レベル」を使った防災情報は、気象庁が国民に向けて大雨などに関する警報を発信するものです。これを受けて各自治体が警戒レベルに合わせた対応をします。

２０２１年、この警戒レベルの内容が改訂されました。改訂の特徴は、警戒レベル４にあった「避難勧告」という言葉を廃止し、「避難指示」という強い表現にしたこと。つまり、警戒レベル４になるまでに避難行動をしなければならないということです。

ちなみに、同じ地域でも、高台にある園、河川に近い園、山間部の園など、立地条件によっては浸水や土砂災害などのおそれが高まり、急激に警戒レベルが４に上がることもあるため、警戒レベル３で避難します。そのためには、警戒レベル２の段階で避難の準備をする必要があります。

警戒レベル１

災害発生の危険性は低いが、最新の防災気象情報に留意し、災害への対応を心がける。

警戒レベル２

大雨注意報・洪水注意報などが発表され、災害発生の危険性が高まった段階。避難場所・避難経路・避難のタイミングを再確認し、避難に備える。

警戒レベル３

高齢者だけでなく障がい者・妊婦・小さい子どもなどの要配慮者が避難する段階。災害の危険性が高い地域の人も、この段階での避難が望ましい。

警戒レベル４

対象地域の住民全員が危険な場所から避難する段階。避難行動ができるギリギリのレベル。迷わず避難を。

警戒レベル５

安全な避難が難しい段階。命が危険な状況になっていることを理解し、その場で少しでも安全な場所を探して身の安全を確保する。

5段階の警戒レベル

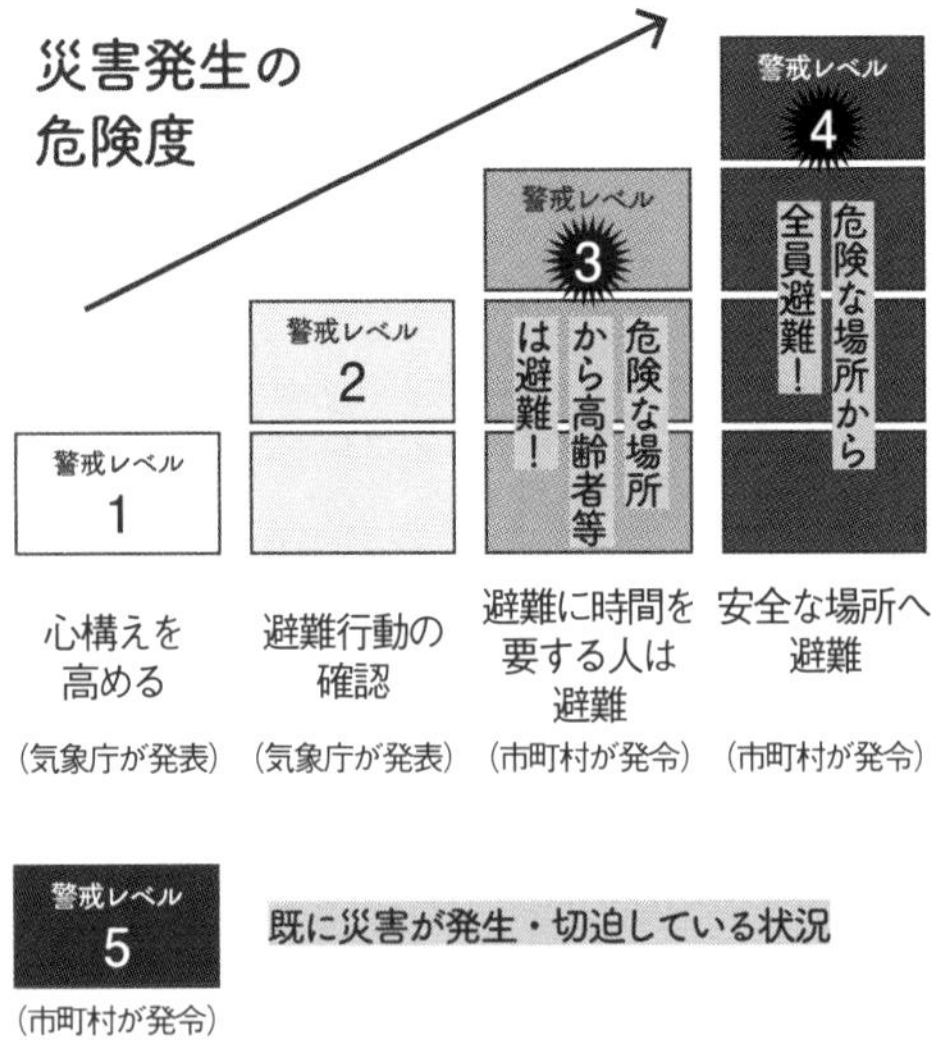
災害発生の危険度
警戒レベル 1
警戒レベル 2
警戒レベル 3
危険な場所から高齢者等は避難!
警戒レベル 4
危険な場所から全員避難!
心構えを高める
(気象庁が発表)
避難行動の確認
(気象庁が発表)
避難に時間を要する人は避難
(市町村が発令)
安全な場所へ避難
(市町村が発令)
警戒レベル 5
既に災害が発生・切迫している状況
(市町村が発令)

参考資料　政府広報オンライン

国崎チェック!

自治体やメディアは、警戒レベルを伝えるとき「警戒レベル4です」とだけ伝えることもあります。いざというときに備えて、各レベルで何をするかをしっかり頭に入れておきましょう。

第2章 災害・感染症・不審者・事故対策

Check 4

自主避難のタイミングを判断

警報だけにとらわれないことも大事。目の前の状況から判断して、自主的に避難することを考えましょう。

目の前の状況から避難のタイミングを判断

自主避難を決める判断材料はハザードマップや警戒レベルだけではありません。大事なのは、目の前の状況から、危険度を判断すること。雨の降り方からおおよその1時間雨量を想定することもできます。左の図を参考に、自分自身の目で雨量や危険度を察知できるようにしておきましょう。

雨の強さと降り方

1時間雨量(ミリ)	雨の降り方
10以上20未満	やや強い雨。ザーザーと降り、地面からのはね返りで足がぬれる
20以上30未満	強い雨。どしゃ降りで傘をさしていてもぬれる
30以上50未満	激しい雨。バケツをひっくり返したように降り、傘をさしていてもぬれる
50以上80未満	非常に激しい雨。滝のように降り、傘はまったく役に立たない。車の運転は危険
80以上	猛烈な雨。息苦しくなるような圧迫感があり、恐怖を感じる。車の運転は危険

参考資料　気象庁ホームページ

自主避難の基準を決めるには

自主避難の基準は、ハザードマップ、5段階の警戒レベル、「キキクル」「川の防災情報」などの情報、そして園から見える雨の様子などを考慮して決めます。例えば、ハザードマップで浸水の危険エリアにある園なら、警戒レベルが2だとしても、「浸水キキクル」の浸水害の警戒レベルが「警戒」で、1時間雨量が30ミリを超えそうなときは避難するなど、園の災害リスクに合わせて避難の基準を決めましょう。

こうして決めた自主避難の基準と避難先は、保護者にも必ず事前に知らせましょう。保護者が避難のタイミングや避難先を知っていれば、引き渡しもスムーズになります。

また、「キキクル」などの情報は中小河川を対象としています。大河川の情報も常にチェックし、さらに、目の前の気象現象も注視することを忘れないでください。

GOODS

絶対オススメ！防災グッズ

水のう

水害を水で防ぐ！使用後の水も再利用

台風やゲリラ豪雨などによる床下・床上浸水を防ぐ水のう。一般的には、袋に土を入れた土のうを使用することが多いですが、水を含んだドロドロの土は後始末が大変。そこで開発されたのが、この水のうです。設置したい場所まで水道からホースをつなぎ、その場で水を入れながら設置できるので扱いやすく、使用後は水を流すだけ。掃除に再利用もできます。繰り返し使えて、保管スペースも取らないので備蓄にも適しています。

●注ぎ口式なので漏水しにくい
ー水位 ここまでー
水のう袋
●非常用の給水袋としても使える
●水を入れたときの重量は約7～9キロで持ち運びに負担がかかりにくい
●土のう袋に入れれば、積んだときにすべりにくい

Check 5

水害に備えた避難訓練

地震や火災だけでなく、水害に備えた避難訓練も、実施するのとしないのとでは大違い。雨の日こそ、チャレンジしてみましょう。

雨の日の避難訓練で避難先までの時間や危険を確認

浸水などのリスクがある園では、雨の中を避難先まで歩いて行くとどのくらい時間がかかるのか、途中にどんな危険があるのかなどを確認するためにも、雨の日に避難訓練をすることを勧めます。当日、子どもたちにレインコートを着せ、はぐれないようにロープをつかませ、小さい子は散歩車に乗せて避難先へ。職員も傘は使わず、レインコートを着て両手を自由にしておきます。園バスや職員の車で移動する場合も、被災時を想定して同じ装いで行います。

訓練当日は、避難先の担当者に連絡して協力してもらいましょう。避難場所は、学校の体育館などの公的施設が多いですが、高台にある保育園などと災害協定を結んで避難場所として利用できるようにすることも一案。その場合、受け入れる側の園も訓練ができるので有益です。

避難訓練をすると、いろいろな課題が見えてくるでしょう。それを見直せば、より安全な避難方法が考えられます。

雨で声が聞こえないときは、『聞こえない！』って言ってね
じゃあ、出発しよう
はーい！

国崎チェック！

線状降水帯など、雨が長時間降り続くとき、避難のタイミングを逃したり、避難時に子どもが外に出ることを恐れたりして、施設の上の階へ垂直避難するケースがあります。この場合、籠城状態になり、ヘリコプターでの救助になる可能性もあります。タイミングを逃さず、早めの自主避難を心がけましょう。

避難時の必携品

大雨で避難する際の必携品は、ミルク・おやつなどの食料のほか、多めのタオル・着替え・おむつ・ドライヤーなど、ぬれた体を乾かせるもの。ただタオルや着替えなどがぬれてしまっては台無しなので、防水袋に入れて持ち運びましょう。

えきたいミルク
ビスケット
ミルク

Check 6

落雷の危険を回避

大雨時は雷の被害も少なくありません。雷のメカニズムを知って、落雷の危険を回避しましょう。

天気予報とナウキャストで雷の発生をチェック

天気予報で雷注意報が出ていたら、気象庁のウェブサイト「ナウキャスト」で確認しましょう。「ナウキャスト」は、1時間先までの降水分布、雷の活動度、竜巻の発生を数分おきに予報します。ここで雷注意報が出ている際は、外での活動を控えることを勧めます。

雷が落ちるときは、積乱雲のような厚い雲が出て空が真っ暗になります。厚い雲の中で光って雷鳴が聞こえてきますが、光の距離や音の強弱で遠い・近いは判断できません。稲光がして雷鳴が聞こえた時点で、どこでも落ちる可能性があります。もしも、散歩の途中や遠足先で同様の状況になったときには、すぐに近くの建物へ避難しましょう。

避難の途中で雷鳴が聞こえたら

洪水・浸水・土砂崩れの危険から避難している途中、ゴロゴロと雷鳴が聞こえたときには、近くで避難できる建物を探して身を寄せ、先へ進まないで、その場で雷が去るのを待ちます。そのとき必ず建物の中で待機することが重要です。建物の軒下や木の下での避難はNG。建物や木に落雷したとき、建物や木を伝って雷の側撃を受ける危険があります。また、避難時はレインコートを着用することが大切。傘をさしていると、傘の先端部が雷を誘引する可能性があるので危険です。

園バスなどに避難している場合は、駐車できる場所に停めて、車内の金属部分にふれないようにしつつ雷が去るのを待ちましょう。

気象庁のウェブサイト「ナウキャスト」で「雷活動度」のマークを選択すると、10分毎の落雷予測を見ることができる。

雪が少ない地域も！ 雪害対策

実は、世界有数の豪雪地帯である日本。雪の少ない地域でも雪害対策は重要です。雪があまり降らない地域でも必要な対策とは？

Check 1

大雪に備える

大雪注意報が出ると、交通機関が計画運休し、保護者の迎えが難しくなることも！ 休園や降園時間の繰り上げの判断基準はあらかじめ決めておきましょう。

降園時間の繰り上げ

保育中に大雪注意報が出た場合、たとえ予報が外れる可能性があっても、降園時間を早めたり、早めのお迎えをお願いする一斉メールを送ったりと、交通機関が動いているうちに子どもが降園できるように対応すると安心。雪が降り始めてから対応したのでは、交通機関が止まったり、道路状況が悪化したりと、迎えが難しくなるからです。

急に大雪警報が発令された場合に備えて、お泊まり保育を視野に入れた対策を練っておくことも大切です。

午後から夜にかけて降り続け、10センチほど積もる見込みです……
いまは全然降っていないのに……
電車が止まるかも
緊急連絡メールを配信しましょう

休園の判断は？

積雪のため園バスの運行が厳しいときや、交通機関がストップしたときなど、登園が難しい状況であれば、休園もしくは自由登園とするのがベストです。休園の場合は、教育委員会や行政に相談し、地域の小学校・中学校の休校判断に合わせるのもよいでしょう。

ただ、完全に休園とするのが難しい保育所や認定こども園では、自由登園の選択肢を事前に示し、出勤可能な職員で少人数の保育を行う用意があることを伝えておくと、保護者も出勤が困難な職員も安心できます。

Column

日本は世界有数の豪雪地帯

国土のおよそ半分が豪雪地帯である日本ですが、実は世界的に見ても雪が多い国。特に、青森市、札幌市、富山市は、世界で積雪量が多い人口10万人以上の都市トップ3ともいわれています（2016年、米国 AccuWeather 調べ）。

国が指定している豪雪地域は、北海道・東北・日本海側に集中していますが、近年、太平洋側でも「大雪警報」が発せられ、しばしば交通インフラが麻痺する事態も発生しています。また落雪事故や送電線への着雪による停電なども起こっています。

日本は雪の多い国と自覚して、雪に慣れていない地域でも雪害対策をしましょう。

日本の豪雪エリア分布図

豪雪地帯
特別豪雪地帯

参考資料　国土交通省ホームページ

Check 2

落雪の危険と除雪のポイント

雪に慣れている地域でも、毎年、除雪中の事故が発生しています。除雪時のポイントを押さえつつ、事故防止を心がけましょう。

落雪による事故を防止！

よくある雪害の一つとして気をつけたいのが、落雪です。

こんな事例があります。雪深い地域の園で、園舎の屋根に積もった雪を下ろす前日、園庭であそんでいた園児3人が落雪に巻き込まれました。その日は晴れていて、積もった雪がとけて落ち、その下にいた園児が巻き添えになったのです。

1坪に1メートルの雪が積もると、その重量は約1トン。雪は、塊になると想像以上の重さになり、落ちてくると押しつぶされる可能性があります。大雪のあと、特に晴れた日は、落雪の可能性がある場所に入れないようにし、事故を防ぐ必要があります。

慣れない雪下ろしは禁物

雪下ろしを自分たちでしようと無理をするのは、転落などの危険があるので、お勧めできません。豪雪地帯でも、専門の業者に依頼することが多いそうです。雪の少ない地域の場合は、工務店など建築関係の業者に相談・依頼してみることを提案します。

自園で作業をする場合は、次の3点を厳守しましょう。

❶ 1人で作業をしない
複数人で行い、はしごから屋根へ移る際は、必ず声を掛け合う。

❷ 無理をしない
作業前には準備体操を行い、疲労を感じたら作業を中止する。

❸ 命綱をつける
命綱とヘルメットを装着してから作業を始める。（屋根に命綱を固定するアンカーの設置は、地域によっては公的助成を受けられることも）

雪かきのコツ

【時間・タイミング】
- 雪が積もりきる前、早朝から午前8時くらいまでが最適。
  →暖かい時間になると、雪がとけて重くなり、作業がしにくくなる。
- 豪雪エリアでは新雪のうちに。雪が少ないエリアでは積雪10センチになる前に。
  →積もった雪の下の方が固まらないうちに作業をする。

【手順】
①スコップで雪を小分けにする。
②①をすくって敷地内の日当たりのよい場所に集める。
③とけた水が排水溝のある方向へ流れるように斜面を作る。

【ポイント】
- 人が通る場所（エントランスから門・園庭まで、門の前の歩道）を優先的に。
- 1か所に大量の雪を集めず、複数の場所に集めると作業効率がよく、とけやすい。

Check 3

さまざまな雪害に備える

落雪以外にも、転倒や停電、断水など、さまざまな雪害があります。転倒しないコツや、雪害に備えての備蓄品などを確認しましょう。

登降園時の転倒に注意!

積雪や凍結が原因で転倒する事故は、豪雪地帯よりも雪が少ない地域で多く発生します。それは、転倒しやすい場所や転倒しにくい歩き方を知らないから。登降園時の事故を避けるためにも、園でしっかりと認識し、保護者とも情報共有しておきましょう。

転倒しやすいのは坂道だけではありません。例えば、マンホールや横断歩道の白線の上といった、つるつるした場所。さらに駐車場やガソリンスタンドの出入り口や、バスやタクシーの乗り場など、車や人によって雪が踏み固められた場所も滑りやすくなっています。このような場所を避けながら歩くことを心がけましょう。

雪道を安全に歩くポイントは、小さな歩幅で、靴の裏全体を路面に付けること。滑りにくい靴を履くことも忘れずに。

雪害対策グッズは断水・停電も想定して

大雪によるその他の雪害としては、水道管の凍結による断水、送電線に雪が積もったことによる停電などが心配されます。雪害対策のグッズや備蓄品を用意する場合は、雪かきに必要な道具類だけでなく、食料・水など、地震や水害時と同様の備蓄品も点検し、不足していれば買い足しましょう。

また冬季であることから、停電時を想定して、暖をとるための石油ストーブや燃料も備えると安心です。

断水・停電に備えて

- **水・非常食**
- **石油ストーブ、灯油**

雪に備えて

- **雪かき用スコップ**…雪を押して集めるラッセルタイプがあると便利
- **車用品**…牽引用ロープ、タイヤチェーン、ブースターケーブル（バッテリーが上がった際に、他車のバッテリーとつなぐ）、スノーブラシ（車体に傷をつけにくく柄が長いので、大型車の除雪時に便利）
- **滑り止め用の砂**

経験から学ぶ！

雪が子どもにもたらすものを大事に、危険は回避

2022年2月、札幌では記録的な大雪が降りました。その際の対応を含め、豪雪地帯ならではの雪との付き合い方について、幼保連携型認定こども園せいめいのもり（札幌市東区）に聞きました。

2022年2月、大雪に埋もれた園バス。

大雪の際は臨機応変に！

2022年2月、札幌市は記録的な大雪に見舞われました。園バスの運行ができなくなり、出勤できない職員もいたため、通常保育は諦めて自由登園を即決し、一斉メールで保護者に連絡しました。

生活道路が雪でふさがってしまったため、給食の食材が届かず、前日に納められた食材に加え、備蓄の食料で調理したそう。2018年の胆振東部地震を経験して以来、食料を十分に備蓄していたことが大いに役立ちました。

雪の中での保育は？

せいめいのもりでは、道に雪が積もって車道から歩道の見通しが悪い場合は、散歩へ出かけません。道が極端に狭くなりいろいろな事故につながる危険があるからです。ただし、道路状況が整っていれば、築山がある公園へ出かけ、思い切り雪滑りを楽しんでいます。

一方、園庭では、雪が降っていても子どもたちはあそぶそう。子どもたちが快適かつ安全にあそべるよう、保護者には雪あそびに適した服装について伝え、園では屋根に積もった雪やつららの除去を怠らず、ほかに大きなけががにつながる環境はないか、毎日園庭を点検しています。

「雪には危険もありますが、子どもの発達にもたらすものは大きい。雪の危険な側面は子どもに伝え、大人も注意して見守りつつ、雪あそびを通して子どもが得られるものを大事にしていきたいです」と司馬園長は話します。

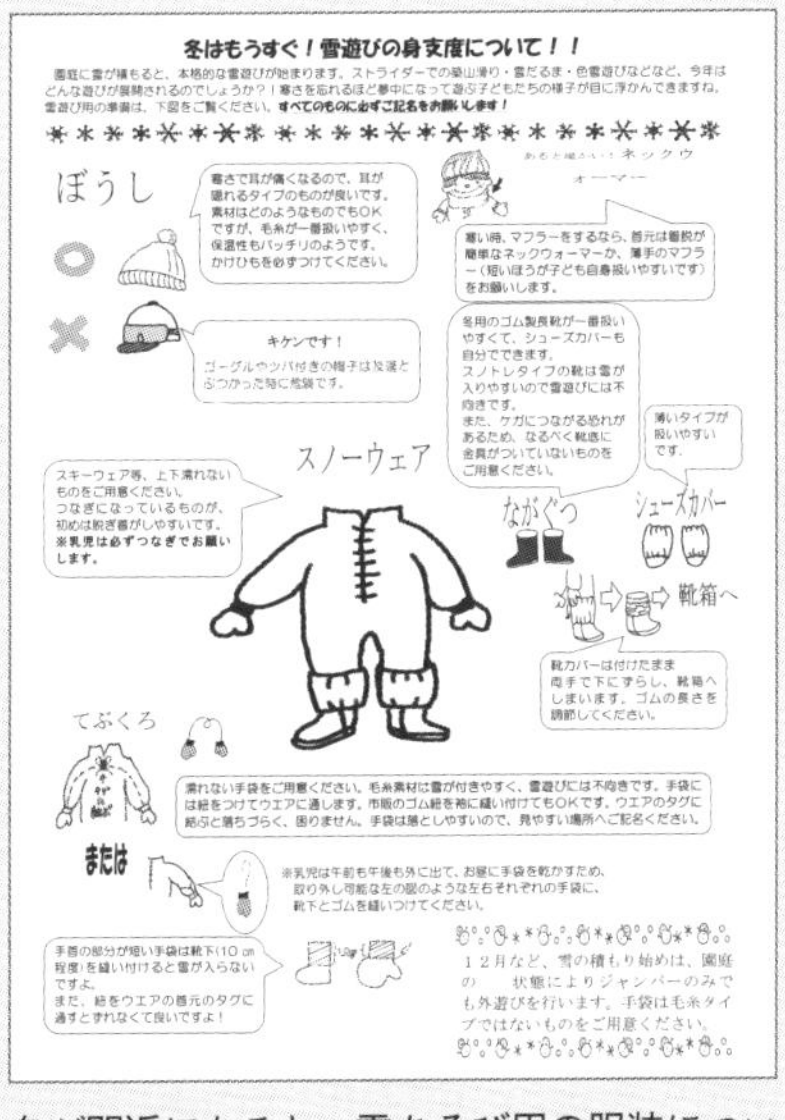

冬が間近になると、雪あそび用の服装について保護者にお便りで伝えている。

雪あそびの服装のポイント

頭	寒さで耳が痛くなるので、耳が隠れる帽子を。
首	着脱が簡単で安全なネックウォーマーを。
体	脱ぎ着がしやすいつなぎのものがベスト。
手	毛糸の手袋は雪が付き、ぬれやすいので不向き。
足	冬用のゴム製長靴にシューズカバーをつけると、雪が靴の中に入りにくい。

せいめいのもり
園長
司馬政一さん

防火・消火・避難の基本！

火災対策

火災原因の多くが電気設備機器。実は季節に関係なく、火災は起きやすいのです。火災が起きる原因と対策を知り、防火を心がけましょう。

Check 1

出火原因はさまざま

出火場所は、調理室など火を扱う場所だけではありません。保育室や職員室、教材室などにも危険が潜んでいます。

出火元は調理室だけじゃない！

火災避難訓練では、出火元を調理室に設定することが多いようですが、出火するのは火を扱う場所だけではありません。実は出火原因の約半数は、電化製品やコンセントなどの電気設備機器が占めています。特に、コードからの発火や、コンセントのトラッキング現象には要注意です（46ページ参照）。

このほかに園で注意したいのが、収れん火災。水槽やモビールなど光を集める素材の物を置いたりつるしたりすると、それらがレンズの役割をして、近くにある紙などに火がつき、火災の原因となることがあります。

このようにさまざまな火災の原因を知り、防火対策に努めるのと同時に、職員室や保育室などからの出火を想定した火災避難訓練も行うようにしましょう。

園で注意したい火災原因

- 電気機器・コードからの発火
- コンセントからの発火
- ガス設備機器からの発火
- 収れん火災
- たき火などの不始末

GOODS

絶対オススメ！ 防災グッズ

投げる消火剤

火元へ投げるだけで初期消火ができる

火災発生！　燃えている現場を見るとパニックになりがちです。そんなときに消火器を使おうと思っても、なかなかスムーズに扱えないもの。でも、消火剤なら投げるだけ。炎が小さいうちなら、火元に投げれば消火できます。また、炎が大きい場合は、まず消火剤を投下してから119番へ通報。まだ鎮火していなかったら、消火器で消火します。持ち運びに便利なので、キャンプを楽しむときも、火災予防のためにそばに置いておきたい防災グッズです。

ボトル型

・コンパクトなので誰にでも扱える

ボール型

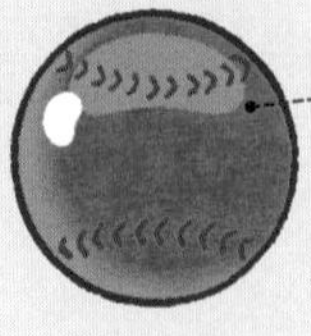

・小さくて軽いので投げやすい

Check

❷ 電気機器・コードからの出火に注意！

私たちは電気機器の発達で便利さを享受していますが、思わぬ火災の危険もはらんでいます。電気は熱を発することを忘れないで使いましょう。

「火を使わないから安全」その油断が火災を招く

近年、急速に普及しているＩＨコンロ（電磁調理器）は、炎が出ないので火災の危険性が低いと思われがちですが、そんなことはありません。揚げ物など油を入れた鍋を加熱したまま放置すると出火します。メーカーの注意事項を守って使ってください。

また、湯沸かし用の卓上ＩＨコンロを職員室などに置く場合も、ガスコンロと同様、火を扱っているという気持ちを忘れないで使いたいものです。

コードも要注意！劣化すると発火のおそれが

電気機器のコードは、人間の体でいえば血管のようなものです。コードの中を電気が流れ、機器にエネルギーを与えます。そのコードが健康かどうかをチェックしましょう。悪い使い方・状態を下に紹介します。

コードの健康チェック！　これはNG

❶ 重い物の下敷きになっていませんか？

電気の通り道が細くなり、その部分が過熱して発火する危険があります。

❷ 古いコードを使っていませんか？

現在のコードの許容電流は１５００ワット相当が主流。古いコードはそれより少ないため、コードが高温になって劣化を加速させ、発火するおそれがあります。

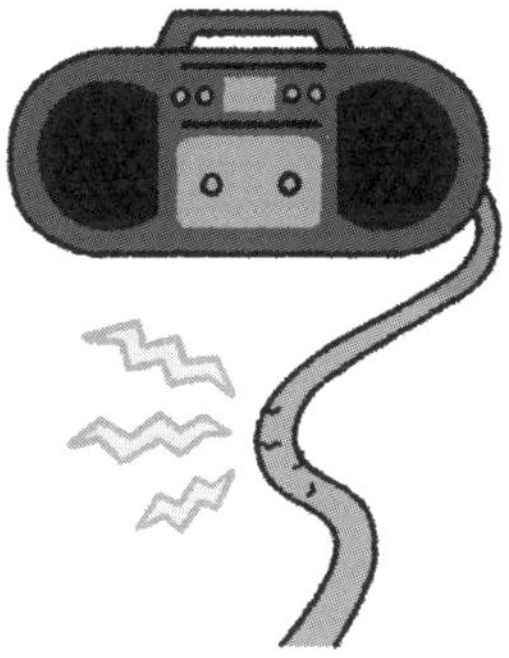

❸ きつく束ねて使ったり、収納したりしていませんか？

コードを機器本体にきつく巻き付けて収納したり、長いコードを束ね短くして使ったりすると、折れ曲がった部分に圧力がかかり熱をもちます。ゆるく束ねるのが鉄則。

❹ 金具などでコードを固定していませんか？

金具によりコードの被覆が傷つけられるとショートを起こす危険があります。釘などでコードを打ち付けるのはもってのほか！

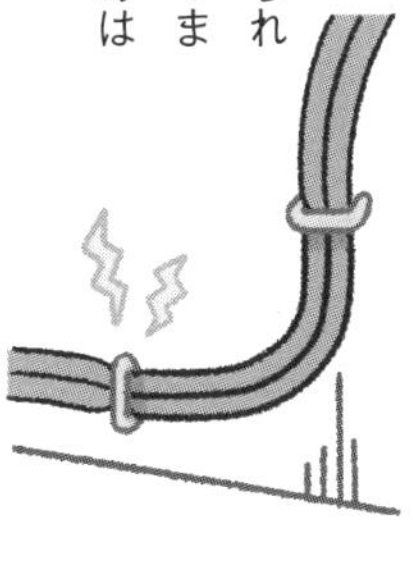

❺ コンセントからプラグを抜くとき、コードを持っていませんか？

コード部分を持って抜くのは危険。中の銅線の一部が切れて発熱し、発火につながります。

国崎チェック！

扇風機など、久しぶりに使う電気機器は要注意。使う前にコードが傷んでいないか確認し、まっすぐに伸ばして電気の通りをよくしましょう。

Check 3

トラッキング現象を防ぐ

コンセントから出火するトラッキング現象。
園内のコンセントを点検して防止対策をしましょう。

トラッキング現象とは？

コンセントにプラグを差し込んだままにしておくと、コンセントとプラグの間にほこりが溜まります。そこに湿気が加わると発火。これがトラッキング現象です。火を扱っていなくても出火し、いつ出火するか分からないのが、恐ろしい点です。

トラッキング現象は、調理室、キャビネットの裏、洗面所、加湿器のそば、窓回りなど、湿気が多いところにあるコンセントで起こりやすいです。特に、梅雨の季節や結露が起きやすい寒い時期は発生しやすいので、要注意です。

コンセントとプラグにほこりを防ぐ対策を

コンセント

目につきにくいコンセントを使う場合は、トラッキング現象が起きたときに発生するガスを検知し、自動的に電気を遮断するコンセントに取り替えると安心です。

保育室にあるコンセントは、トラッキング現象だけでなく、子どものいたずらによる発火の可能性もあります。コンセントに細長い玩具などをねじ込んで出火事故を起こすケースも。そのような事故を防ぐには、コンセントカバーを取り付けるのがベストです。差し込み口にほこりが入らず、いたずらもできません。

プラグ

1 プラグにほこりをためない

定期的にコンセントからプラグを抜き、乾いた布や雑巾などでほこりを除去。冷蔵庫の裏やキャビネットの裏など、目が行き届かない場所のコンセントは特に注意しましょう。

2 使わない電気機器のプラグを外す

ほこりが溜まりにくくなるだけではなく、無駄な待機電力を消費しないので省エネ対策にもなります。

3 トラッキング防止カバーを付ける

プラグとコンセントが接する部分にトラッキング防止カバーや、プラグに安全カバーを付け、ほこりを溜まりにくくします。

国崎チェック！

頻繁にブレーカーが落ちる場合は、電気機器の利用量が増え、許容量を超えている可能性があります。トラッキング現象のリスクを高めることにもなるので、契約アンペア数を見直すことを勧めます。

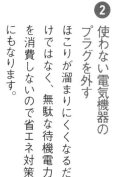

Check 4

避難と初期消火

火災の被害で恐ろしいのは一酸化炭素中毒。一刻も早い避難と初期消火をしましょう。

火災報知器が鳴ったら一刻も早く避難！

火災の人体への被害の多くは一酸化炭素中毒です。火災報知器のベルやサイレンが鳴ったら、1～3分で新鮮な空気を吸える場所へ避難しましょう。このとき、保育者が「早く！」とせき立てるような声かけをしないことが大事。せき立てると転んだり、前の子を押して将棋倒しになったりする危険性があります。「速足で行こう！」と、あそび感覚をもてるような声かけを心がけてください。避難口は1か所に集中せず、分散することも大事です。

下の表は煙の色と一酸化炭素濃度の目安、一酸化炭素を吸ったときの症状です。レベル4まで記載していますが、煙の黒色が濃くなるほど、一般的には不完全燃焼の割合（煙中の一酸化炭素濃度）が高まり、一酸化炭素中毒の危険も高まります。

一酸化炭素中毒の症状

参考資料　東京消防庁（煙の色の項目は危機管理教育研究所）

煙の色	空気中の一酸化炭素濃度（%）	症状
レベル1 白色／黄色	0.02 ～ 0.03	5～6時間で頭痛、耳鳴りがし、目に強い光が走ったりする
レベル2 グレー	0.03 ～ 0.06	4～5時間で激しい頭痛、吐き気がし、皮膚がピンク色になり、やがて体の自由がきかなくなる
レベル3 褐色／黒色	0.07 ～ 0.10	3～4時間で脈が速く、呼吸数が多くなり、やがて意識がもうろうとする
レベル4 黒色	0.11 ～ 0.15	1.5～3時間で呼吸がおかしくなる（深い呼吸と浅い呼吸を繰り返す）。けいれんを起こし、意識を失う

初期消火のポイントは

火災は初期消火が重要です。でも何人もが消火作業をすると、全員が危険にさらされます。火元に近い場所にいる職員2、3人で行い、その他の職員は速やかに避難しましょう。

初期消火で対応できるのは、炎が天井に届くまでが目安といわれていますが、実際は、天井に炎が達したら数分で部屋中が炎に包まれてしまいます。火が自分の背丈を越えたら、初期消火は諦めます。

火の勢いはすさまじく、消火器を準備する間に炎が大きくなる可能性があります。そこで常備しておきたいのが44ページで紹介した、投げる消火剤です。片手で持てる大きさで、炎の中に投げ込んで消火します。調理室はもちろん、保育室や階段の踊り場など、子どもの手が届きにくく、大人の手に取りやすい場所に常備できると安心です。

国崎チェック！

ハンカチやタオルで口を覆っても、一酸化炭素の吸引は防げません。出火したら、ともかく素早く外に出ること。これが鉄則です。

津波対策

迅速に情報を得て避難！

津波から子どもたちの命を守るには、そのメカニズムを理解し、迅速に情報を得て避難するのが大事。保護者とも危機感を共有しましょう。

Check 1 津波のメカニズムを知ろう

地震や噴火などによって発生する津波。そのメカニズムを知り、避難マニュアルに生かしましょう。

津波発生の要因

●地震による津波

津波とは、大地震などで海底が隆起・沈降することによって海面が変動し、大きな波を起こす現象を指します。

一般的に「津波が来る前には潮が引く」と言われていますが、必ずしもそうではありません。地震を起こした断層の傾きや方向、津波が発生した場所と海岸との位置関係などによっては、いきなり大きな波が押し寄せる場合もあります。例えば、2003年の十勝沖地震や2004年のスマトラ沖地震では、直前に潮が引くこともなく、いきなり大きな波が押し寄せた地域もありました。

地震によって津波が起こるメカニズム

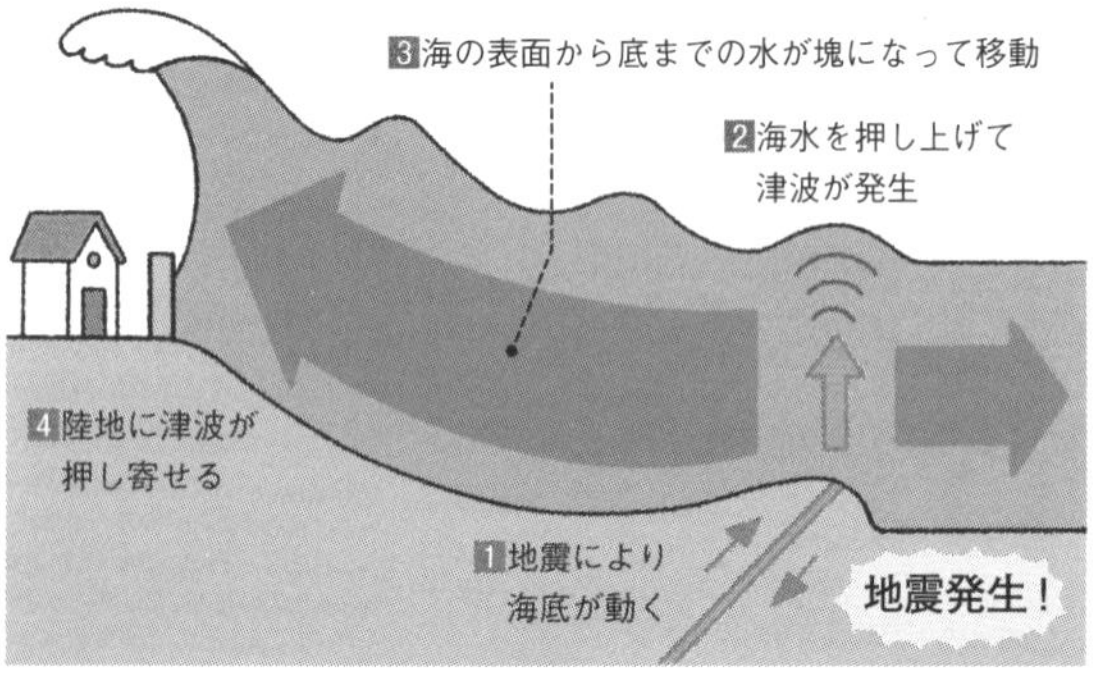
3 海の表面から底までの水が塊になって移動
2 海水を押し上げて津波が発生
4 陸地に津波が押し寄せる
1 地震により海底が動く
地震発生！

●火山活動による津波

2018年にインドネシアのスンダ海峡で発生した津波は、火山島の噴火によるものでした。島の約半分が崩壊して土砂が海中になだれ込み、津波を引き起こしています。

同様の津波は、江戸時代の日本でも例があります。肥前国島原（現・長崎県）の雲仙岳の火山性地震と眉山の崩壊によって、対岸の肥後国（現・熊本県）を津波が襲いました。「島原大変肥後迷惑」という言葉で伝えられています。

津波の速さ・高さ

津波は、沖合の深い場所ではジェット機に匹敵する速さで伝わり、陸地に近づくにつれて減速します。ただし、遅くなるといっても、走って逃げきれる速さではないので、津波警報が発出されたら、速やかに避難することが肝心です。

また、津波は何回も押し寄せるため、減速した波に後方からきた波が重なってさらに波高が高くなることも。そのため第1波より、第2波のほうが高くなる場合もあります。地形によっても高さは変化し、岬の先端やV字型の湾は、波が集中するので特に注意が必要です。

津波の速さ・高さは変化する！

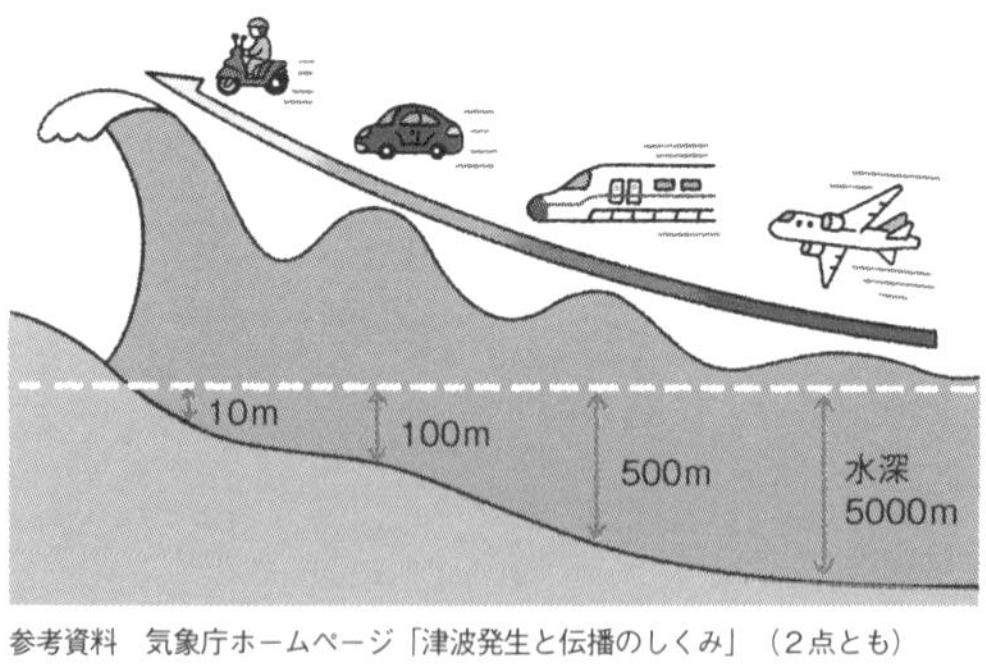
10m
100m
500m
水深
5000m

参考資料　気象庁ホームページ「津波発生と伝播のしくみ」（2点とも）

Check 2
津波の危険性を保護者と共有

地域の津波の危険性について把握したら、その情報を保護者とも共有して、防災意識を高めましょう。

ハザードマップをもとに避難計画を立てる

東日本大震災の津波の高さは想定外でした。その教訓を生かし、現在は、科学的な知見をもとに最悪の場合を想定し、各地域のハザードマップに反映しています。避難計画は、各自治体が作っているハザードマップをもとに立てましょう。また、津波は干潮時・満潮時の潮位で高さが変わってきます。その点にも注意を払う必要があります。

そうして作成した園の避難計画は、保護者と共有するとともに、保護者自身の居住エリアについても、ハザードマップでチェックするように勧めます。

引っ越してきて間もない家庭などは、地域の災害の危険性について十分に把握していない場合もあります。園児の安全を確保するためにも、自宅付近の危険度を把握し、いざというときの避難場所や避難方法も確認しておくよう、保護者にしっかりと伝えましょう。

保護者が集まる機会に防災意識を高めて

行事など保護者が集まる場は、地域の津波の危険性を伝える絶好のタイミングです。

特に、入園式や卒園式などの式典の場では、保護者全員が参加し、スピーチなどにも落ち着いて耳を傾けるはずです。園長のあいさつなどで、保護者の防災意識を高める内容を盛り込むことを勧めます。一見その場にそぐわないテーマのようですが、保護者の記憶に残りやすいです。

スピーチ例

【入園式】

本園は海が近く、津波の危険性が高い地域にあります。その中でも安全を第一に考え、避難訓練はもちろん引き渡し訓練も行っていますので、保護者のみなさまにもご協力をお願いいたします。

【卒園式】

本園は津波の危険性がある立地ですが、幸いにして地震や津波の災害危機もなく、無事に卒園式を迎えることができました。小学校でも、園で経験された防災訓練などを生かしてお過ごしください。

Check 3

降園後の命も守る！

過去には、降園した園児と保護者が自宅で津波に襲われた事例があります。降園後のことも想定し、命を守る工夫をしましょう。

家庭生活調査票で災害危険度を確認

園よりも、園児の自宅の方が津波の危険性が高い場合があります。その場合は、保護者と園児を自宅へ帰さずに園に引き留めたり、高台の避難場所へ行くように指導したりすべきですが、一人一人の自宅の危険性を調べるのは手間がかかります。

そこで活用したいのが、入園時に保護者が提出する家庭生活調査票。津波に限らず、土砂災害、洪水など、自宅付近にどんな災害の危険があるかをハザードマップで確認し、家庭生活調査票に記入してもらいます。

家庭生活調査票の書式に記入欄を加えるか、もしくは備考・補記欄に記入してもらってもかまいません。この調査票をもとに、園児の自宅の災害リスクをリストアップ。引き渡し時にこのリストを確認して、降園後の園児と保護者の安全を確保します。

家庭生活調査票の災害リスク記入欄の一例

補記	ご自宅の災害リスク
ご自宅がある地域のハザードマップを確認し、以下の災害リスクについて、該当するものに○をつけてください。 ・土砂災害（ある・なし） ・津波（ある・なし） ・洪水（ある・なし）	

引き渡しカードに津波の災害リスクを記入

緊急時、保護者が園児を引き取りに来る際に持参する引き渡しカードにもひと工夫。

家庭生活調査票の災害リスク記入欄と同様の内容を、カードにも記入してもらいます。引き渡し時に園が保管する災害リスクリストと、保護者が持参する引き渡しカードを照らし合わせ、より強い注意喚起ができます。

一方、保護者自身も、引き渡しカードに記入することで「津波警報が出たら高台へ逃げなければ」と危機意識を高めることにつながります。

自宅に戻らないように伝えなければ……
ここは高台で安全なので、お子さんと一緒に、園に待機しましょう
「津波注意」

Check 4

危険度に合わせた対策と避難方法

津波の高さや速さによって、避難の方法は異なります。設備面での対策と併せて紹介します。

園舎内での避難に備える

地震発生直後に津波が押し寄せ、避難する時間がなく、津波の規模が高さ6～7メートルであれば、園舎の屋上へ避難することもあり得ます。そんな状況を想定して、屋上にはいろいろな物を置かず、大人数が避難できるスペースをつくっておきましょう。

水の浸入を少しでも防ぐには、塀を鉄筋コンクリートにし、玄関や保育室の窓に止水板を使用するなどの工夫も。止水板は、洪水などの水害にも役立ちます。

10メートル以上の津波に備える

短時間で10メートル以上の津波が到達する恐れのある地域では、園庭に津波シェルターを設置している園も。高台の避難場所まで園児を連れていく時間がない場合、シェルターがあれば心強いです。

ただし、津波が引いたあと、がれきがひっかかって内側から開けられないことも。利用する場合は、事前に自治体に伝えておき、位置情報を発信して救助隊に見つけてもらう必要があります。

高台避難の手段

高台へ避難できる場合は、基本的には車での移動はNGですが、乳児が多い場合は車を使うことも考えてよいでしょう。ただし、早めに避難行動をとらなければすぐに渋滞します。もしも渋滞に巻き込まれたら、車を捨て、そこからは徒歩で避難します。

車で移動する場合は、その後の徒歩避難を想定し、乳児は背負っておくとよいでしょう。そのため、避難時の防災袋の中には、おんぶ紐やさらしを多めに、必ず入れておきます。

噴火対策

降灰への対策も！

日本には100を超える活火山があり、現在も複数の火山が噴火しています。地域に活火山がある場合は、事前に避難計画を立て、降灰などへの対策も考えましょう。

Check 1

地域の活火山を知ろう

地域に活火山がある場合は、事前に避難計画を立てることが重要。そして、火山の状況を随時確認できるようにしておきましょう。

噴火時に備えて準備を

日本は世界有数の火山国。でも、いまだ噴火のメカニズムは明らかではなく、噴火のタイミングやパターン、噴出物などを予測するのは難しい状況です。そのため、いつ噴火しても迅速な避難ができるよう、各自治体の火山防災マップで危険な場所を確認し、避難計画を立てることが大事です。

さらに気象庁ホームページの「防災情報」で発表している噴火警報・噴火警戒レベルなどを随時確認して、早めの避難行動を目指しましょう。

火山の状況を確認するには

気象庁ホームページを開き「防災情報」をクリック

↓

「噴火速報・警報・予報」「降灰予報」「火山ガス予報」などで情報を確認

□ 該当する火山をクリックすると「噴火警報・噴火速報」が表示され、噴火警戒レベルなどが確認できる。

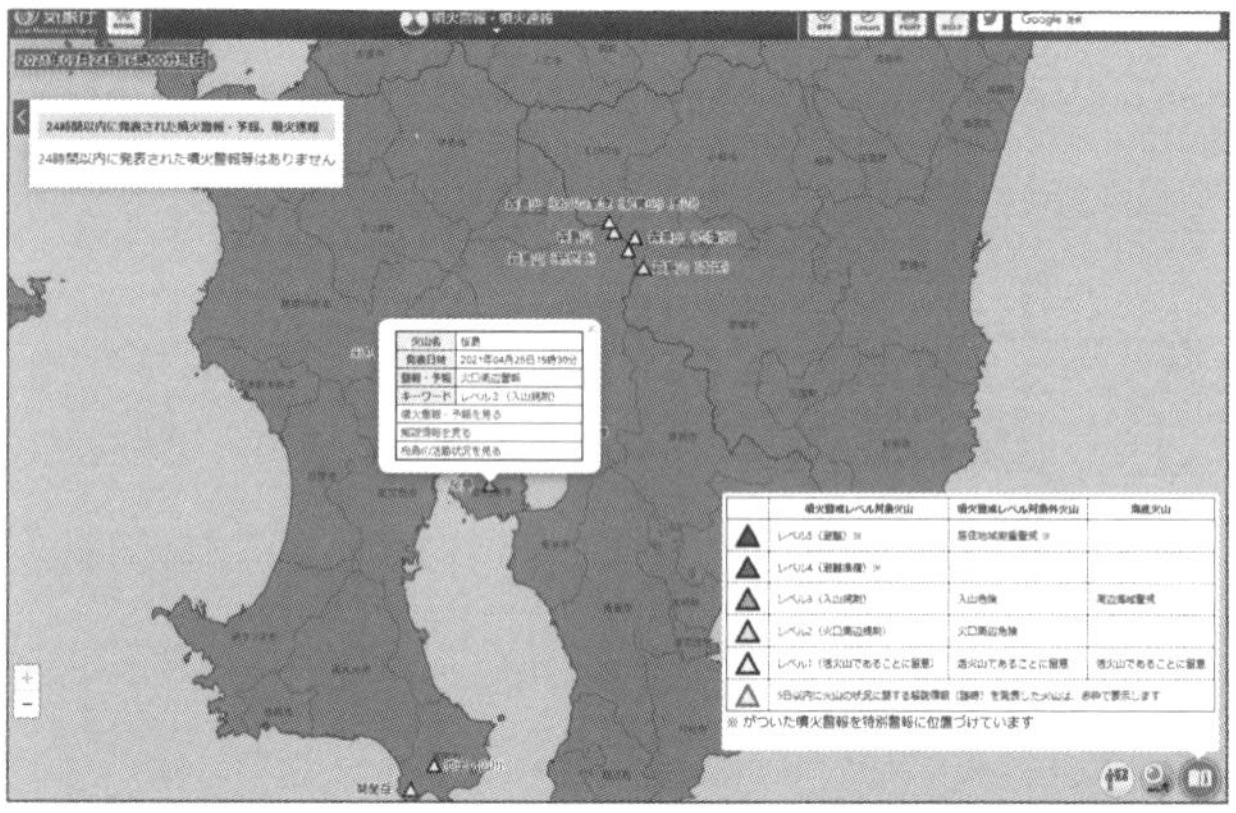

□ 該当の火山の「活動状況を見る」をクリックすると、活動状況の詳細や、監視カメラ画像も見られる。

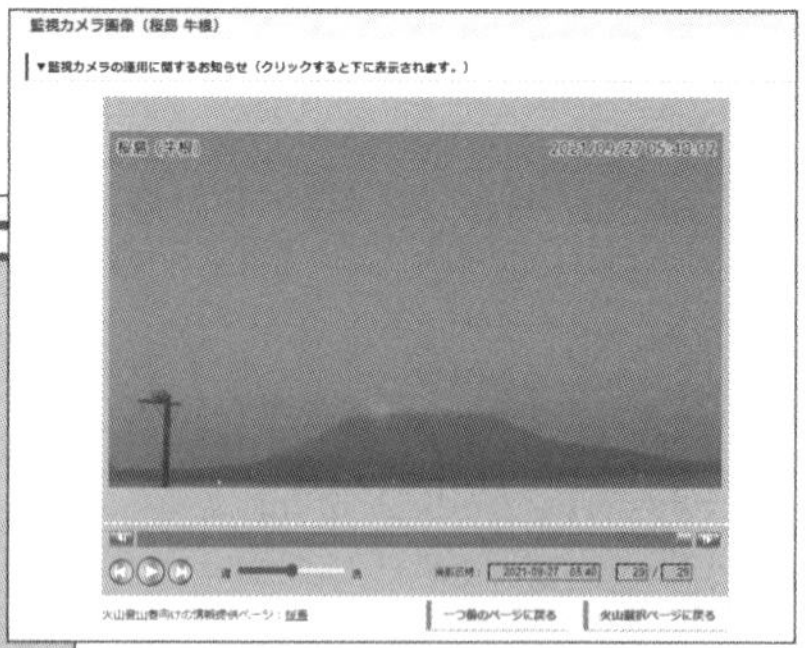

□ 「降灰予報」をクリックし、該当する火山をクリックすると、降灰の範囲や噴石の落下範囲の３時間ごとの移り変わりが分かる。

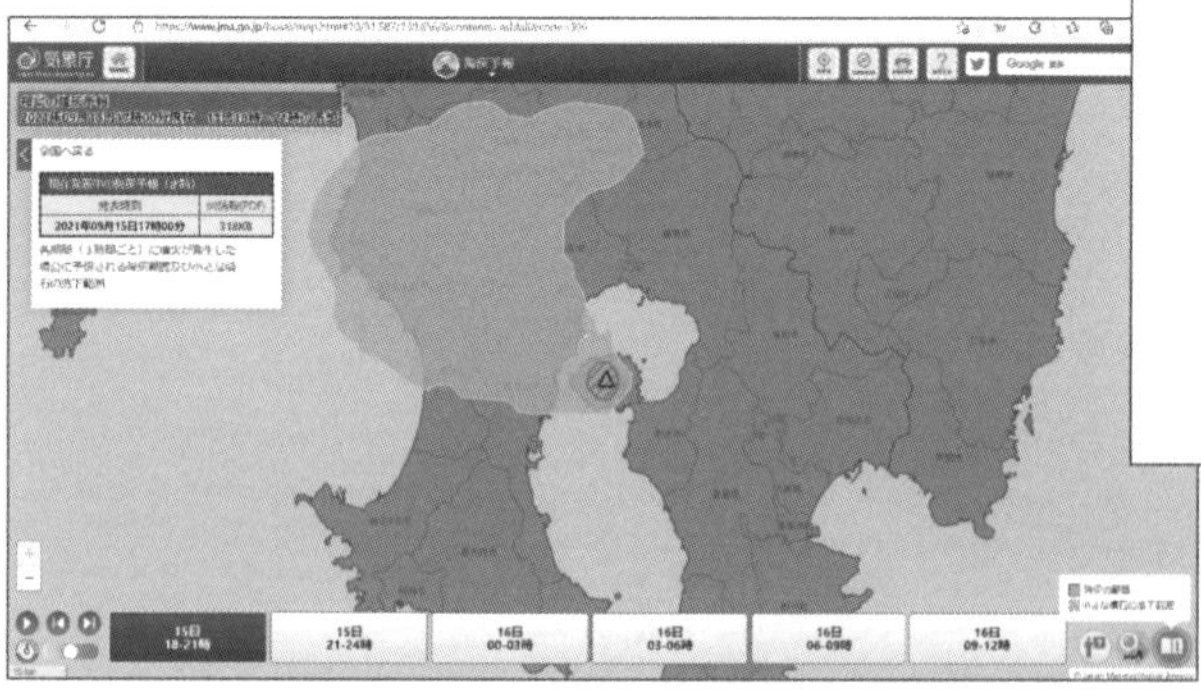

Check ❷
噴火警戒レベルに沿った避難計画を

噴火による災害から逃れるには、避難のタイミングが大事。
噴火警戒レベルに合わせて、迅速な避難ができる計画を立てましょう。

危険区域をふまえて避難計画を立てる

各自治体の火山防災マップには、火砕流や土石流、噴石などが届くと想定される範囲が記載されています。避難計画を作成する際は、これらの危険区域からの避難を想定します。

保育中に避難が必要になったとき、保護者への引き渡しが園ではできないので、事前に避難場所を決めて落ち合うというやり方もあるでしょう。噴火の規模によっては、自治体をまたいでの避難となる可能性もあります。どのタイミングで、どこに避難するかは、気象庁が発表する噴火警戒レベルに沿って決めましょう。

活火山の分布図

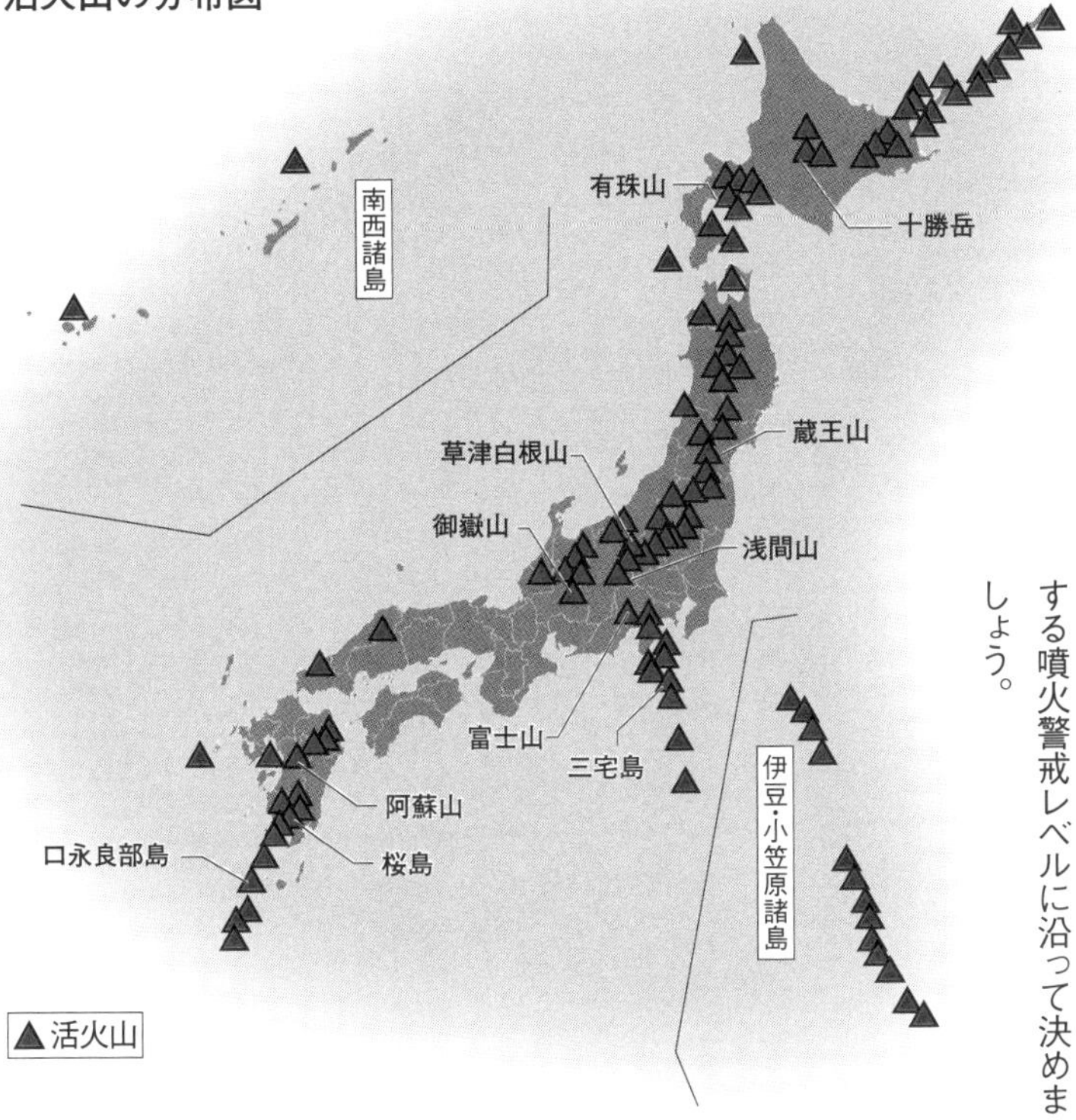
南西諸島
有珠山
十勝岳
蔵王山
草津白根山
御嶽山
浅間山
富士山
三宅島
伊豆・小笠原諸島
阿蘇山
口永良部島
桜島
▲活火山

噴火警戒レベル

噴火警戒レベル	火山活動の状況	住民等の行動
レベル1 活火山であることに留意	火口内で火山灰の噴出等が見られる。	通常の生活。火山活動に関する情報収集、避難手順の確認。
レベル2 火口周辺規制	火口付近に影響を及ぼす噴火が発生、あるいは発生すると予想される。	通常の生活。火山活動に関する情報収集、避難手順の確認。
レベル3 入山規制	居住地域の近くまで重大な影響がある噴火が発生、あるいは発生すると予想される。	通常の生活。状況に応じて高齢者等の要配慮者の避難準備。
レベル4 高齢者等避難	居住地域に重大な被害を及ぼす噴火が発生する可能性が高まってきている。	警戒が必要な居住地域の高齢者等の要配慮者の避難、住民の避難準備。
レベル5 避難	居住地域に重大な被害を及ぼす噴火が発生、あるいは切迫している状態にある。	危険な居住地域から避難。

参考資料　気象庁ホームページ（2点とも）

噴火警戒レベルを避難の目安に

火山が噴火活動に入ったとき、気象庁は状況に応じて5段階に区分した「噴火警戒レベル」を発表します。

保育中に警戒レベル3が発令されたら、避難の必要があるレベル4になる前に準備をします。ただし火山噴火の場合、警戒レベルがすぐ上がるケースと、何日もレベル3が続いた後にレベルが下がるケースもあります。そのため、避難準備をする一方で、保護者に対しては、お迎え時間を早めること、休園の可能性など、さまざまなケースを想定して連絡します。

保育中に突然レベル4が発令された場合は、一刻も早く避難します。噴火による災害は広域におよぶことを念頭に、避難先・避難ルート・避難手段などを事前に検討しておきましょう。避難計画を作成するにあたっては、近隣の園や小学校などと連携し、行政の協力も得ると心強いです。

Check 3

降灰による被害と対策

大規模噴火が起こると、遠く離れた地域にも火山灰が降ります。降灰による被害への対策を紹介します。

火山灰の特徴を知って対策！

例えば富士山が大規模噴火した場合、関東圏の広域にわたって火山灰が降るといわれています（左図はその一例）。火山灰は、噴火の勢いでマグマが粉々に砕けた物質。人体や交通機関、ライフラインへのさまざまな被害が想定されます。

富士山噴火の降灰予測の一例

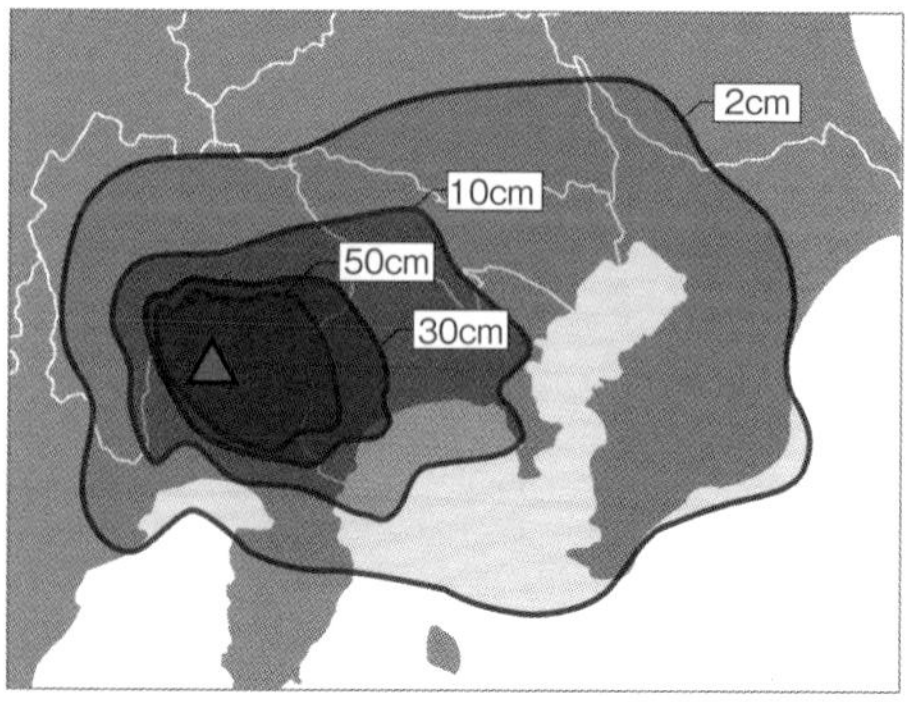

参考資料　富士山ハザードマップ検討委員会「宝永噴火を想定した富士山の降灰ハザードマップ」

火山灰から体を守る

火山灰は一粒一粒が硬くトゲトゲしていて目や肺を傷つけることがあります。特に、ぜんそくや気管支炎などの既往症があると、症状が重くなる可能性も。防塵マスクを着用し、火山灰が目に入ったら、手でこすらず水で流します。また皮膚にふれると炎症を起こす場合もあるので、降灰予報が出たら外あそびは中止するのがベストです。

火山灰の侵入を防ぐ

降灰予報が出たら、部屋の窓を閉めて目張りをし、すきま風が入ってきそうな場所にはぬれたタオルを埋め込みます。それでもなお、室内に火山灰が侵入する可能性があるので、大量の火山灰が降る場合は、保育室内に簡易テントを張り、その中に子どもが避難できるようにするのも一案です。

交通事故に要注意！

降灰時は見通しが悪くなり、火山灰が積もると滑りやすくなって自転車や自動車のブレーキが利きにくくなるため、交通事故が発生しやすくなります。道路わきを歩く際や、園バスの運転の際も、細心の注意が必要になります。

電源と水の確保を！

火山灰が送電線に積もって停電になる可能性があります。また浄水場やダムに火山灰が溜まると水の供給が難しくなることも。災害時用の水の備蓄は多めにし、降灰予報が出たらポータブル電源なども準備しましょう。

安全に火山灰の除去作業を

火山灰の除去作業時は、必ず防塵マスクと防塵ゴーグルを着用します。火山灰はとても滑りやすいので、屋根に上る際は、はしごをしっかり固定し、命綱を付けヘルメットを着用して作業するなどの配慮も必要。また、集めた火山灰は、ごみ袋に入れて収集日まで保管します。火山灰は水分を含むと固まるので、側溝などに捨てると詰まってしまいます。

Check 4

避難時の行動と服装の注意点

危険エリアからの避難、降灰への対処など、もしものときを想定し、噴火の際に必要な対策をしましょう。

火山現象によって変わる避難行動のあり方

噴火と一口に言っても、火砕流、噴石、火山灰など、噴火に伴う現象によって、避難方法などは異なります。

例えば、園の近くまで火砕流が到達する危険があるなら、ただちに園児とともに避難場所へ向かう必要があります。一方、噴石が激しい場合は、外に出ると危険なので園舎内に留まり、収まってから避難行動に移ります。また降灰の場合は、園舎内で静かに待機します。

噴火時は、気象庁の発表や行政の指示を確認し、情報収集に努めます。

また、避難時に携帯するアイテムや園舎内に留まる際の備蓄品は、地震のケースと変わりはありませんが、服装は、火山現象に合わせ、安全に配慮したスタイルを勧めます。

危険区域から避難する際の服装

噴火の被害が想定される地域では、けがを防ぐために夏季でも肌を覆う服装が必須。職員も子どもも長袖・長ズボンを常備します。また、両手を使えるようにするため、荷物はリュックサックに。

危険区域から避難する際の服装

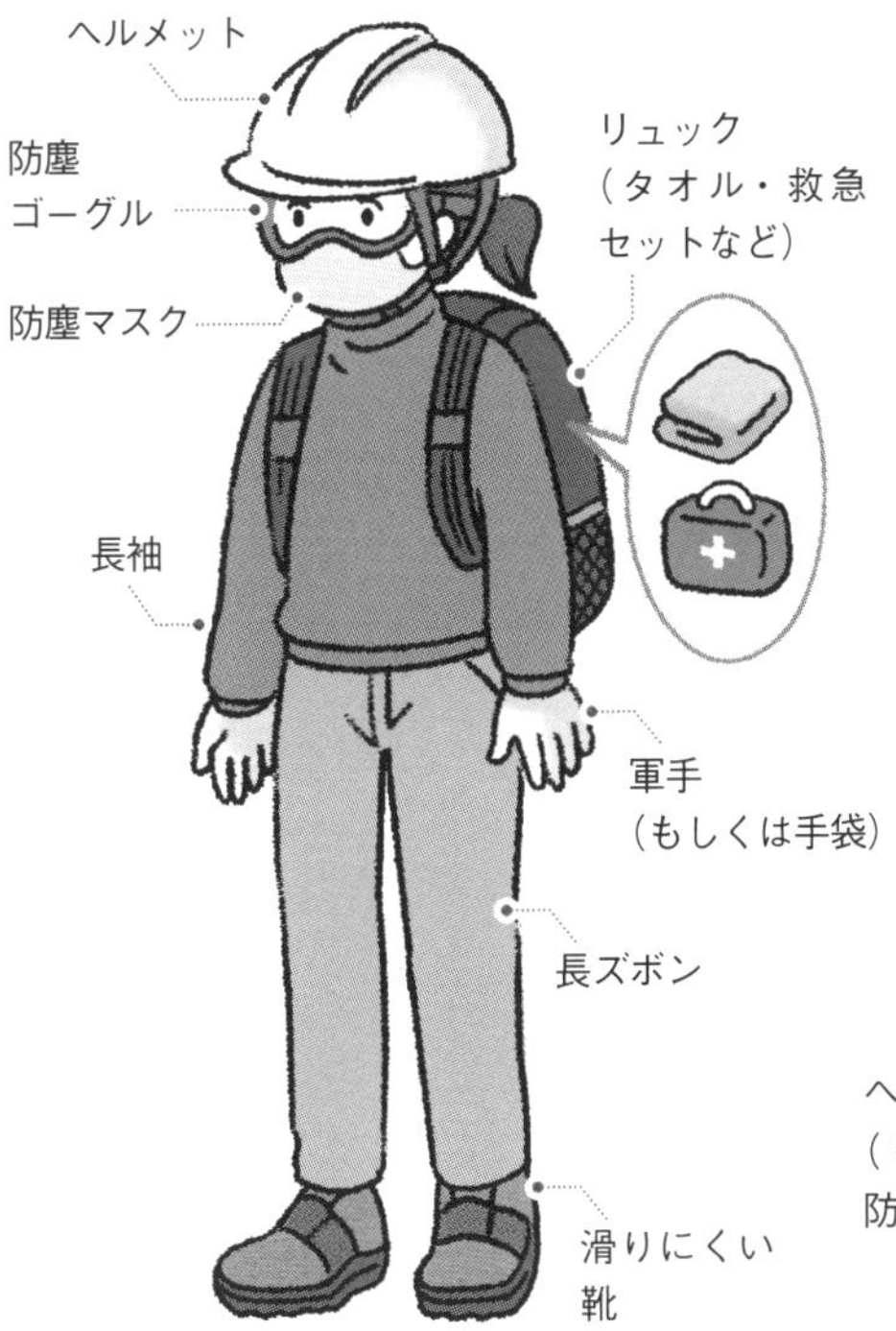

ヘルメット
防塵ゴーグル
防塵マスク
リュック（タオル・救急セットなど）
長袖
軍手（もしくは手袋）
長ズボン
滑りにくい靴

降灰の中で移動する際の服装

ヘルメット（もしくは防災頭巾）
防塵ゴーグル（もしくは水中眼鏡）
マスク
軍手（もしくは手袋）
レインコート（もしくはポンチョ）

降灰の中で移動する際の服装

火山灰が服の繊維の中に入ったり、皮膚にふれたりしないように、レインコートもしくはポンチョを着用。これらがない場合は、ポリ袋で作ったポンチョで代用します。目を保護するために防塵ゴーグルは必須ですが、なければ水中眼鏡でも。

Column

富士山の宝永噴火に学ぶ

1707年に富士山の山腹から大噴火。噴火が始まって終息するまで16日間かかり、その間、当時の江戸市中まで大量の火山灰を降らせました。空は火山灰で覆われ、長期にわたって、太陽光が届かない真っ暗な日が続いたそうです。

同程度の噴火がもしいま起きたら、上空20キロまで噴き上げられた大量の火山灰は、噴火から数時間後には首都圏に到達します。降灰によって道路は通行止めになり、飛行機や電車などの交通機関も動かなくなると予想されます。降灰予報が出たら、社会活動をストップし、外出を控えることになります。

基本をおさらい! 感染症対策

集団生活の中で流行しやすい感染症。コロナ禍で培ったノウハウも活用しつつ、対策の基本を押さえましょう。

Check 1 感染症対策を再確認

コロナ禍で得たノウハウをどのように生かす? 保育を制限しない感染症対策をするため、定期的に見直しましょう。

自治体の感染症対策ガイドラインも参考にしながら、自園の保育の根幹と照らし合わせて、臨機応変に対応していきましょう。

習慣化したい対策、定期的に見直す対策

新型コロナウイルスの流行を経て、当時行われた感染症対策が習慣化されたり、緩和されたりしました。習慣化された消毒や検温などの予防策は、インフルエンザウイルスやノロウイルス、細菌感染症にも有効なので、ぜひ続けてください。

一方、マスク着用や行事の制限などについては、どの程度続けたり緩和したりしていくのかを定期的に見直す必要があります。コロナ禍では、感染症対策を徹底するあまり、保育を狭めてしまった……という声もありました。地域の感染状況や各

国崎チェック!

コロナ禍では、保育者が長期間、マスク着用を続けた園も多かったのではないでしょうか。でも、当時から「保育者がマスクをしているときは、していないときに比べ、子どもの表情が乏しくなる」「食事の際に保育者が噛む動きを見せられなかったら、子どもの咀嚼回数が減った」という声もありました。感染症対策として有効なマスクですが、保育に「壁」をつくらない工夫が必要です。

経験から学ぶ!

保育のあり方と感染症対策

0・1・2歳児、特に0歳児の保育で「接触」は欠かせず、ソーシャルディスタンスを取ることは難しいです。そんな中、以前から育児担当制保育を行っていたある園では、1人の保育者が子ども3～4人の食事、排泄、睡眠を担当していたため、コロナ禍も、これまでの保育を大きく変えずとも、不特定多数の大人と接触せずに済みました。

一方、3・4・5歳児はどうしても集団でのかかわりが多くなりがちです。そこで、ある園では、密になりがちな室内あそびを減らし、園庭での活動を増やすことに。全クラス一斉に園庭に出ないように時間をずらすなどの工夫もしたところ、子どもがのびのびと体を動かしたり、遊具や自然物にふれたりと、あそびが充実する様子が見られたそうです。

Check 2

検温・手洗い・うがい

感染症対策の基本中の基本は、手洗い・うがい。コロナ禍に定着した検温とともに、徹底しましょう。

毎日の検温で体調の変化をキャッチ!

体温測定は、外的条件や精神状態に左右される脈拍・呼吸・血圧などに比べ、体の変化をより確実に把握することができます。感染症は、いつ、どこで罹患したのかが分かりづらいものですが、検温によって早期に体の異変に気づくことは可能。そのため、新型コロナウイルス対策でも検温が徹底されました。

園児の検温は、朝、登園前に自宅で行ったとしても、登園時に園でも行うのがベストです。また、園児だけでなく送迎する保護者の体温も測ることが大切。園児が発熱していなくても、保護者が発熱していれば、園児も罹患している疑いがあるからです。

体温は健康のバロメーター。自覚症状がなくても早期治療につながるので、さまざまな感染症の対策として、続けることが望ましいです。特に集団生活をする園では、早期発見によってクラスターを防ぐことが重要です。

おさらい! 正しい手洗い

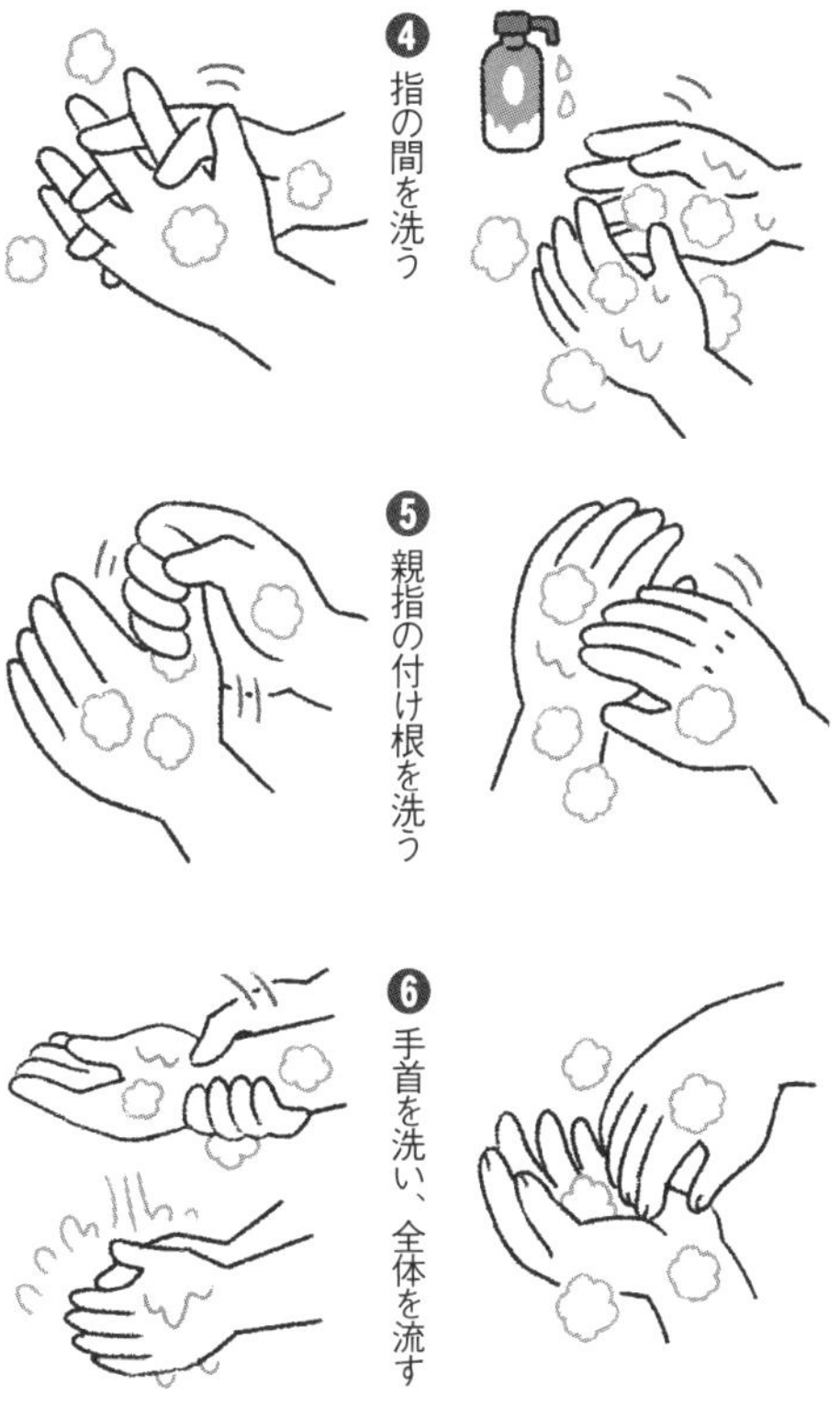

1 手をぬらし、石けんを泡立てる
2 手の甲を洗う
3 爪の間を洗う
4 指の間を洗う
5 親指の付け根を洗う
6 手首を洗い、全体を流す

正しい手洗い・うがい習慣を再確認!

手にウイルスや菌が付着しても、顔や口にふれる前に正しく手洗いすれば、高い確率で感染を予防できます。手洗い習慣がマンネリ化し、園児の洗い方が雑になっているかもしれません。正しく手洗いができているかを、定期的に確認しましょう。

手洗いより予防効果は低くなりますが、うがいの習慣も続けるのがベター。口中に入ったウイルスや菌を口外へ洗い流し、のどの乾燥を防いで感染防止に効果があります。

手洗い・うがいの習慣化は、子ども自ら健康を意識することにもつながります。

Check 3

保育室・職員室・トイレの消毒

コロナ禍では、手指消毒に加えて、施設内消毒も習慣化されました。感染症全般の予防を考えて、強弱をつけて継続していきましょう。

実は大切！トイレの消毒

感染経路が不明な事例の中には、公衆トイレで感染した可能性が高いものもあるといわれています。感染者が排泄物を流す際、ウイルスがエアロゾル（空中に浮遊する液体・個体の微粒子）となって空気中に飛び散ったり、便器の中に残ったりすることがあり、利用者の衣服、手、肛門から体内へ入って感染するのです。

ノロウイルスやインフルエンザが流行する冬は、トイレの消毒を徹底しましょう。消毒の方法は、まず、天井と便器の中に消毒液を噴霧。次にドアの取っ手・便器を消毒液で拭きます。

また、園児用のトイレには便器の蓋がない場合が多いですが、蓋がある職員用のトイレでは、排泄後は蓋を閉めて流すと、エアロゾルの飛散を減らすことができます。

保育室・職員室の消毒は感染状況を見て判断

感染症が流行している、あるいは流行しそうなときは、感染を少しでも防止するため、玩具や遊具の消毒をした方がよいでしょう。職員室の机回り、ドアノブやテーブルなど、多くの人がふれる場所も同様です。

一方、流行が下火になったら、それらの消毒は緩和してもいいかもしれません。また、園児の手指の消毒も、手洗い・うがいさえしっかりしていれば、やめてもよいでしょう。

いくつかある感染症対策の中でも優先順位を決め、社会や園内の感染状況に照らし合わせて適宜判断していくことで、職員はもちろん、園児の精神的な負担も軽減できるはずです。

自動 押して下さい
人の手がふれたところは、しっかり消毒しよう

第2章 災害・感染症・不審者・事故対策

Check 4

吐物からの感染を防ぐ！

感染症や体調不良で嘔吐したときの吐物には、ウイルスや菌が混入している可能性大です。適切な処置で感染を防ぎましょう。

吐物の処理も あわてずに

コロナ禍を経験したいま、園にはマスクや消毒液、使い捨て手袋などのストックが充実しているはず。消毒の機会も増え、そうしたグッズの利用にも慣れているかもしれません。

それでも吐物の扱いには十分な注意が必要。左の図を参考に、いま一度、吐物の処理の方法をおさらいしましょう。

消毒液の使用期限、保存方法を再確認

感染症対策に重宝する消毒液ですが、使用期限があることを知っていますか？

新型コロナウイルスのパンデミック以降、アルコール系・ノンアルコール系のさまざまな消毒液を備蓄しているかもしれません。それぞれの使用期限（未開封の場合）は、アルコール系が最長3年、ノンアルコール系が最長10年くらい。使用期限を過ぎていないかどうか、確認してください。また、メーカーによっては使用期限を明記していない製品もあるので、購入時は要注意です。

アルコール系の消毒液は引火の危険があるので、冷暗所で保管し、着火用具や燃料などの発火性のものとは一緒にしないでください。また備蓄して3年以上経っているものや、開封後1～2年経っているものは、容器からアルコール成分が抜けて効果が落ちているかもしれません。その場合は、ただ捨てるのではなく、ドアの取っ手・机などの消毒などで、速やかに使い切りましょう。

国崎チェック！

子どもの肌はダメージを受けやすいので、ノンアルコールのものなど、できるだけ刺激が少なく、殺菌効果が高い消毒液を選びたいものです。「天然成分だから」「高価だから」という理由だけで判断するのではなく、製品のエビデンスを確認してから購入しましょう。

おさらい！ 吐物の処理

❶ まず吐物の上に新聞紙を置き、消毒液をかける

水500mℓ
＋
次亜塩素酸ナトリウム（6%）
キャップ2杯分

❷ マスク、使い捨てエプロン、使い捨て手袋を着用

❸ 新聞紙で吐物を取り除き、ポリ袋に入れて口を縛る

❹ 床を拭いた後、消毒液に浸したタオルで10分ほど覆う

①の消毒液と同じもの

❺ 吐物の入ったポリ袋、タオル、マスク、エプロン、手袋をポリ袋に入れて廃棄

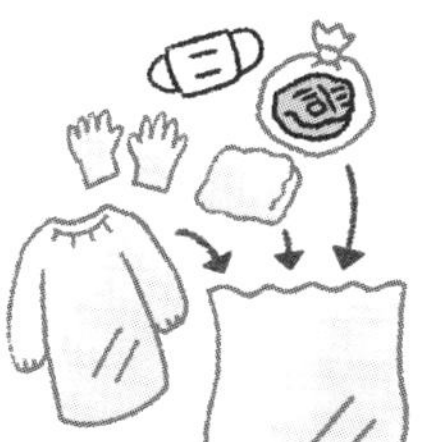

❻ 処理後は、必ず手洗い・うがいをする

ガラガラ

園内でも園外でも！

不審者対策

近年、不審者の事案はますます増えています。園内への侵入はもちろん、園外保育中の遭遇にも備えた対策と対処法を紹介します。

Check 1 不審者にスキを見せない園内対策

不審者が入り込みやすい環境を見直し、施設内に入らせないための工夫と警戒を怠らないようにしましょう。

子どもの姿が見られず、侵入しにくい工夫を

迎えに来た保護者が、門や塀などから園舎の窓越しに、わが子は何をしているかと探す姿を見かけることがあります。そこは不審者にとっても見やすい場所。外から室内が見えないよう、窓にシールを貼ったり、レースのカーテンを閉めたりして、採光を遮らない範囲で室内を見えにくくする工夫が必要です。

コロナ禍以降、換気のため保育室やトイレなどの窓を開けることが習慣化しました。トイレは人の出入りが少ない場所に設置されがちなせいか、窓の閉め忘れが多くなるようです。トイレの窓から覗かれたり、侵入されたりすることのないよう、視界を遮る工夫をしたり、格子を取り付けたりすることを勧めます。もちろん、トイレの窓の閉め忘れにも注意しましょう。

園の周辺で不審者を見つけたら

「いまにも侵入しそう……、でも分からない」という場合でも通報してOKですが、躊躇するようなら、以下の行動をとりましょう。

・「なにか御用ですか？」などと、フェンス越しに声をかける
・警察相談専用電話＃9110にかけて、相談する
・不審者の人相・特徴をメモする
・不審者情報を地域（学校・子ども110番の家）にも伝える

不審者の特徴をメモする際は、身長・体重（太っている・やせている）など、身体的な特徴をつかみます。顔の部位の中では、形が変わりにくい鼻の特徴に注目しましょう。また、着替えられる衣服や外せるメガネの有無は、相手を特定できないので特徴とはいえません。

Check 2

園内侵入時の対処法

園内に不審者が侵入したらどうする？
犯人への対処法の基本を押さえましょう。

万が一、不審者が園舎内に侵入したら

不審者が園の敷地内に侵入したら、園舎の中に入ってくる前に異常事態を全職員に知らせることが急務です。職員だけが知っている隠語を使って園内放送をし、侵入者に気づかれずに、一斉に情報を共有できるようにしましょう。

例えば、「○○（園にいない名前）先生、職員玄関にお越しください」と放送。「○○先生」が不審者侵入を、「職員玄関」が侵入してきた場所を意味します。放送を聞いた職員は、まずトイレや廊下などにいる子どもたちを保育室に入れて施錠し、机などで入り口にバリケードを築いて保育室への侵入を防御。入り口のほかに出入り口があれば、そこから園児を安全な場所に避難させます。

入り口の扉に小窓がついていたら、カーテンを閉めたり物でふさいだりして、中を覗かれないようにしましょう。

不審者との距離をとり3人以上で対応

もしも園舎内に不審者が入ってきたときは、すぐに110番通報をし、「出ていけ！」と命令形で一喝しましょう。「出ていって」「やめてください」などの丁寧な口調よりも、相手を威嚇しつつ、自分の気力を奮い立たせる効果があります。同時にすべての職員で保育室を施錠し、必ず3人以上の職員でモップや椅子、傘、防犯盾を使って相手との距離をとりながら外へ誘導、もしくはネット噴射装置やさすまたなどで捕獲を試みます。

犯人と対峙するときは、トライアングルの防御態勢で犯人を取り囲みます。この防御態勢は、犯人の注意力を散漫にさせ、勢いをそぐ効果があり、1人の職員が集中して攻撃されないようにすることができます。

Column

行政・警察と防犯面の連携を！

園の防犯対策を立てる際は、行政が作成している防犯のガイドラインを確認して作成し、行政の担当者と情報共有すると安心です。

また、行政を通して警察にも協力を要請できるとベスト。不審者訓練の監修や指導、防犯の観点からの施設点検など、お願いできることはたくさん。日頃から連携していれば、いざというときも心強いです。

Check 3

散歩時の不審者対策と対処法

散歩の道中や近隣の公園にも不審者が潜んでいる危険が！
異変を察知して防御しましょう。

散歩中は後方注意！警戒心をあらわに

散歩時は、前から来る人に対しては意識が向きますが、後ろは無防備です。列の最後尾にいる保育者が定期的に後ろを振り返り、不審者がいないかを確認しましょう。犯罪心理学的に、不審者は顔を見られると思い留まる傾向があります。また、「警戒を怠っていない」という姿勢を周囲に見せることが、防犯面で効果的です。

散歩に付き添う職員は、先頭・列の横・列の後ろに各1人がベストですが、難しい場合は、園児の祖父母など、地域住民の力を借りるのも一案。園と地域のかかわりが密になるだけでなく、子どもにとっても、顔見知りの住民が増え、防犯面での安心が増えます。

不審者を見つけたら笛でやり過ごす！

不審者に遭遇した場合、あるいは、後方から怪しい人がついてきていると感じた場合は、園児たちに向かって笛を吹いて歩道の端に寄せ、相手に道を譲ります。

ポイントは、「子どもたちが通り道を邪魔してすみません。お先にどうぞ」という態度で、さりげなく相手を誘導すること。笛の音は、相手をドキッとさせ、動きを止める効果がありますが、不審者に向けて吹くと、逆に刺激してしまうことがあるので注意してください。

ちなみに、車道が近い散歩道では、車や自転車とすれ違うときに笛を吹くと、運転者の意識を子どもに向けることができ、事故への対策にもつながります。園外に出る際は、笛は必携です。

Column

あそぶ前に周辺をチェック！

近隣の公園などであそぶ際は、まず子どもたちを一堂に集めて待ち、その間に別の職員がたばこの吸い殻などの危険物を確認。それと同時に、周囲に不審な車や不審者がいないかどうかをチェックし、安全を確認してからあそびを始めます。

不審者の中には、散歩の時間やコースを確認して待ち伏せをするような人もいます。少人数の職員では対処できない場合もあるので、やはり近隣住民とのつながりを強化し、子どもを見守る地域の目を増やしておくことがカギになります。

Check 4

園外保育時の不審者対策と対処法

園外保育で遠出するときの電車やバスの中、目的地で不審者に遭遇したときの対処法を想定しておきましょう。

交通機関内で不審者を見かけたら

遠足などで交通機関を利用する際、車内に不審者とおぼしき人がこちらをうかがっていたら、子どもたちと相手の距離をさりげなく離しつつ、相手を見ます。目が合ったら、一度目をそらせて再び見て、警戒感を示します。不審者の多くは、自分の存在を知られること、顔を見られることを非常に嫌うので、「見る」行為が効果的です。

電車の中なら、別の車両に移る方法もありますが、集団では難しく、かえって相手を刺激する場合も。目を合わせることが怖い場合は、相手の手元をじっと見るだけでも効果があります。こちらの勘違いだったとしても臆せず、安全性を高めることを優先しましょう。

昼食中に不審者乱入！対処法は？

遠足やキャンプへ行くときは、現地でどんな事故・事件に遭遇する可能性があるかを想像し、対処法をシミュレーションしておきましょう。

例えば、遠足先の公園でお弁当を食べている際、凶器を持った人が近づいてきたら……。

対処法と事前の準備

1 笛を吹いて子どもを集め、安全な場所へ避難

⬇万が一の避難場所を事前に想定

2 同時に110番に通報

⬇携帯電話が通じる場所かどうか事前に確認

⬇通じない場所の場合は、公衆電話の位置を事前に確認

⬇110番通報する係を事前に決めておく

3 不審者の攻撃を防御する

⬇警棒やネット噴射装置など防犯グッズを用意しておく

このように、シミュレーションをすることで、対処法とそれに合わせた事前の準備の内容が分かります。「そんなこと、起きるわけがない」と思うかもしれませんが、「後悔先に立たず」です。「取り越し苦労で終われば幸い」くらいの気持ちで対策を練りましょう。

散歩中やバス送迎時は注意!

交通事故対策

園生活では、散歩中や送迎時など、園児が交通事故に遭う危険が潜んでいます。事故に遭わないための対策や、万が一事故に遭遇した場合の対処法を紹介します。

Check 1

散歩中に潜む危険箇所

散歩中の危険は、横断歩道を渡るときだけではありません。歩道や曲がり角でも注意を払いましょう。

歩道上でも全方向に注意を

散歩中は、横断歩道を渡るときだけでなく、歩道でも注意が必要です。例えば交差点で信号待ちをするときも、暴走車が歩道に乗り上げることを想定し、車道から少し離れた場所で待機します。

同時に気をつけたいのが、歩道を勢いよく走ってくる自転車や電動キックボード。保育者は前後左右を常に確認しつつ、園児が動き回らないようにし、自転車などとの接触事故を起こさないよう配慮します。

また、交通量が多い道だけでなく、住宅街の歩道にも危険が隠れています。例えば、歩道に面した住宅やマンションの敷地から車や自転車が、いきなり飛び出してくることがあります。保育者は、園児の列の前後だけでなく、横からの危険にも注意を払う必要があります。

国崎チェック!

交通事故を防ぐには、いかに自らの存在をアピールできるかが重要。保育者も子どもも、目立つ色の服装やアイテムを身につけることを勧めます。また、リュックサックや散歩車などに反射テープを貼ると、薄暗い曇天の日の散歩だけでなく、災害時の避難の際にも安心です。

Column

就学前に「魔の7歳」を回避

統計によると、7歳の児童が事故に遭うケースが多く、「魔の7歳」と言われています。園児は1日のほとんどを保護者や保育者と過ごしますが、小学生になると1人で行動する時間が増え、行動範囲が広がります。でも、1人で歩き回ることに慣れていない7歳の子どもは、横断歩道や交差点で注意散漫になったり、車道に飛び出したりと、事故につながる行動をしてしまいます。

その原因の一つが、視野の狭さ。大人には見える信号機や車が、子どもには見えていないことがあります。そのことを踏まえて、散歩時や交通安全教室などで、道路を渡るときの左右確認、信号が点滅していたら待つなど、交通安全の習慣を繰り返し伝えましょう。

Check 2

散歩時の交通事故対策

歩き慣れた園周辺でも、油断してはいけません。以下のポイントを押さえて、保育者の動きなどのルールを決めましょう。

交通安全上の基本

●服装

園外活動時は、保育者はビブスを着用して、ドライバーや周囲の人に存在をアピールしましょう。

●歩き方

子どもがふいに列から離れることがないよう、2人1組で手をつないで歩き、前後の間隔をあけないようにします。1縦列あたり6～8人のまとまりにし、人数が多いときは、グループを分けて列をつくります。

●ルートの状況確認

散歩のルートの交通量・道幅・工事の有無などは定期的にチェック。安全を確保できない状況になっていたらルートを変更します。

●事故多発場所の確認

散歩中にヒヤリとしたことのある場所、保護者が登降園時に使うルート上で危険な場所、そして警察からの情報などをまとめ、事故多発場所の一覧表を作りましょう。

状況ごとの注意点

●信号のある横断歩道

信号待ちをするときは、車道から少し離れ、ガードレールやポールなど車の進入を防いでくれる物があればその近くで待機。歩道を走る自転車にも注意を払います。

横断歩道を渡る際は、青信号でも周囲の車の様子を確認します。青信号が点滅していたら渡りません。園児の列が青信号の間に無理なく渡れるかどうか、事前の確認も必要です。

横断中は、列の先頭で子どもを誘導する人、横断歩道の中央付近で車の暴走がないか見張る人、子どもが列を離れないか見守る人と、役割分担をして危険を回避しましょう。

●信号のない横断歩道

必ず保育者が先頭になり、ドライバーに存在をアピール。子どもが先頭にいると、身長が低いので車の死角に入ってしまい、ドライバーに気づかれず危険です。渡るときは、後方の子どもが遅れないかと気を取られがちですが、前方にいる子どもが列からはぐれないかどうかも注意しましょう。

●歩道のない道路

道幅が狭い場所で、路側帯（白線）がある場合はその内側を歩き、ない場合は道路の端を歩きます。車が通過するときは、できるだけ端に寄って立ち止まり、通過するのを待ちます。車や自転車が来るのを確認したら、ほかの保育者や子どもに声をかけて注意を促します。

●公園での活動時

公園内に自動車が飛び込んだ事故もあるので、公園の入り口付近であそぶのは危険。また、公園内を横切る自転車にも注意が必要です。公園から道路に出るときは、まず保育者が安全確認をし、次に子どもたちも安全確認をします。

Check
3
交通事故に遭ったときの対処法

気を付けていても、万が一、事故に遭ったら？
そのときに備えて対策を講じておきましょう。

バス送迎時の場合

送迎中のバスが事故に遭ったら、次の順番で対処します。

❶二次的事故を防いで安全を確保するため、三角表示板を置いて事故を周知する。
❷けが人の応急処置・救助活動を行う。
❸同時に119番、110番通報し、園へ連絡する。
❹事故の状況を記録する。

❹に関しては、園バスの前後にドライブレコーダーが設置されていれば、その情報を利用します。また、園に帰って報告する際には、事故の内容と対処の詳細を時系列で伝えなければなりません。事故から何分後に通報し、救急車の到着は何分後だったかなどを、メモしておくとよいでしょう。

散歩中の場合

散歩中の列に車が突っ込んできた場合も、対処法はバス送迎のときと同じですが、❶では園児を安全な場所へ避難させてください（けが人が重症の場合は、様子を見てその場で待機）。

保護者へは、バス送迎・散歩中どちらのケースでも、園から現状を含めて連絡をします。

緊急時の対応に役立つツールと必携品

交通事故に遭って119番や110番に通報する際、思いがけず動揺して、スマートフォンのロック解除のパスコードなどを忘れてしまうことがあります。そんなときは、スマートフォンの「緊急通報」機能を使えば、ロックがかかっていても通報できます。

また「Coaido119（コエイドイチイチキュー）」のアプリを使えば、119番通報をすると同時に、事前に登録された周囲の医療有資格者や救命講習受講者、AED（自動体外式除細動器）設置者などに助けを求められます。

園バスには、AEDと応急処置用品を常時設置しておくと安心です。散歩の際は、「日本全国AEDマップ」のサイトでAEDが設置されている場所を事前に調べ、プリントアウトしたものを携帯すればよいでしょう。アプリもあるので、スマートフォンに入れておくことを勧めます。

Coaido119（iPhone で使用可能）
https://www.coaido119.com

日本全国 AED マップ
https://aedm.jp

Check 4

園バスの安全管理を徹底する

園バスの事故が増加傾向にあります。
運行管理のあり方をいま一度確認しましょう。

定期的に園バスの運転士の実技講習を実施

園バスを運行している園には、運行管理責任者が常駐しています。その責任者は、1年に1度講習を受ける義務がありますが、運転士の講習は園の方針に委ねられています。安全管理をする意味でも、園バスのルートで講師の同乗のもと、定期的に運転士の実技講習を行ってほしいものです。講師は、自動車教習所の指導員に依頼したり、最寄りの警察署に相談して指導員を派遣してもらったりするとよいでしょう。

このとき、園バスに設置されているドライブレコーダーやバックモニターが正常に稼働しているかどうかもチェック。運転士の死角をなくすために必須の機器ですが、機能していなければ意味がありません。もしも設置されていなければ、早急に対処しましょう。

シートベルトがない園バスで子どもたちを守る方法

園バスの事故は、いくら運転士が気をつけていても、ほかの車に追突などをされて起こる場合があります。しかし、子どもが着脱をする難しさなどから、園バスにはシートベルトの装備義務が課せられていません。もしも園バスが激しく追突されれば、園児は座席から飛ばされ、大けがを負う危険があります。

そこで重要になるのが安全確保の姿勢を指導すること。園バスを利用する園児には、前を向いて手すりにつかまり、ドンと車がぶつかったり、急ブレーキがかかったりしたら、前の席のシートに頭をしっかり当てることを指導し、練習をしておく必要があります。また、リュックを背負ったままでいいので、席に深く座るように指導しましょう。

Column

置き去り防止の対策も万全に

園バス置き去りの事例が連続して発生したことを受け、国土交通省により、子どもの所在確認と安全装置の装備が義務付けられました。でも、安全装置が取り付けられたことで安心してはいけません。運転士や乗務員による指さし確認、降車時の人数をチェックシートに書き込むなど、装置に頼らない対策も必ず行い、確認を重ねることを意識しましょう。

また、子どもがクラクションを鳴らすなど、子ども自身の危険回避力を高める訓練を行うことも大切です。

ほんろうされない！

メディア対応と情報公開

事故や事件が起きた際のメディア対応は？
情報公開の仕方などに配慮しつつ、
当事者と園全体を守る方法を考えましょう。

Check 1

情報公開の初期対応

保育中に事故や事件に遭った際の、初期対応のポイントは？

情報公開の仕方が園への信頼につながる

遊具などでの事故、散歩や遠足など出先での事故、感染症のクラスター、不審者侵入などの事件……。子どもや職員に被害がおよぶ事故・事件などが起こった際は、その対応に追われがちですが、情報社会の現代では、すぐに報道されたり、ネット上で情報が拡散したりする可能性があります。事故・事件の情報を園がどう公開するのかが、当事者の保護やスムーズなメディア対応、保護者や社会の、園に対する信頼度にかかわってきます。

まずは情報公開の初期対応を、順序立てて整理しましょう。

情報公開の順番

ステップ❶
事故・事件に巻き込まれた当事者の家族へ連絡して状況を説明。

←

ステップ❷
行政の関係機関へ報告。在園児の保護者へ、保護者会や一斉メールなどで報告。

←

ステップ❸
メディア対応を、警察・行政の担当者に相談しながら進める。

メディア対応は行政を窓口に

メディア対応にほんろうされると、保育に支障をきたすばかりか、職員や保護者、子どもにまで精神的なストレスを与えかねません。まずは行政機関に相談し、メディア対応の窓口になってもらうのがベストです。そのためには、平時のうちに、そのような対応が可能なのかを確認しておくのがお勧めです。

実際にメディアから問い合わせがあった場合は、質問には答えず「○○市で対応いただいているので、そちらにお問い合わせください」などと伝えます。「記者会見を開いてほしい」という要求などにも即答せず、行政機関や警察と相談して慎重に判断しましょう。

記者会見、開きますか？
警察の捜査に協力してますので、まだ何もお伝えできません

Check 2

メディア対応の3原則

事故・事件が公になると、新聞・雑誌やテレビなどの報道機関から取材者が集まります。
そのときの対処法を考えておきましょう。

メディア対応3原則にそって窓口を一本化

まだ発生した事案の原因や顛末などがはっきりしていない状況でも、取材者は園に来ます。左記のメディア対応の3原則を守って、慌てずに対応しましょう。

また、対応は園長や理事長が行って窓口を一本化し、園から発信する情報に齟齬《そご》がないようにすることも大事です。例えば、園長等が報道陣に対応している最中に電話取材があっても、職員は取材者の個別の

質問には答えず、園長のコメントと同じ内容だけを伝え、窓口の一本化を徹底してください。

ただいま、原因究明を含めて情報を精査しています
警察、行政とも相談の上、情報の整理ができ次第しかるべき対処をいたします

メディア対応の3原則

❶ 正確な情報だけを伝え、嘘を言わない

正確な情報を簡潔に伝えるように心がけましょう。聞かれるがまま答えると齟齬が出やすいので、情報やコメントはできるだけ印刷物で。メディアとのやり取りを記録しておくことも大切です。

↓

❷ 答えられない質問には、理由を明らかにしてノーコメントを通す

聞かれても、すべての情報を提供する必要はありません。事故・事件の当事者に関する質問には「プライバシーにかかわることなので、コメントは控えさせていただきます」とだけ伝えます。

↓

❸ 取材制限の協力を求めつつ、取材から逃げない

事故や事件は、当事者以外の園児や保護者にもショックを与えます。過度な取材に対しては無視するのではなく、「園児や保護者、関係者への取材はお控えください」と、強く要請しましょう。

Column

近隣住民にも配慮を

園に報道陣が押し寄せると、周辺が交通渋滞になったり、騒がしくなったりして近隣住民の生活にも影響が出ることがあります。事故・事件が発生したら、できるだけ早めに町内会等に協力をあおぎ、近隣住民宅に詫び状を投函するなどの配慮をすることを勧めます。こうした配慮は、二次的なトラブルを避けるだけでなく、地域と園の信頼関係を強めることにもつながります。

また当事者の自宅周辺にも、園と同様に報道陣が訪れる可能性があります。当事者家族の心の疲弊を鑑みて、可能な限り園で対処したいものです。

Check 3

記者会見のポイント

メディアの取材に個別対応せず、記者会見で一括して情報公開するのも一案。その際のポイントを紹介します。

記者会見を行う前に保護者会を開催

メディアと同様に、保護者たちも事故・事件の真相を知りたいと思っています。公に情報公開する前に、できるだけ早い段階で保護者会を開いて状況や原因を説明し、その際に、個別の取材に応じないこと、メディアの迷惑行為があれば警察へ連絡してほしいことも伝えるのがベストです。

保護者会では、事故・事件の経緯をまとめた資料を作成して配ります。プライバシーにかかわる内容は避け、その時点で発表できる情報や状況を口頭で説明します。その後の情報は、メールを配信したり、書類を配布したりして公開することを約束し、保護者も見通しをもてるようにするのがポイントです。

記者会見を行う際は専門家と一緒に

記者会見を開く場合は、行政や警察に相談しながら進めます。会見で話す内容は、事故・事件の内容にもよりますが、ポイントは次の4つ。

❶ 何が起きたか（状況説明）
❷ なぜ起きたか（原因）
❸ 現在の状況
❹ 今後の対策

でも、事案発生からの緊張の連続の中で、園長・理事長が慣れない記者会見の場に立って、これらの情報をすべて説明するのは大変なこと。弁護士やコンサルタントに同席してもらい、詳しい説明を任せても何ら問題はありません。

代理人を立てないのであれば、質問に過剰反応しない、質問後に適度な間をおいて答える、公表できない情報については理由を説明して回答しないことを心がけて、対応しましょう。

国崎チェック!

取材者の中には、園内に不法侵入するなど、違法行為を犯す人も。録画機能のあるインターフォンを設置し、門の前やエントランスに防犯カメラを設置し、侵入の現場などを証拠として残しましょう。警察に相談する際に役立ちます。

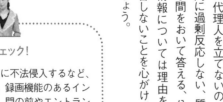

第3章

地震に負けない！

被災・被害時の対応

一刻も早い人命救助が必要になったり、
園に避難所としての役割が求められたり……。
大きな災害が発生すると、さまざまな「まさか」の場面に遭遇します。
ここでは、大地震発生時に起こりやすい「まさか」の場面を想定し、
いざというときに迅速な判断と行動ができるよう、
シミュレーションしていきます。

災害発生直後の動きが大事！ 初動対応

災害が発生したとき、防災責任者の園長や主任が不在だったら？職員の誰もが指揮をとれるよう、緊急事態発生直後の初動対応の流れを共有しましょう。

Check 1

知っておこう！初動対応の流れ

災害発生直後の初動対応は、その後の二次災害発生を抑え、復旧を早める意味で重要。ここに挙げたチャートを参考に、自園の環境に合わせて適宜カスタマイズしてください。

国崎チェック！

こうした初動対応マニュアルやハザードマップは、保育室や職員室、職員トイレなど目につく場所に貼ったり、ポケットに常備したりして、日常的に確認できるようにしましょう！

初動対応の流れ（園内＆園外）

地震発生

園内保育中

1. 体を守る姿勢をとるよう指示を出す
2. 揺れがおさまったら、子どもたちを集めて点呼・けがの確認
3. けが人の応急手当、災害時医療救護所に搬送（動けない場合はほかの保育者に応援を要請）
4. ホール・園庭への避難、避難所への避難の判断
5. 全職員の安否確認と園の被害確認
6. 防災用品の準備、子どもの身支度
7. 園外に避難する場合門扉に避難先のメモを残す
8. 安全な場所で保護者・関係機関への連絡
9. 地域の被害状況や災害情報の確認
10. 園が避難所になる場合受け入れの準備
11. 引き渡し、保護者と連絡がとれない子どもの保護

園外保育中

1. 電柱、ブロック塀などから離れ、体を守る姿勢をとる。近くに頑丈そうな建物か、駐車場、田畑など開けた空間があれば避難
2. 揺れがおさまったら、子どもたちを集めて点呼・けがの確認
3. けが人の応急手当、災害時医療救護所に搬送
4. 余震に備え、公園や空き地など、転倒落下物のない空間に一時退避・点呼
5. 二次災害の発生を判断し、さらなる避難の必要性を検討
6. 帰園か避難場所に留まるかの判断
7. 園に職員がいる場合状況報告と今後の対応の相談
8. 保護者への連絡
9. 避難場所で待機中の子どもの健康や精神面のケア
10. 引き渡し、保護者と連絡がとれない子どもの保護

Let's ダウンロード！

地震発生時の初動対応チャート

Check
❷
ファーストミッションボックス（FMB）とは？

地震災害発生時に開ける、ファーストミッションボックス（長野県飯田市と国崎信江考案。以下、FMB）。中には、各ミッションを記載した指示カードが入っていて、その指示に従えば、誰でも初動対応ができます。各園の環境に合わせて内容を工夫すれば、園独自の初動対応が整理され、やるべきことが明確になります。

FMBのトリセツ！

●FMBには何が入っているの？

発災時に優先すべき行動とそのために必要なものが誰でも分かるように、時系列順にカード1枚ずつに書かれています。園に合わせてカスタマイズする項目もあり、内容を整えてラミネートフィルムでカバーし、ミッション遂行時に必要な事務用品と一緒に箱に入れます。

●どこに置いておく？

ボックスは、職員全員の目に留まる場所に置きます。例えば、職員用エントランスやホール、休憩室など。箱のふたもしくは壁に「震度6弱以上の地震が起きたら開けるべし！」と書いて目立つようにするのがポイントです。ただし、箱の中に名簿類を入れる場合は、部外者の目につくところに置くのは避けましょう。

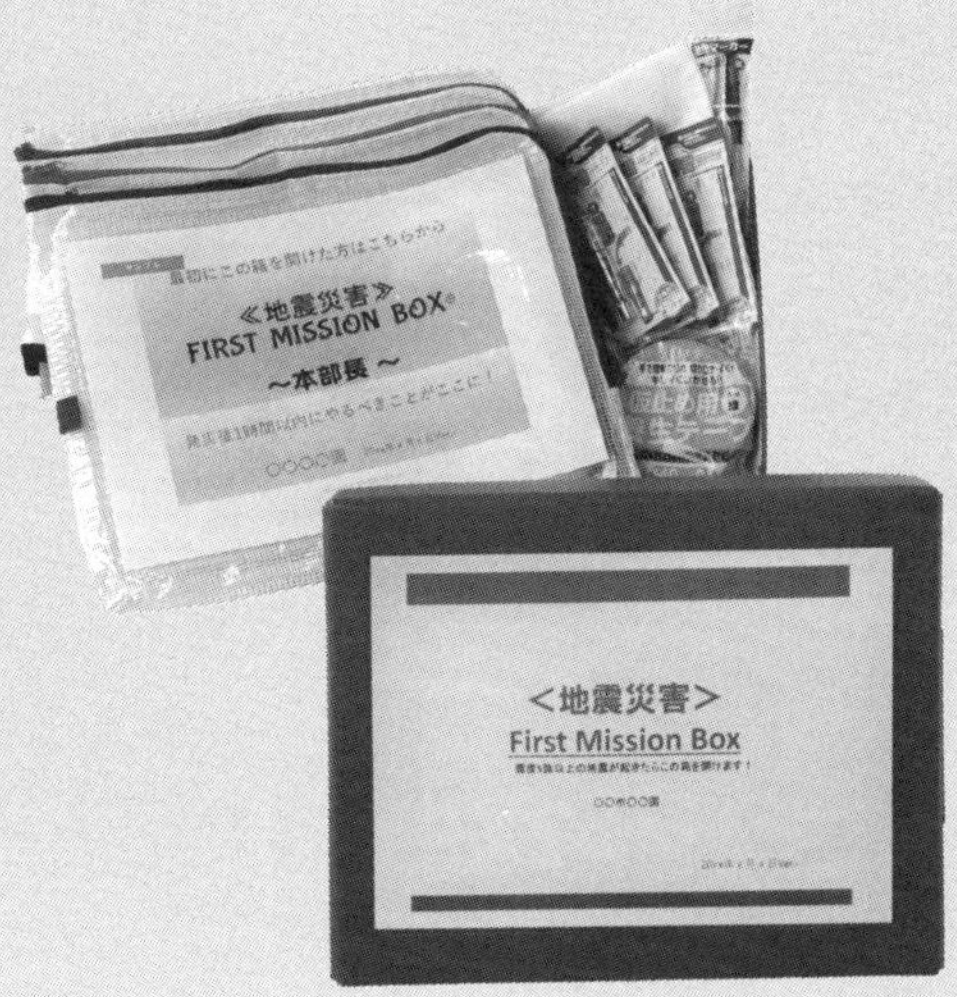

FMB（園バージョン）のサンプル。グループ別の指示カードがファイリングされ、事務用品と共に収納されている。

国崎チェック！

FMBを作ったら必ず、ミッションに沿って動けるかどうか、検証しましょう。何度か修正を繰り返して完成したら、年1回、通常の防災訓練でも使ってみてください。

●誰がボックスを開けるの？

あらかじめ「地震発生時にボックスの近くにいる人が開ける」ことを、職員全員で共有しておきます。被災時は園長や主任を探し回っている場合ではありません。いざ大地震が発生したら、ボックスを開けたその人がリーダーです。

リーダーといっても、指示カードに書かれたことを行いさえすればよいので、重く感じる必要はありません。また、グループに分かれてのミッションになるので、リーダーだけが動くということもありません。

●園ごとにカスタマイズ！

FMBでは、発災から保護者による引き取り開始までの、約1～2時間をカバーしています。その中には、防災用品を準備したり、建物の被害状況を確認したり、といった作業もあるので、防災用品の置き場所、倉庫の鍵のありか、引き取り時の机配置など、園独自の情報を書き加え、園オリジナルの指示カードにカスタマイズしていきます。

※FMBサンプルはウェブサイト（https://fmbox.jp/）にて販売中。また、園でFMBを作成した際は、クレジット「First Mission Box®」を表記してください。詳細はサイトをご確認ください。

Check 3

FMBに沿って初動をシミュレーション

FMBの指示カードのサンプルを見ながら、地震発生から保護者への引き渡しまでをシミュレーションしてみましょう。自園だったら、これらに加えてどんな指示カードが必要なのかについても、考えてみてください。

BOX OPEN!

START

震度6弱以上の地震でますすべきこと

- あなたが、この箱を開いたということは地震で無事だったということですね。良かったです。
- あなたが、これからすることは、この箱の中にあるカードに書いてあります。それを順番にやるだけです。
- まずは、大きく『深呼吸』をしてください。慌てなくて大丈夫。落ち着いて次のカードをめくってください。

では、Missionカードへ！

ボックスを開けた人がリーダー。開けると、気持ちを落ち着かせる文言が。まずは、大きく深呼吸！

MISSION 1　安否確認を呼びかける

MISSION① 安否確認

□放送機器で3つのことを2回繰り返しはっきり伝えます
※使えない場合は園庭に出て拡声器（棚A）で伝えます

□①「園児の点呼および職員・園児のけがをただちに確認してください」

□②「応援の必要な職員は笛を吹いて知らせてください」

□③「手の空いている職員は笛の聞こえる部屋に急行してください」
※津波、火災のときは「点呼の取れたクラスからすぐに○○へ避難開始！」と伝えてください

放送者名	
放送時間	時　分

※拡声器の場所（棚A）は裏を見てください

「MISSION①」の裏面には拡声器がある場所をイラストや写真で記載し、迷わず取りに行けるように。日頃から職員は笛を携帯しておくのも大事ですね。

MISSION 2　保育者3人を集め各班長にファイルを渡す

MISSION② 保育者3人を集めます

□誰でもいいので近くにいる保育者3人を集めます

□3人それぞれに箱の中の3色のフォルダを渡しながら中に入っているカードの指示を実行するよう伝えます
※渡す順番は赤・青・緑

□活動の途中でも20分後（時間を示す）に戻って状況報告するよう伝えてください

赤のファイル保持者	名前:
青のファイル保持者	名前:
緑のファイル保持者	名前・

報告に戻ってくる時間
時　分

リーダーのファイルとは別に、3人分のファイルが入っています。ここからは、各班長がそれぞれのファイルの中のミッションに沿って動きます。

各班長からの状況報告によって、次に何が必要かを判断します。その指示を次のミッションへつなげましょう。

MISSION 3　状況報告を受け次のミッションへつなげる

MISSION③ 状況報告からの判断

□戻ってきた赤・青・緑の3人の報告を受けます。1時間後に再度報告をお願いしてください。

□赤「職員・園児の負傷者が多いならMISSION④-1のカード」を赤の人に渡してください。

□青「園庭に亀裂がなければ MISSION④-2のカード」を青の人に渡してください。

□緑「負傷者がいるときはMISSION④-3のカード」を緑の人に渡してください。

第1回報告	時　分	
負傷者数　人	重傷者 中傷者	人（症状 人（症状

各班の任務

救出・救護グループ
赤ファイル：防災用品の準備、救出・救護活動を行う。

施設の被害確認グループ
青ファイル：園舎・園庭・ライフラインの被害、火災発生状況などの確認をする。

災害情報確認グループ
緑ファイル：災害規模、地域の被害、行政の災害対応、病院情報などの確認をする。

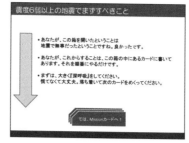

MISSION ④ 被害状況を関係機関へ伝える

MISSION④ 関係機関への連絡

□戻ってきた赤・青・緑の3人の報告内容を関係機関に伝えます。下の内容を参考に報告をお願いします。
※このシートの裏に関係機関一覧表があるのでリストの上から順番に連絡します。

□「○○市の○○園の○○です。こちらの被害状況をお伝えします。現時点での被害状況は施設の被害は○○です。ライフラインの被害状況は○○です。周囲の被害状況は○○となっています。今困っていることは○○です。そちらで新しい情報があれば教えてください。今後の連絡方法はどのようにすればよいでしょうか。」

関係機関の連絡先は、早く連絡をする必要がある順に、組織名・担当者・連絡先・連絡手段・連絡日時・連絡者・連絡可否などの項目を立ててリストを作成しましょう。そのリストを裏面に貼っておきます。

MISSION ④-1,2,3 各班長が受け取った新しい任務

MISSION④-1 赤の班長がすること＝応援要請

□養生テープとフェルトペンをもってゲートに立ちます

□保護者が来たら「職員の手が足りないのでお手伝いをお願いします。お子さんのクラスに行って担任の手伝いをお願いします。まずは名札をつけてください」と伝えます

□地域の方が通ったら「職員のお手伝いをお願いします。○○職員のお手伝いをお願いします。まずは名札をつけてください」と伝えて○○職員まで案内します。
※「名札」は、この箱の中にある緑色の養生テープにフェルトペンで名前を書いて胸に貼ってもらってください。「例）保護者：高橋」

時 分時点でのお手伝い者	人（名前: ）
時 分時点でのお手伝い者	人（名前: ）

負傷者が多い場合、赤の班は保護者や地域住民への応援要請、青の班は園庭に救護所設置、緑の班は負傷者の搬送先確認を行います。テントの保管場所や設置場所もカードの裏面に記載します。

MISSION④-2 青の班長がすること＝園庭に救護所

□倉庫Bに保管しているテントを園庭に設置します
赤の班長が連れてきた方に手伝ってもらいます。
※テントを張る場所は裏のイラストを参照してください

□テントの下に倉庫Bにあるブルーシートを敷きます。
※ブルーシートが足りなければ午睡用のコットを置きます

□応急手当用品を事務室の棚Cから運びます

□準備が出来たらテントに負傷者を集めます
※強風、降雨、気温の高低に配慮し、救護所の場所を決めます
（園庭のメリット：余震による落下物の危険がなく医療機関への搬送がしやすい）

突然の雨の救護所候補	
テントが足りない時の対処	

MISSION④-3 緑の班長がすること＝搬送先確認

□災害時の医療救護所の場所を再度確認します

□道路状況から搬送方法を考えます
（車、台車、散歩車、担架など）

□搬送の優先順位を看護師と決めます

□付き添い者を責任者と決めます

□付き添い者に付き添いセットを渡します
※「付き添いセット」は、応急手当用品と同じ棚Cにあります

搬送時間 時 分	付き添い者名:
搬送先:	搬送者（クラス/名）:
搬送者数: 人	

保護者への引き渡し準備を進めたら、リーダーはおやつ・食事提供班を作り、食事提供のミッションに進みます。

MISSION ⑤ 保護者への引き渡し準備を指示

MISSION⑤ 保護者へ引き渡す

□放送機器で3つのことを2回繰り返しはっきり伝えます
※使えない場合は園庭に出て拡声器（棚A）で伝えます

□①「クラスの担任は保護者の引き渡し準備を始めてください。腕章をつけてクラス名簿、筆記用具を用意し移動してください。引き渡しはホールで行います」

□②「引き渡す際に保護者の緊急連絡先と今後の住まいを必ず聞いてください。園にとどめた方が良いと判断したら園の○○室に一時避難することを勧めてください。」

□③「これから園児に提供するおやつを準備します。手の空いている人は○○室までお手伝いに来てください」

放送者時間: 時 分	放送者名:

このあとは、こんなふうに続きます

- **MISSION ⑥** 食事提供（食事の準備）
- **MISSION ⑦** 避難所体制の準備（赤・青・緑の班にカードを渡す）
- **MISSION ⑧** 休憩（カードを読む人への休憩指示＆癒しのメッセージ）
- **MISSION ⑧-1** 赤の班がすること：心のケア（園児や職員へのケア）
- **MISSION ⑧-2** 青の班がすること：避難所体制（非常用トイレなど必要なものを設置）
- **MISSION ⑧-3** 緑の班がすること：二次災害防止（飛散物除去・立入禁止区域の設置）

注意深く、適切に！ 救助活動

大きな災害では、救助隊だけでなく、自力や地域の人による救助で助かる確率が高いです。被災者同士でできる救助活動とは？ 地震発生時を想定した救助法を紹介します。

Check 1 保育中の地震を想定して！

大きな揺れが収まったら、まずは身の安全を確認！ でも、自分以外の誰かが閉じ込められたり、物の下敷きになったりしていたら？

どのような状態になるかを常に想像し、万が一、園児や職員が逃げ遅れた場合、自分自身の命を守りつつ、できる救助法を知っておく必要があります。

保育中に地震発生！ 救助が求められる覚悟を

近年の地震では、保育時間に発生して救助が必要だった事例はあまりありません。でももし、園児も職員もいる保育時間内に内陸部の直下型地震が発生したら……？

短時間に激しい揺れに襲われ、園内の備品類が倒壊して、避難路が閉ざされたり、場合によっては備品類の下敷きになったりするおそれもあります。また、本震でもろくなった建物が余震によって倒壊するなど、二次災害時に救助が必要になる場合もあります。

大地震が起きたとき、保育室、職員室、調理室、ランチルームなどが

国崎チェック！

新潟県中越地震は、17時56分に発生。ちょうど延長保育の時間帯ですが、被災した多くの園で延長保育の利用がなく、園児は無事でした。が、園舎内はめちゃくちゃな状態。もし同レベルの地震が同じ時間帯に都市部などで発生した場合……、救助が必要な場面は必ずある、と覚悟を！

ここ大丈夫？ 園内の危険箇所

部屋の出入り口付近に物を置かないことは鉄則！ また、部屋の備品がしっかり固定されていることも大前提です。ここでは、大きな地震のときに特に気をつけておきたい場所について確認しましょう。

調理室

園内で特に心配なのは、調理室。重く、高さもある備品があり、大きな揺れで倒れる危険性があるからです。調理中に地震が発生する想定のもと、職員がすぐに調理室から出られるように、備品類をしっかり固定しましょう。調理室は動線が狭いため、備品の倒壊で避難路をふさがれ、職員が閉じ込められる危険性があるからです。

職員室

職員室には本棚やキャビネットなどの高さがある備品、プリンターなど重量のある事務機器があり、大きな揺れでそれらが動き、職員が壁と備品に挟まれて動けなくなる危険性があります。固定が甘いと、揺れ方次第で倒れる危険があり、その下敷きになるおそれもあります。

園庭の遊具

ふだんから遊具の点検はしっかり行っているはず。でも、頑丈に固定されていても、何回もの揺れでビス留めしているところが外れたり、固定している部分がずれたりして倒壊する危険があります。「もしも、そこに園児や職員がいたら？」と考えて点検を徹底しましょう。

Check 2

救助工具の使い方と保管

誰かが備品類の倒壊で下敷きになったり、部屋に閉じ込められたりしたら？救助活動に必須の救助工具の使い方と保管の仕方を知っておきましょう。

救助活動に必須！救助工具5選

実際に救助が必要なときには工具が必要。ハンマー・バール・ボルトカッター・のこぎり・ジャッキの5つは備えておきたいものです。軽くて扱いやすいもの、使い勝手のよいものを選び、使い方の訓練をしておきましょう。このほかスコップ・つるはし・ロープもあれば安心です。

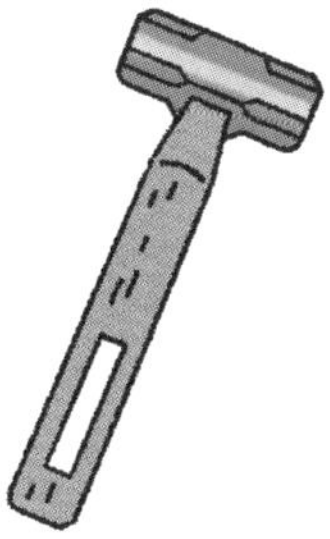

ハンマー
窓ガラスや木製のドアを割って、閉じ込められた人を救助するときに使います。

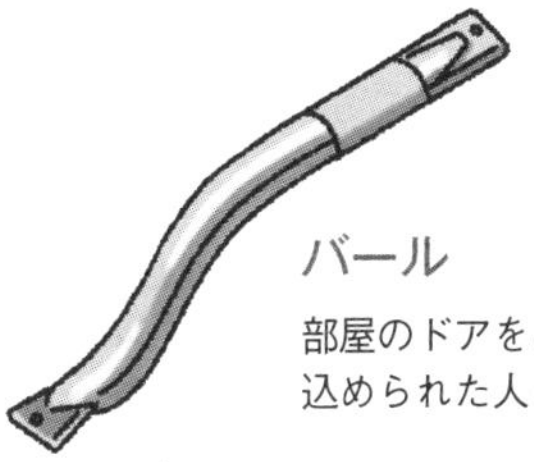

バール
部屋のドアをこじ開け、閉じ込められた人を救助します。

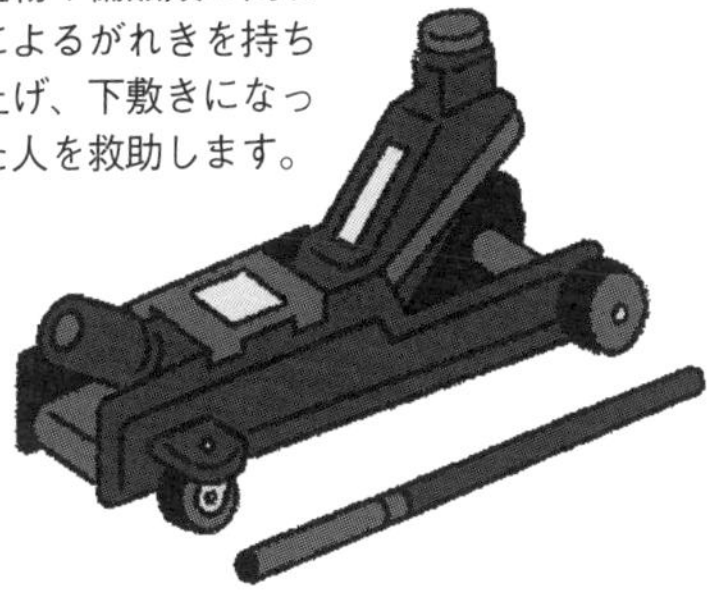

ジャッキ
建物や備品類の倒壊によるがれきを持ち上げ、下敷きになった人を救助します。

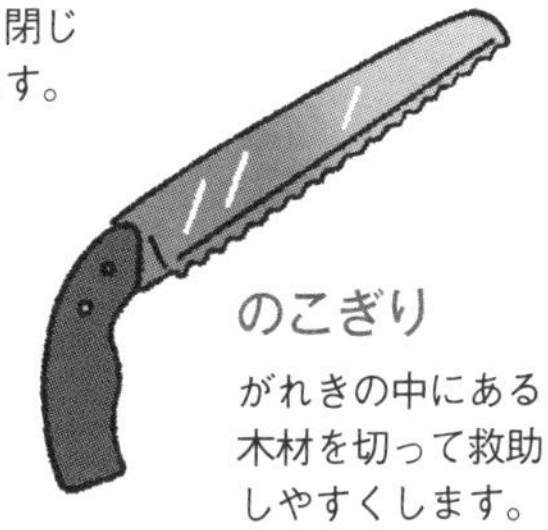

のこぎり
がれきの中にある木材を切って救助しやすくします。

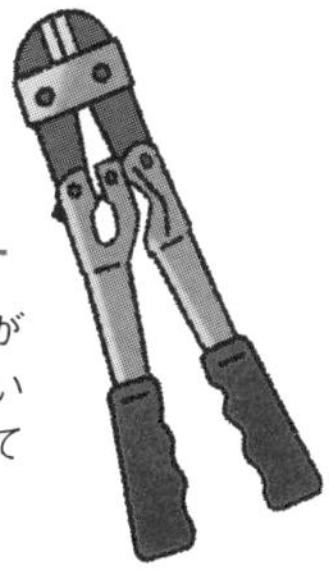

ボルトカッター
倒壊した物にコード類が巻き付いて撤去しにくいとき、コード類を切って救助しやすくします。

工具類の保管場所に要注意！

救助用の工具類の中には、バールやハンマーのように犯罪に使われるものもあります。例えば、バールは鉄扉でもこじ開けられるため、マンションの扉を開けて建物内に侵入する犯罪が増えています。

園舎が倒壊して救助工具が埋もれてしまわないようにと、建物の外や玄関の目立つところに置いていると、これらを利用した犯罪が心配です。保管場所は安全かつ目立たないところを選ぶなど、十分に注意してください。

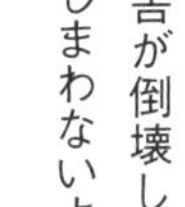

国崎チェック！

救助するときは、ヘルメットや革製の手袋をし、自分の身を守ることを第一に考えて行動しましょう。また自分の逃げ道をつくり、安全を確保しながら対処してください。

Check 3

救出時の手順と応急手当

下敷きになった人を救助する際に知っておきたい、手順と応急手当を紹介します。

障害物が崩れないように手当をしながら救助

地震で備品が折り重なるように倒れ、その隙間に挟まれた場合、倒れた物を持ち上げて救助します。備品類の下敷きになった場合、けがをしていることも考えられるので、注意深く救助作業を行いましょう。写真の例で手順を説明します。

救助の手順

1 一番上の物は持ち上げられれば手で撤去します。

2 撤去できなければ、物と物の隙間に手近な物を入れて埋め込み、障害物が崩れないよう固定します。

3 腕が挟まれているところにジャッキを入れて、腕を動かせるところまで少しずつ持ち上げます。

4 持ち上げたところに物を挟んで空間を維持します。

5 ジャッキを反対側へ移し、体を動かせる高さまで少しずつ持ち上げます。

6 持ち上げたところに物を挟んで空間を維持してから、救助します。

ここで重要なポイントは、倒れている物が崩れないように、そのままの形を維持して救助することです。そのため、物が持ち上がったときに、その高さを保つための挟む物が必要になります。また倒れた物の隙間にも物を挟みます。挟む物は周りにある本やケース、がれきの一部など、何でも活用します。

救出時の応急手当は……

救助時に気をつけたいのが、応急手当です。捻挫や骨折をしている可能性がある場合は、ゆっくりと引っ張り出して救護所へ運びます。出血している場合は、できるだけその場で止血をしたあとで体を引っ張り出します。目に見える傷はその場で応急手当をします。

応急手当の方法は、避難訓練などの際に、地域の消防署の職員に教えてもらうとよいでしょう（80ページも参照）。

Column

園児も救助に挑戦！

救助活動は、工具類の使い方を知らなければできません。そこで園児たちも、ぬいぐるみなどの救助体験を通して、ジャッキを使ってみることを勧めます。もちろん災害時に園児が救助をすることはありませんが、幼児期に体で覚えたことは忘れないもの。いざというときに備えて、子どもたちに伝えることも大切です。

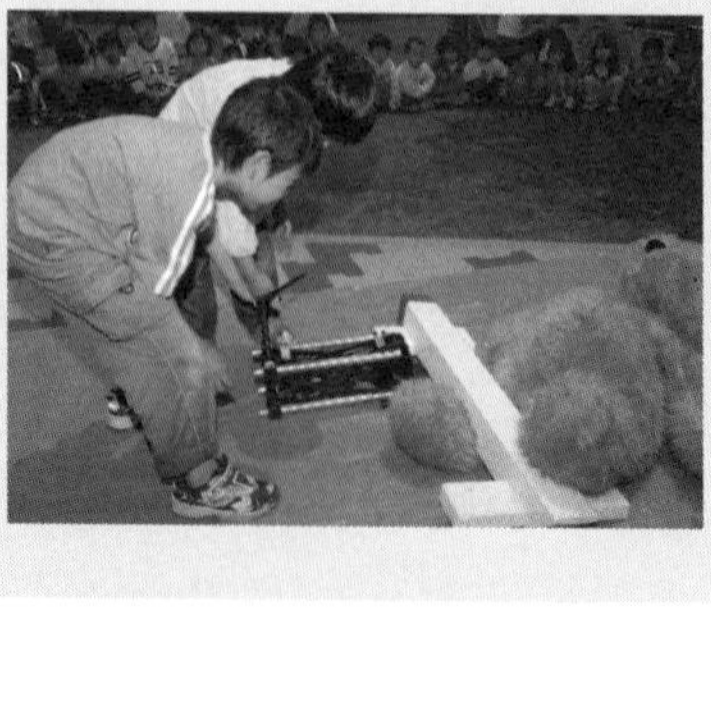

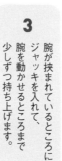

Check 4

死の危険もある！クラッシュ症候群

2時間以上も備品類の下敷きになったり、挟まっていたりした人を救助したら、「クラッシュ症候群」を疑って！　救助の最中、救助後の処置が重要なので、ぜひ知っておきましょう。

一見、重症者に見えないクラッシュ症候群の怖さ

阪神・淡路大震災の際、2時間以上家具や家屋の下敷きになっていた人が、病院に搬送されたあと、突然死するという事例がありました。自力歩行ができ、少し腕が痛い程度だったため診察が後回しになり、待機している間に命を落としました。

死因はクラッシュ症候群。物の下敷きになったり、体の一部が挟まれたりすると、その箇所の筋肉が壊死します。そこから毒素が発生し、救助されるまでは圧迫されていた部分に溜まっていますが、救助後、再び血流がよくなると毒素が全身に巡ります。その結果、重症化して命を落とすことがあります。

日本では阪神・淡路大震災の事例を通して、クラッシュ症候群が医療現場では広く知られるに至りましたが、一般にはまだあまり知られていないのが現状です。応急処置の方法などを知ることで、重症化の確率を少しでも下げたいものです。

こんなときはクラッシュ症候群を疑って！
体は痛いけど助かってよかった。
・2時間以上の圧迫
・尿が茶褐色

応急処置と救急隊員への状況説明で救える命

倒壊した備品類の下敷きになったり、物に挟まれたりした状態から園児や職員を救助できてよかったと、安心してはいけません。クラッシュ症候群の疑いがあるので、救助活動をした人は、救急隊員が到着するまでの間、救助された人の左腕の付け根、足の付け根あたりをタオルで縛って応急処置をしてください。毒素が全身に巡るのを遅らせます。

搬送時には、救出されるまでにかかった時間と、クラッシュ症候群の疑いがあることを救急隊員に伝えます。そうすれば、医療現場にその人の状態が確実に伝わり、元気そうに見えても軽症と判断されることなく、最優先で重症化・落命を防ぐ処置が施されます。

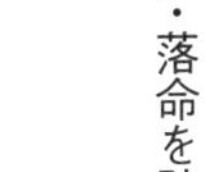

国崎チェック！

救助の間、下敷きになった人に少しずつ水を飲ませてください。奥の方で下敷きになって顔が見えなくても、ホースをその人のところまで入れて給水します。水で毒素を薄めることで症状の軽減につながります。特に子どもは短時間でも危険な状態になるので、早い段階から水を飲ませましょう。

お水を飲んで！
幅3cm以上の布で縛る

備えたアイテムを適切に使って

応急手当

大きな災害ではけが人が多くなり救命救急活動が通常より遅くなりがちです。命にかかわる「出血」「心肺停止」のケースを中心に、現場でできる応急手当の方法を紹介します。

Check 1

現場で手早く応急手当できる準備を！

被災時は応急手当が必要な人がたくさんいる、と覚悟を。応急手当用品を常備し、手当の方法も知っておきましょう。

大きな災害では、患者が急増して医療機関がパンクしたり、建物の倒壊や道路の寸断などで救急隊が来られなかったりと、想定外のことが起こりえます。そうした状況下では、保育現場でできる応急手当が救命につながります。

応急手当用品は部屋ごとに備えて

災害時、けが人や心肺停止の人の応急手当は園の看護師が対応すればいい、と思ったら大間違い。大災害では看護師だけで処置できないほどの人数になることもあります。いざというときに備えて、全職員が応急手当の方法を知っておく必要があります。

特に命にかかわる心肺停止や出血の場合、医務室や職員室へ応急手当用品を取りに行くようでは間に合わないケースもあるかもしれません。各保育室・職員室に、平時の在室人数の3分の1にあたる人数分の救命救急アイテムを備えておくことを勧めます。

各保育室の応急手当用品

各保育室に、最低限備えたいアイテムです。これだけは必ず準備しておきましょう。

- □ 包帯
- □ 滅菌ガーゼ
- □ 止血パッド
- □ ポリ手袋
- □ 三角巾
- □ さらし
- □ タオル
- □ マスク（大人・子ども用）

GOODS

絶対オススメ！防災グッズ

さらし

防災グッズとして必携のさらしは、応急手当用品としても活躍します。長さ10メートルのさらしが1本あれば、4メートルをおんぶひも代わりとして、残りはおむつとして、さらに包帯や止血帯として使うことができます。かさばらず、いくつあっても困ることがないので、園外保育時も必携です。

Let's
ダウンロード!
応急手当
用品リスト

園で備えておきたい！応急手当用品

各保育室とは別に、医務室や職員室、備蓄用の倉庫などに備えておきたい
応急手当用品です。
特に小児用の薬は、災害時は入手しにくくなるので、少し多めに備えておくことを勧めます。

□ 包帯
□ 滅菌ガーゼ
□ 止血パッド
□ ポリ手袋
□ 三角巾
□ さらし
□ タオル
□ マスク（大人・子ども用）
□ 眼帯
□ 脱脂綿
□ 綿棒
□ 絆創膏
□ サージカルテープ
□ 副子《ふくし》（またはエアギプス）
□ 体温計
□ 湿布
□ 冷却ジェルシート
□ 瞬間冷却剤
□ 氷のう
□ カイロ
□ 毛抜き
□ はさみ
□ 爪切り
□ 鎮痛剤
□ 解熱剤
□ 乳幼児用下痢止め
□ 風邪薬
□ 消毒薬
□ 幼児用目薬
□ 化膿止めクリーム
□ 虫刺されクリーム
□ 保湿剤（ワセリン）

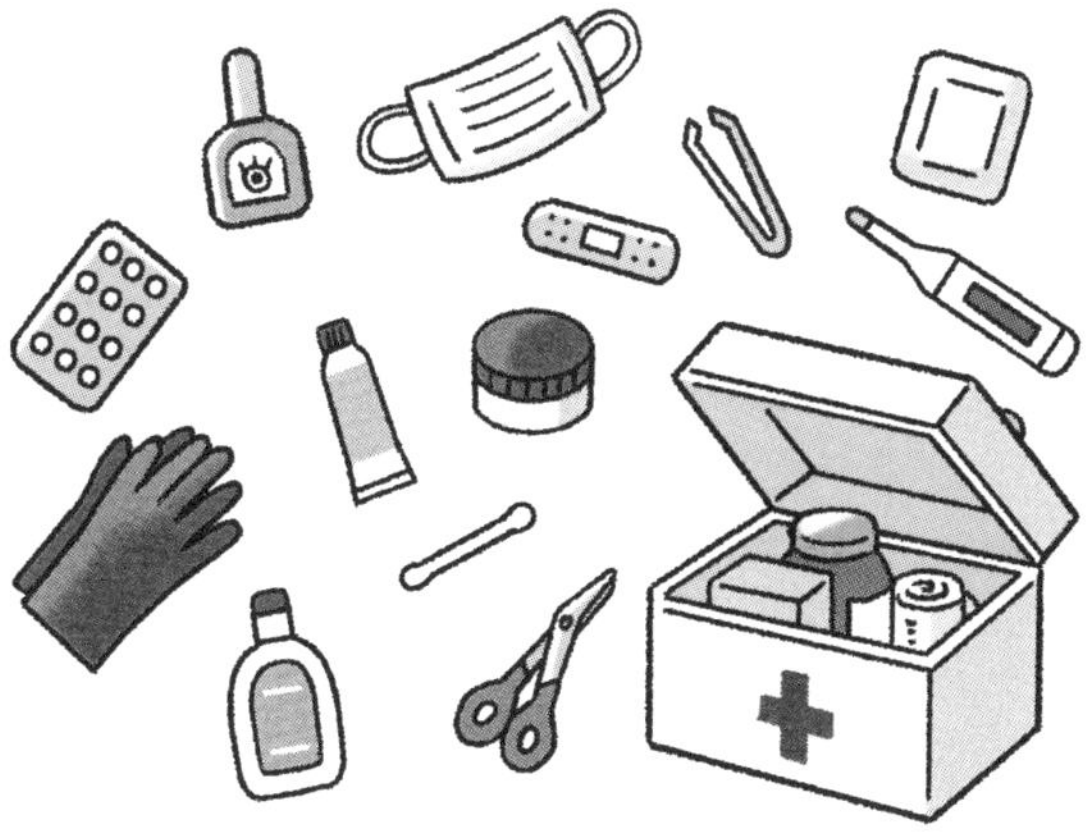

Check 2

胸骨圧迫＋AEDで心肺蘇生

頭を強打したり、備品類の下敷きになったりして意識障害や心肺停止になるケースも考えられます。感染予防も考えた心肺蘇生法を身につけましょう。

人工呼吸は行わない！胸骨圧迫で感染症対策も

感染予防のため、従来行われていた人工呼吸はしません。胸骨圧迫による心肺蘇生を、手順に従って行いましょう。

胸骨圧迫の手順

1 負傷者の反応を確認

「〇〇ちゃん！」などと大きな声で名前を呼び、反応を確認。絶対に体をゆすったり、顔をたたいたりしてはいけません。反応がなければ応援を呼び、119番通報を。

2 呼吸を確認

負傷者の顎を上げて気道を確保し、お腹や胸が上下に動いているかどうかを確認。呼吸をしていたら、横向きに寝かせ、上側の膝を曲げて姿勢を固定し、上側の腕を曲げ、手の甲の上に頭を乗せ、顎を上げた状態にします。呼吸をしていなければ、素早く胸骨圧迫を行い、AED（自動体外式除細動器）があれば準備します。

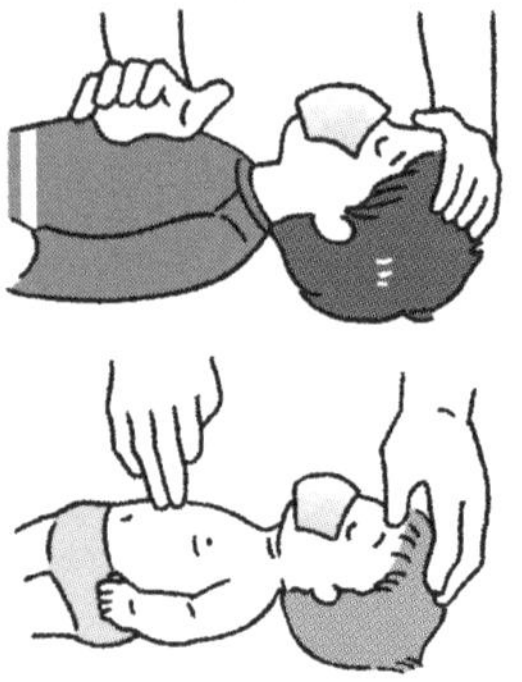

小児の場合

乳児の場合

3 胸骨圧迫

感染症予防のため、胸骨圧迫を始める前に負傷者にマスクをさせるか、口と鼻をハンカチやタオルで覆って行います。胸の真ん中を、胸の厚さの3分の1くらいが沈むまで、両てのひらの付け根で圧迫。1分間に100〜120回のテンポで30回以上、息を吹き返すまで、あるいはAEDが準備できるまで続けます。小児（1歳以上16歳未満）の場合は、片手で圧迫。乳児（1歳未満）の場合は、てのひらではなく、中指と薬指2本をそろえて、同様に圧迫します。

国崎チェック！

胸骨圧迫は救助者の体力の負荷が大きいので、負傷者が大人の場合は、2〜3人で交代しながら続けます。感染症予防のため、負傷者に顔を近づけすぎないようにし、室内の換気をよくしてください。

Column

救命救急の講習でスキルアップ！

地域の消防署に依頼し、避難訓練などの際、定期的に救命救急の指導を受け、いざというときに迅速に動けるようにしましょう。日本赤十字社では、「救急法」や「幼児安全法」（https://www.jrc.or.jp/study/kind/）などの講習を開いています。救命救急のスキルアップを心がけましょう。

AEDを準備して胸骨圧迫と並行して心肺蘇生を！

心肺停止状態にある人の救命方法としてベストなのは、やはりAEDです。災害に限らず、乳児突然死症候群・呼吸器疾患・異物誤嚥による気道閉塞などが原因で、園児が心肺停止になることもあるので、園に1台、AEDを常備したいもの。もちろん、定期的に使い方の訓練をしてください。

AEDはメーカーによって操作法が異なることがありますが、基本的な機能・操作手順は同じです。以下、操作手順を確認しますが、AEDの準備を整える間も、絶えず胸骨圧迫を続けてください。

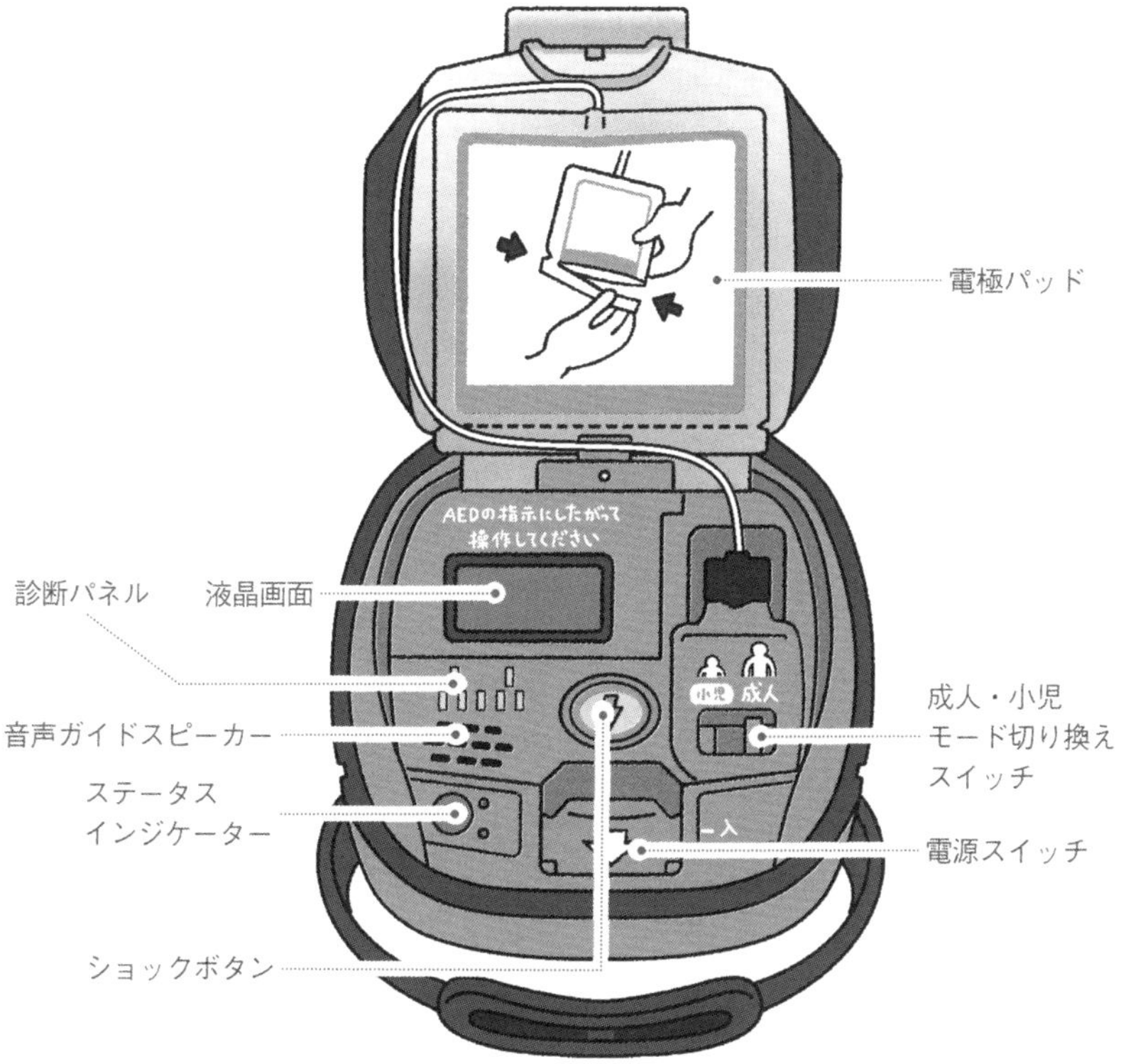
電極パッド
AEDの指示にしたがって操作してください
診断パネル
液晶画面
音声ガイドスピーカー
ステータスインジケーター
ショックボタン
小児
成人
成人・小児モード切り換えスイッチ
入
電源スイッチ

AED操作の手順

❶ 電源を入れる

電源を入れると、音声の指示がスタート（ふたを開けると自動的に電源が入るタイプもあります）。子どもの場合は、小児モードに切り換えて子ども用の電極パッドを取り出します。

❷ 電極パッドを貼る

電極パッドを貼る間も胸骨圧迫を続行。大人と子どもでは貼る位置が異なります。パッドに表示されている絵の通りに貼ってください。まず体がぬれていないかを確認し、汗などを拭いてから貼ります。2つのパッドがふれないようにし、子どもの場合は、心臓を挟むように胸と背中に貼りましょう。

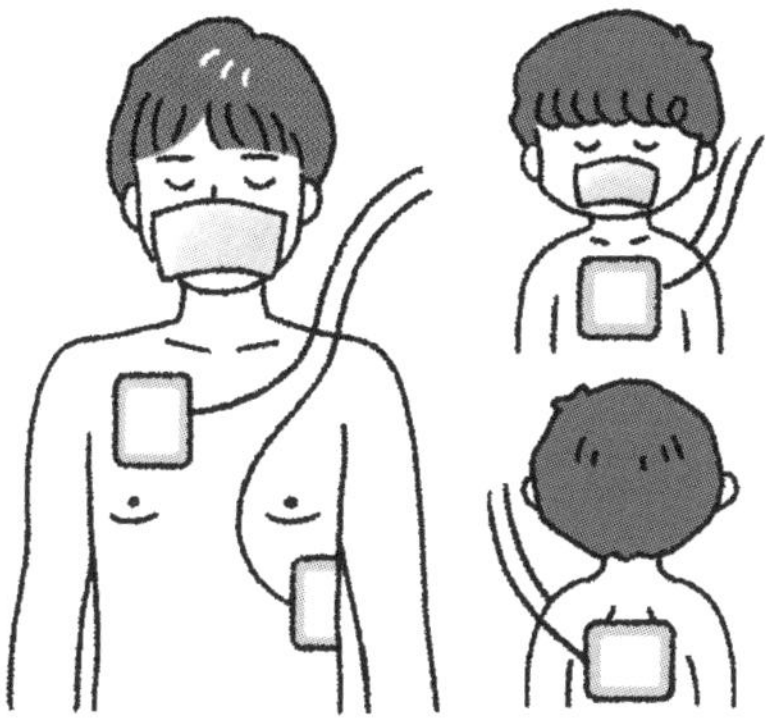

❸ 音声指示スタート

AEDが自動的に心電図を解析して指示を出します。ここで胸骨圧迫はやめ、負傷者から少し離れてください。

❹ 電気ショック

電気ショックが必要な場合は音声案内があり、充電を開始。充電終了後、「ショックボタンを押してください」と指示があり、ショックボタンが点滅します。負傷者に誰もふれていないことを確認し、ショックボタンを押します。電気ショック後、すぐに胸骨圧迫を再開。AEDが心電図を解析し、2分ごとに電気ショックが必要かどうかを指示するので、それに従います。

国崎チェック!

操作はいたって簡単ですが、使った経験の有無でいざというときの行動に差が出ます。ぜひ講習会や避難訓練などで、繰り返し練習しておきましょう。

Check 3

出血をともなう傷は素早く止血！

止まらない出血は、命取り！
迅速、かつ確実に止血をしましょう。

止血パッド

短時間で複数のけが人を処置

保育中の災害では、複数の子どものけがを、保育者一人で素早く処置することが求められます。その中に出血するほどの傷を負った子どもが数人いた場合、止血パッドを使って止血するのがベスト。

使い方は、ポリ手袋をはめ、止血パッドを患部に貼ってテープや包帯で固定し、流れ出る血を吸収させるだけ。滅菌処理されているので衛生的で、ガーゼや包帯だけを巻くよりも迅速に止血ができます。また、布や滅菌ガーゼを使うと、傷口と接する面が血でくっつき、治療時に剥がす際に傷口を痛めてしまいますが、止血パッドは傷口を広げることなくさらっと剥がせます。

ただ、止血パッドでは血が止まらないケースも。その際は、圧迫止血を行いましょう。

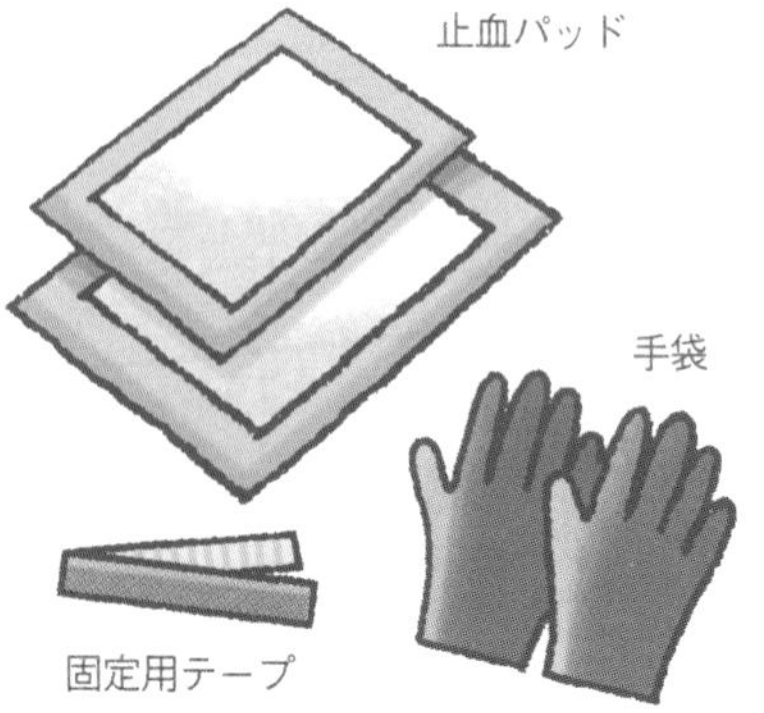

国崎チェック!

止血処置をする際は、負傷者がC型肝炎など、感染性の既往症があるかもしれないと想定し、感染対策のために手袋をするのが鉄則！　救助者の手が荒れていたり、ささくれがあったりするだけでも、そこからウイルスや菌が体内に入り、感染する可能性があります。救急箱の中には、必ず処置用の手袋を入れておきましょう。もし手袋がなければ、ポリ袋で手を覆い、処置をします。

圧迫止血

傷口を心臓より上にあげて行う

止血パッドでも血が止まらない場合は、その上にタオルを当てて傷口をしばらく圧迫します。傷口が心臓より上になるように姿勢を整えます。足から出血している場合は、けが人を横たわらせて足を上げます。

それでも出血が続くようであれば、さらにタオルを重ねて圧迫します。出血が止まったら、帯状の布もしくは包帯を巻いて固定しましょう。

傷口が大きく、はじめから圧迫止血を行うときは、タオルを直接当てた上から圧迫します。もちろん手袋をはめて行うのが鉄則です。

腕を圧迫止血する場合……

足を圧迫止血する場合……

Check 4

そのほか、災害時に必要な応急手当

出血や心肺停止以外に、どんなけががある？
そのほかのけがの応急手当も知っておきましょう。

ガラス片や木片が足や腕に刺さったら？

ガラス片や木片が小さいものであれば、抜いて消毒すれば大丈夫です。ただし、深く刺さっているケースでは、大量出血や細胞組織を破損する危険があるので、抜かない方がよいです。そのままにして動かさず、医師がいる救護所で処置をしてもらいましょう。

骨折したら？

出血している場合は、まず止血。傷口から骨がつき出していたら、止血パッドや滅菌ガーゼを当て、その上から包帯やタオルで保護し、副子《ふくし》で固定します。副子とは、患部を固定する物のこと。定規・板・雑誌・段ボール・新聞紙など、ありあわせの物でもOKです。

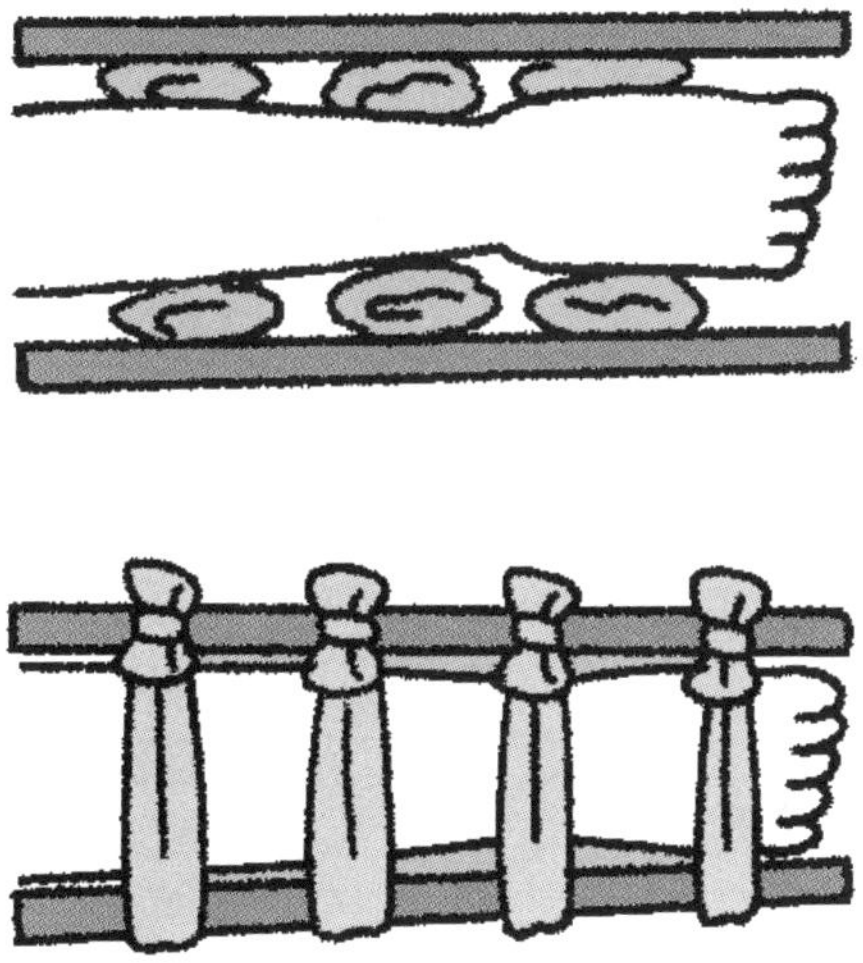

足の固定

骨折部分の両側から杖や板などの副子を当て、足と副子の間にある空間に新聞紙などを詰め、足の付け根に近いところから順に固定する。

腕の固定

骨折部分を雑誌などの副子で覆い、布で結んで固定。患部に負担がかからないよう、三角巾でつり、胸部に結びつけて固定する。

やけどをしたら？

やけどをしたら、すぐに流水で30分ほど冷やすのがベストですが、災害時は断水している可能性も。その場合は、冷却ジェルシートか、袋を叩くと急速冷却できる瞬間冷却剤で冷やしましょう。患部が衣服の下だったら、無理に脱がさずその上から処置します。

被災状況を入念にチェック！

施設に被害が出たら

被災後、園児や職員の安全が確認できても、施設そのものに被害があったら、安心できません。被害状況のチェック、危険度の判断など、職員自ら応急的に確認できるようにしましょう。

Check 1

被害状況の目視確認

被災直後は、職員が施設の被害状況を確認。その方法は？

目視確認で危険度を察知！

被災後、自治体は建物の被害状況を判定する「応急危険度判定」を行います。ただ、災害規模が大きいと判定の時期は遅れがち。そのため、職員自身が被害状況・危険度を察知しなければ、前に進めないこともあります。

もし地震が起きて園庭に避難したら、まずは敷地内や園舎の外回りに被害や危険がないかを確認。その後、園舎内を調べ、安全を確認したら園児を中に入れます。

このとき「建物被災状況チェックシート」に沿って確認することを勧めます。

「建物被災状況チェックシート」とは？

避難所を利用できるかどうかを応急的に確認するため、各自治体が作成しているチェックシートのこと。災害時に避難所に入る際、本来は行政の職員や施設の管理者が確認しますが、このシートに沿って避難者2名以上で目視点検すれば、施設の安全確認ができるとしている自治体もあります。

各自治体のチェックシートを参考に、園の立地・施設状況に合わせた独自のシート（87ページ参照）を作っておくとよいでしょう。作成の際は、行政の防災担当者や応急危険度判定士のアドバイスを受けると安心です。

Let's
ダウンロード!

園舎の被災状況チェックシート
（鉄筋コンクリート造）

チェックシートでシミュレーション!

余震で被害が進んだと思われる場合は、再度チェックシートで被災状況を点検!

※このチェックシートによる判断は、あくまで臨時的なものです。自治体の災害対策本部へ連絡し、できるだけ早く応急危険度判定士による判定を受けましょう。

園舎の被災状況チェックシート（鉄筋コンクリート造）

❶	隣接する建物が傾き、園舎に倒れ込む危険性がありますか？	A いいえ　B 傾いている感じがする C 倒れ込みそうである
❷	園舎周辺に地滑り・がけ崩れ・地割れ・噴砂・液状化などが生じましたか？	A いいえ　B 生じた C ひどく生じた
❸	園舎が沈下しましたか？ あるいは園舎の周辺の地面が沈下しましたか？	A いいえ　B 沈下した C ひどく沈下した
❹	園舎が傾斜しましたか？	A いいえ　B 傾斜したように感じる C 明らかに傾斜した
❺	外部の柱や壁にひび割れがありますか？	A いいえ B 比較的大きなひび割れが入っている C 大きなひび割れが多数あり、鉄筋が見える
❻	外壁タイル・モルタルなどが剥離・落下していますか？	A いいえ B 落下しかけている、落下している （Cの回答はありません）
❼	屋根材（瓦等）の被害はありますか？	A いいえ　B 著しくずれている C 全面的にずれや破損がある
	❶～❼の項目で、B・Cが1つでもあった場合、建物が倒壊する危険があるため、建物内に入らず、❽以降の点検はしないでください。	
❽	床が傾きましたか？	A いいえ B 少し傾いている、下がっている C 大きく傾斜している、下がっている
❾	園舎内のコンクリートの柱、壁にひび割れがありますか？	A ない、または髪の毛程度のひび割れがある B 比較的大きなひび割れが入っている C 大きなひび割れが多数あり、鉄筋が見える
❿	建具やドアが壊れましたか？	A いいえ　B 建具・ドアが動かない C 建具・ドアが壊れた
⓫	天井、照明器具が落下しましたか？	A いいえ　B 落下しかけている C 落下した
⓬	その他、目についた被害を記入してください。 （例：塀が倒れた、水・ガスが漏れている、什器が倒れた、屋外階段が傾いているなど）	「　　」

【判断のしかた】

❶質問1～11の回答を集計。

A	B	C
個	個	個

❷集計結果に合わせて、以下の対応をとる。

★Cの答えが1つでもある場合⇒危険！
園舎に入らず、自治体の災害対策本部へ連絡し、対応の検討を。

★Bの答えが1つでもある場合⇒要注意！
園舎に入らず、自治体の災害対策本部へ連絡し、専門家による応急的な補強などを行う。

★Aのみの場合⇒危険箇所に注意しつつ、園舎内に避難。

Check 2

こんな被害があったら危険！

「園舎の被災状況チェックシート」で確認するとき、「こんな被害があったら危険！」という判断基準例を紹介します。

応急的チェック時の判断基準

基本的に、建物が傾いている、壁面や柱、窓、扉などにX字形のひび割れがある、壁材が剥落しているなどの被害がある場合は、危険です。直線的なひび割れでも、奥深くまで亀裂が入っていたら、危険度は高まります。このような状況では、建物内には入らないようにします。

また一部分の壁材が剥落しているケースでは、余震でさらに剥落する恐れがあります。二次被害を防ぐため、ロープを張って立ち入らないようにしましょう。

建物の損壊

全壊

損壊割合 50%以上

半壊～大規模半壊

損壊割合 20％以上 50％未満

一部損壊

損壊割合 10％未満（補修を必要とする程度）

コンクリートのひび割れ・剥落

壁面の剥落

コンクリートが剥落して鉄筋が見えている

せん断ひび割れ

柱などに斜めに大きくひび割れが生じ、仕上げ材が剥落している

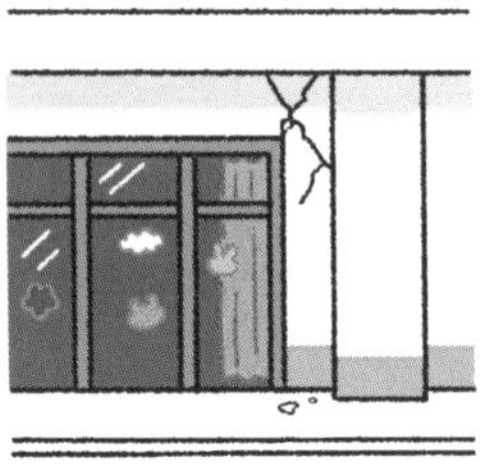

X字形のひび割れ

柱や扉付近などにX字形のひび割れがあり、コンクリートが部分的に剥落

地盤の崩壊

地割れ

地割れが園の敷地内まで続いている

土砂崩れ

周辺で土砂崩れが発生すると、建物にも影響が出る可能性がある

液状化

液状化で浮力が生じ、下水管などが地面から飛び出している

Check 3

「被害調査票」で園の被害状況を「見える化」

行政へ提出する「被害調査票」の作成は、「見える化」がポイント！工夫して、被害状況を明確に伝えましょう。

行政に提出する調査票には、状況が見えるように絵や写真を添付

応急的に建物の被害状況を確認したら、行政へ提出する「被害調査票」を作成します。書式は、自治体作成の災害時マニュアルやガイドラインの中に掲載されているので、問い合わせてみましょう。提出の際は、被害状況が伝わりやすいように、園舎の見取り図に被害箇所を記し、絵や写真を貼りつけたものを調査票に添付することを勧めます。

この調査票をもとに、保育を続けられるか、休園しなければならないかの判断が下されるため、被害状況の可視化は重要です。

被害調査票（例）

被害調査票（○○市）

（施設名：　　　　　　　）　（報告日時：　月　日　時　分）
（報告者　：　　　　　　　）

	項目	内容
参集状況	5歳児　人	うち負傷者　人
	4歳児　人	人
	3歳児　人	人
	2歳児　人	人
	1歳児　人	人
	0歳児　人	人
	職員　人	人
	その他　人	人
施設被害状況	火災状況	
	建物被害状況の結果	A　B　C
	周辺の建物被害状況概要（写真等を添付）	
	その他	
ライフライン状況	電話機能	利用（可・不可）
	断水（水道管）状況	水道（可・不可）
	ガス漏れ	ガスの臭い（有・無）
	受水槽の被害状況	被害（有・無） 概要：
	その他	

所定の被害調査票に、被害箇所を記した園舎見取り図や絵・写真も添えて見える化！

「ひび割れ」も可視化！

ひび割れを発見したら、油性ペンで割れ目をなぞり、その脇に発見日時を記して撮影します。こうしたひび割れは余震で広がることがあるので、新たにひびができたら、違う色のペンでなぞり、日時もその色で記録します。ひび割れが深く大きい場合は、日時だけを書き込めばOK！　撮影した写真は、被害調査票に添付します。

第3章
被災・被害時の対応

電話やネットがつながらなくても!

通信・情報収集手段を備える

大規模災害時は、携帯電話やインターネットがつながりにくくなることも。そんなときの保護者や職員との通信手段や、被災状況の情報収集の手段を紹介します。

Check 1

電話が通じないときの通信手段

災害時は電話回線が混み合うため、発信・接続規制が行われて通話できないことも。そんなとき、園児・保護者・職員の安否確認はどうする?

トランシーバーで災害後の迅速な安否確認を!

大規模災害時には、固定電話がつながらなくなったり、携帯電話からの音声通信は通常時の70～95%が制限される処置がとられたりします。そこで備えておきたいのがトランシーバー。無線機なので通信料はかからず(IP無線機を除く)、電話番号を入力することなく複数の相手と一度に通話ができるので、情報共有を迅速に行えます。散歩や遠足など、園外保育中に持ち歩けば、園児や職員の安否や位置情報の確認ができます。

最近のトランシーバーは進化していて、スマートフォンのように簡単に操作できるタイプもあります。通信距離も、200メートル弱の短距離のタイプから、5キロメートル以上の広範囲をカバーできるタイプのものまでさまざま。自動で通話内容を録音する機能がついたものもあり、メモをとる手間がなく、聞き間違いの心配もありません。

災害時優先電話を活用!

災害時優先電話とは、災害時も通信接続が制限されることなく、優先的に発信ができる電話のこと。消防・病院などの災害救援機関や、水道・ガス供給などライフラインにかかわる機関の電話が指定されています。

公衆電話も災害時優先電話です。停電の際も利用できるので、緊急時の通信手段の候補の一つとして考えておくのがよいでしょう。ただし、全国的に公衆電話の設置台数が減っているため、園の周辺や散歩コースのどこに設置されているかを確かめておきましょう。設置場所は、NTTのホームページにある「公衆電話設置場所検索」で調べることができます。

ちなみに東日本大震災の際は、公衆電話に大行列ができました。利用者が殺到する可能性も考慮に入れてください。

また、園の固定電話・携帯電話も、法令に基づいて災害時優先電話の指定を受けることができます。事前に固定電話の一つを災害時優先電話にしておけば、いざというときに役立ちます。

Check 2

緊急時に役立つ情報収集手段

津波・土砂崩れなどの二次災害、交通インフラ・ライフラインの状況などの情報収集を行うには？

安否確認と同時に二次災害に備えた情報収集を

発災後は、安否確認とともに、津波・土砂崩れ・がけ崩れなど、二次災害に備えた情報を集めることが重要です。園児や職員がけがをした際、どこの病院へ運べばいいのか、安全に避難するにはどこの避難所へどのルートで行くべきかなど、判断する際の情報を集める必要があります。また、交通インフラの状況を把握することで、保護者が置かれている状況が分かり、園児を引き取りに来られるかどうかの判断もできるでしょう。

これらの情報は、防災ラジオやインターネットから得られます。園外で災害に遭ったときのために、スマートフォンでラジオが聴けるアプリ「radiko（ラジコ）」などをインストールしておくのもよいでしょう。スマートフォンだけでなく、園のパソコンにもインストールしておくと便利です。

災害時に役立つ防災アプリをチェック！

防災アプリは、アラートやプッシュ通知で災害をいち早く知らせてくれるほか、地図上で避難所や避難経路をチェックできたり、園外活動中の職員や園児の居場所をＧＰＳで確認できたりと、さまざまな機能を備えたものがあります。

選ぶ際のポイントは、情報の提供元が、気象庁や国土交通省など、信頼できる機関であること。また、情報提供元の不具合に備えて、複数のアプリを利用するのもポイント。その際、オンラインだけでなく、通信が途絶えても地図が見られるなど、オフラインで使える機能がついたアプリもインストールしておくことを勧めます。

アプリの一例

Yahoo! 防災速報
現在地と設定地の災害情報を通知。設定地は3地点まで登録可能

防災情報 全国避難所ガイド
コンパス機能を搭載しているので、災害時、迷わずに避難所に向かえる

Column

孤立する危険性が高い園では……

特に山間部の地域では、地震によるがけ崩れや豪雨による土砂崩れなどで道路が寸断され、さらに停電する状況も想定されます。そんなときの通信手段として衛星電話が頼りになりますが、備える余裕はないという園もあるでしょう。その場合は、公衆電話を使って災害用伝言ダイヤル（157ページ参照）に伝言を入れて安否を確認。また、公的な情報を得るためには、防災用のラジオや車載ラジオやテレビが必須です。

救助を要請する際には、ＳＯＳの文字を園庭や屋根に書くほかに、車のクラクションを鳴らすと救助隊が気づきやすいでしょう。

国崎チェック！

地域的に孤立する危険性が高い園に限っては、携帯電話会社でも取り扱っている衛星電話を用意しておくのも一案。あらかじめ孤立するおそれがあることを行政に相談し、連絡方法を検討しておきましょう。

「避難所になる」想定で準備を！
園が避難所になったら

東日本大震災や熊本地震などの大規模災害時には被災者数が多かったため指定避難所では足りず、多くの被災者が保育園などの施設や個人宅に避難しました。
もし自園が避難所になったら……？
万が一に備えて、考えておきましょう。

Check 1 園が避難所になる想定を

どんな場合に避難所になるのか、まずは知ることから！

避難者が来る想定で準備を

「うちの園は指定避難所・福祉避難所ではないから、避難所になることはない」と思っていませんか? 実は、これまでの大規模災害では、被災していない園のほとんどが避難所になっています。災害時は、それだけ多くの人が助けを求める状況になるのです。いざ避難者を受け入れる際に混乱を招かないためにも、「どの園も避難所になる可能性がある」と覚悟して、事前に準備をする必要があります。

避難所になる2パターン

激甚災害指定を受けるような災害時には、指定避難所以外に園が避難所になるケースが2パターンあります。

一つは、指定避難所が被災したり、避難所の受け入れ可能人数がオーバーしたりして、行政から「避難所として開設してほしい」と依頼がある場合。

もう一つは、避難者自身の判断で「指定避難所より自宅から近い」「公共性が高い施設」という認識で避難する場合。この場合は、地域住民が園に避難していることを行政へ連絡し、「準避難所」指定と必要物資の要望などを相談しましょう。「準避難所」は、指定避難所に準じる場所です。支援物資の集積所になることもあります。

経験から学ぶ！

近隣住民を受け入れ避難所を運営

熊本地震で被災した、熊本県益城町の第四保育所は、本震後、自主的に住民を受け入れました。保育所の職員と避難した近隣住民が協力して町役場から救援物資を運んだほか、住民が食料や調理器具を調達して保育所で自炊するなどして過ごしました。避難所運営を通して保育所と近隣住民との距離が縮まり、保育再開後も交流が増えたそうです。

- **前震発生** 2016年4/14 夜間のため職員は不在だった。
- 4/15 園長と職員が登園すると、避難者の姿が。園庭を開放し、避難者の車を入れることに。
- **本震発生** 4/16 近隣住民約80人が避難。園は指定避難所ではなかったが、急きょ住民を受け入れることに。防犯上、男性職員1名が常駐。
- 4/25 保育再開の準備のため、避難者が退所。
- 5/3 保育再開。

Check 2

避難者受け入れ時のポイント&ルール

肝心なのは、避難者の受け入れ時！
避難生活のルールをしっかり伝えつつ、防犯対策も考えておきましょう。

避難者受け入れの流れ

避難者を誘導

まずは、園庭（雨天時はエントランスなど）に待機してもらい、受け入れ準備をします。避難者を通す部屋を確保し、園児・職員専用の場所との区分けなどのため、必要な箇所に「立ち入り禁止」「土足厳禁」などの貼り紙をします。また、掲示板・ホワイトボードなどの情報伝達手段の確保、避難者名簿の用意も忘れずに。全ての準備が整ったら、避難者を園舎内に誘導します。

園児使用のため
立ち入り禁止

避難者名簿に記入してもらう

行政が作成した避難者名簿の書式があれば、それに記入してもらいます。ない場合は、氏名、連絡先のほか、健康上の配慮が必要な人を把握するため、持病・けがの有無なども記入できる名簿を応急的に作成します。避難者の人数がだいたい定まったら、避難者数を行政に連絡し、人数分の食料や水、毛布、仮設トイレなどの避難用品を依頼します。

避難所としてのルールを説明

園が避難所運営をするときのルールを避難者に説明し、承諾を得た上で園に留まってもらいます。伝えるべきルールの内容は以下を参考に。

避難者受け入れ時のルール

1 食料・必要物資は原則、避難者自身が調達

食料や生活に必要な物を園で調達するのは大きな負担。避難者には、行政に必要物資の調達を依頼したことを知らせ、届くまでの間は、食料、水、毛布など、すべて避難者自身で調達するようお願いします。

2 立ち入り禁止区域に入らない

掲示板やホワイトボードに園内の見取り図を掲示し、避難スペース、要配慮者専用スペースなどとともに、立ち入り禁止の場所を伝えます。また、園の設備・備品を承諾なく使わないことも併せて伝えます。

3 園運営への協力・退所の可能性

園の運営を優先するため、保育の支障にならないように協力を依頼します。また、園運営上必要な場合は、退所を求める可能性もあることを事前に承諾してもらいます。

子どもが寝ているときもあるので、
保育室には入らず、お静かにお願いします。

国崎チェック！

職員が不在になる夜間は、地元の消防団や、行政の職員に警備をお願いしましょう。また、園の人事な物は施錠できる部屋にまとめておくことも必要です。

Check 3

園と避難所を両立するには？

園の運営をしながら避難所も運営する場合、気をつけたいことは……？

園児の在園中、避難者への配慮は？

園が被災を免れた場合、災害後すぐに保育を再開するケースが多いです。そこへ避難者が助けを求めた場合、園児を受け入れながら、避難所としての役割も担う、という状況になります。

そうなると、避難者に対しても何らかの支援を……と考えてしまいそうですが、限られた職員で園運営と避難所運営の両方を行うのは無理が生じます。避難者にはできる限り自主的な運営をお願いしましょう。

関係者以外の進入禁止

人間関係が希薄な都市部ではどう受け入れる？

園が避難所になったとき、隣近所の人の顔も分からないほど人間関係が希薄な都市部の場合、顔見知りでないがゆえにかえって自我が出やすく、避難者との協力関係が築きにくいことが想像されます。また、実際のところ、園に避難している人の多くは、日中、自宅へ後片付けに戻り、職員が帰宅する頃、園に戻るというパターンが多く、顔を合わせる機会も少ないです。

避難者がどう動けばよいか分からず困っている場合は、避難者の中でリーダーを決めてもらい、避難生活を秩序立ててもらうと安心です。園とのやり取りも一本化し、問題が発生した際は、園とリーダーが話し合って解決し、避難者全員に伝えてもらうようにします。

お弁当と水が〇△避難所で配られるそうです。
救援物資もあるようなので、行ってみては？
ありがとうございます。
では、〇人で行きます。

国崎チェック！

繰り返しますが、職員の手を煩わせないためにも「受け入れ時のルール伝達」の徹底を！

Check 4

避難所になる前に、これだけは準備！

園が避難所になることを想定して、必要なものを事前に準備しておきましょう。

事前に準備しておきたいもの

災害時は、停電で印刷機やパソコン類がすぐに使えないことが想定されます。避難者名簿や注意喚起の貼り紙などは、事前に紙の状態で用意しておきましょう。また、避難者を受け入れる場所も事前に決めて見取り図を作っておくと、災害時の混乱を軽減できます。

国崎チェック！

園に避難者が来た際の対応について、平時のうちに子ども課、防災課など行政窓口に相談するのを勧めます。行政に方針がない場合は、「3か月以内」など期限をつけて検討を要請！　園児だけでなく、避難者の生活も預かる園の役割はそれだけ重いのです。災害時に困らないためにも、行政と太くつながっておきたいですね。

避難者名簿

行政に避難者名簿の用意がない場合は、一覧できるものやカード式のものなど、まとめやすい様式で作りましょう。一覧式の名簿の場合は、避難者数が一目瞭然ですが、健康状態についてはプライバシーに配慮し、簡単な説明にとどめたいもの。その点、カード式は個人情報を保管しやすいです。

●カード式の場合は……

【あっぷこども園・避難者カード】No. 1

名前	あっぷ太郎
住所	○△市□□町1－2－3
電話	080-○○○○－××××
健康状態	安定
持病など	高血圧
備考	処方薬を服用中

●一覧式の場合は……

【あっぷこども園・避難者名簿】

	名前	住所	電話	健康状態
1	あっぷ太郎	○△市□□町1－2－3	080-○○○○－××××	持病あり
2	花子	同上	080－○○○○－△△△△	良好
3	学研 みらい	○△市□□町2－3－4	090－????－○○○○	足を捻挫

注意喚起の貼り紙

「関係者以外、立ち入り禁止」「土足禁止」などの注意喚起の貼り紙を数種類作成して出力し、掲示する場所も決めておきましょう。

災害時のスペース見取り図

園の見取り図に保育スペースと避難スペースを色分けした貼り紙を作っておき、使用時は掲示板に貼ります。

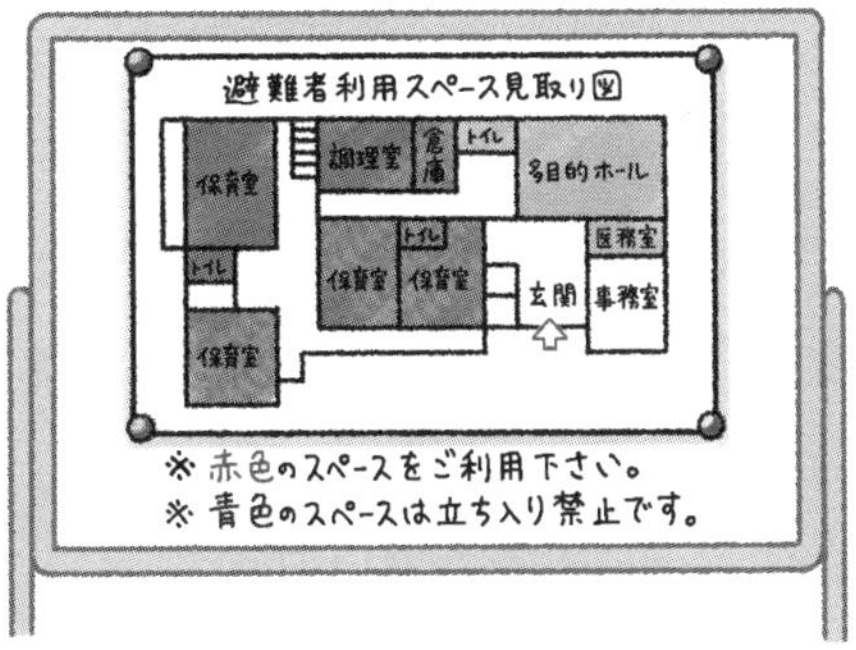

避難者が利用できるスペースを視覚化して掲示しよう。

園でできることはたくさん！

子どもと保護者の心のケア

災害時や被災後の避難生活は子どもにも大人にもストレスを与えます。園児や保護者の心のケアとして園では何ができるのか、考えてみましょう。

Check 1

保護者の生活状況を把握する

子どものためにも、保護者の心のケアは大事。まずは保護者の状況を知ることから！

安否確認と同時に保護者の状況を確認！

被災後、子どもは保護者と一緒にいるだけでも安心します。でもその保護者が、涙が止まらなかったり、怒りっぽくなったりと、精神的に不安定だと、子どもも不安を抱えます。子どもの心をケアするためにも、被災後の早い段階で保護者の生活状況を確認しましょう。

このとき、自宅の被害の程度、避難所生活かどうか、仕事や生活の様子などを聞き取ります。保護者の様子次第では、自宅や避難所へ行って直接話します。

ここで経済的な悩みなどを相談された場合、曖昧に「行政に相談してみてください」と言うのはＮＧ！不安を抱える保護者は、「突き放された」という思いを抱いてしまいます。下記の相談窓口を伝えるなど、具体的に対応すると、信頼関係が深まり、子どものケアにもつながります。

被災時に役立つ相談窓口

相談窓口	相談内容	運営母体
法テラス	無料で経済・法律的な悩み相談できる。	日本司法支援センター
こころの耳	仕事・生活・心の健康など、さまざまな悩みについて、各種相談窓口に電話やメールで相談できる。	厚生労働省
全国のハローワーク	被災による失業、それにともなう失業手当の手続きや就業支援などの相談ができる。	厚生労働省

Column

コロナ禍でも保護者の不安や動揺が

地震などの災害とは異なりますが、新型コロナ感染拡大時のある園では、一番苦労したのが、保護者の不安への対処だったそうです。

緊急事態宣言時は、気になる保護者への支援がしたくてもできず、緊急事態宣言解除後は、感染を恐れて登園させない保護者や、登園させてもナーバスにソーシャルディスタンスを求める保護者の姿もありました。

こうした姿の裏には、保護者の大きな不安があります。この不安や動揺は、災害時でも同じ。園がいくら保育を再開する準備を整えても、保護者の不安が強いと、園と家庭の足並みがそろわず、元の保育に戻すのが難しくなります。

被災後は、園にもなかなかゆとりがないのが現実ですが、こうした保護者がひとときでも落ちつけたり、不安を吐き出せたりする場をつくるだけでも意味があります。

Check 2

保護者と子どもの心身の状態をチェック！

保護者と子どもの心身の健康状態を客観的に把握しつつ、具体的なアクションにつなげましょう。

チェックシートで心身の健康状態を把握

被災のストレスは大人にも子どもにも思いのほか大きいもの。一見穏やかでも手足は震えていたり、片頭痛やめまいがあったりと、心身の不調が現れることがあります。そのような不調を不安に思う保護者には「恐ろしい経験をしたらこうした症状が出るのは当然」と、異常ではないことを伝えてください。

その上で、保護者自身と子どもの心身の健康状態を客観的に把握できるよう、下記のようなチェックシートで確認することを勧めます。もしも、心身の不調が大きい場合は、右ページの表の相談窓口を紹介するなど、専門家につなぐことも大事です。

Let's ダウンロード！

心のケアチェックリスト
（大人用＆子ども用）

心のケアチェックリスト（大人用）

□	睡眠障害(不眠、悪夢)がある
□	孤立感、意欲の減退がある
□	強い不安がある
□	イライラする、怒りっぽくなる
□	選択肢や優先順位を考えることができない
□	判断力や決断力が低下している
□	頭痛、筋肉痛、胸痛がある
□	下痢、胃痛がある
□	動悸、震え、発汗がある
□	ちょっとしたことでけんかになる
□	食欲不振や過食の傾向がある
□	飲酒や喫煙が増大している

心のケアチェックリスト（子ども用）

□	イライラしている、機嫌が悪い
□	一人になることや、見知らぬ場所、暗い所・狭い所を怖がる
□	少しの刺激（小さい物音、呼びかけなど）にも驚く
□	突然興奮したり、パニック状態になったりする
□	現実にはないことを言い出す
□	落ち込む、表情が乏しくなる
□	食欲がなくなる、あるいは食べ過ぎる
□	寝つきが悪くなる、何度も目を覚ます
□	嫌な夢を見る、夜泣きをする
□	暗くして寝ることを嫌がる
□	何度もトイレに行く、おねしょをする
□	吐き気や腹痛、下痢、めまい、頭痛、息苦しさがある
□	喘息やアレルギー症状が強まる
□	赤ちゃん返りする、甘えが強くなる
□	食べさせてほしがる、トイレへ一人で行けない
□	大人が見えないと泣きわめく
□	反抗的になる、乱暴になる

子どもへの虐待にも要注意！

被災後は、子どもへの虐待件数が増加する傾向にあります。多くは、保護者がストレスを子どもにぶつけてしまうケースです。こうした虐待につながらないようにするためにも、園が保護者の生活状況を知り、保護者自身のケアをすることが重要なのです。

同時に、子どもの心身に異変がないかをチェック。もし体にあざなどを見つけたら、園長同席の上で撮影し、日付とともに記録。数日中に新たなあざができたり、あざの数が増えていたりしたら、病院での受診を検討します。すぐに受診が必要な場合は、保護者に連絡し、病院へ。また、子どもを守るためにも、ためらわずに児童相談所や福祉事務所へ通告することも常に視野に入れておきましょう。

Check 3

被災後の保育で気をつけたいこと

被災後の落ち着かない生活の中、園での時間は安心できるひとときにしたいもの。子どもの心に寄り添った保育や言葉がけとは？

生活とあそびでケア

被災後は子どももストレスを抱えています。園にいる時間だけでも、被災前と同じ生活を保障したいものです。特に、食事や午睡などの生活のリズムを整えると、心身の健康につながります。

一方、あそびでは一斉の活動を避け、子どもがそれぞれのペースであそべる環境を整えましょう。好きなあそびに没頭できれば、子どもの心のケアも進みます。

被災後の子どもの姿として、玩具を壊したり、保育者に過度に甘えたり、という姿もあります。これらは、ストレスを発散するための子どもなりの工夫。「ダメ」と一刀両断するのではなく、行動の裏にある思いを探って共感したり、満足するまで手をつないだりと、おおらかに接することも大事です。

災害の話は慎重に

熊本地震の際、こんなことがありました。前震の後、ある保護者が子どもを安心させようと「もうこんな大きな地震は来ないよ」と話したところ、2日後に本震が発生し、子どもが「もう信じない！」と怒ったそう。不確かな発言は、子どもにとっては嘘をつかれたのと同じです。

災害は不確かなことばかり。台風や水害でも、「もうあんな強い雨は降らないよ」とは言えないはずです。それよりも、事実は伝えた上で「でも大丈夫。何度も立ち直ってきたからね」と希望がもてる言葉を添えたいところ。言葉一つ一つを慎重に使うことが、子どもの不安に誠実に向き合うことにつながります。

国崎チェック!

東日本大震災では、子どもが「地震ごっこ」をしたり、被災時の光景を暗い色調で描いたりする姿も見られました。これらは、災害を子どもなりに受け止めようとする自然な姿。温かく見守りましょう。

お家の前の川があふれてすごかったの
怖かったね
でも、雨を降らす雲が遠くへ行ったから、川の水も少なくなるよ

Check 4

食事習慣で心身をケア

食べることは生きること。園の給食が心のケアにつながります。口腔ケアも大事にし、食事習慣を整えましょう。

メンタル面に効果大！ 食事で心身のケアを

メンタル面に特に大きな影響があるのが食事。被災時の家庭の食事は、市販の弁当だったり、おにぎりや菓子パンだけだったりと、栄養バランスが悪いのが実状です。特に弁当は油物が多く、大人向けのメニューなので、その中から子どもが食べられそうな物を食べさせるという生活が続きます。

そんな中で、子ども向けのメニューが提供できる給食は貴重な存在。体調が整うだけでなく、友達と楽しく食べることが生きる希望につながります。ゆったりとした環境で食事をすると、栄養の吸収率が高まり心も安定するので、被災後の大変な状況ではありますが、食事環境を整えることを園でも優先してほしいです。

国崎チェック！

食事は、せかさず一人一人のペースに配慮しましょう。どうしても食欲がない子には、スープやゼリー系の栄養補助食品など、のどを通りやすいものを。

生活リズムを戻すためにも 口腔ケアを忘れずに！

避難所生活では、食事をする時間が不規則になりがちです。また、ある程度落ち着くと、避難所には常におやつなどの食べ物があり、ボランティアの人たちが善意で子どもにお菓子を与えることもあるため、子どもはだらだら食いになり、食事のリズムが崩れがちです。生活リズムを戻すためにも、虫歯をつくらないためにも、保護者と連携して、規則正しい食事と歯磨き習慣をおろそかにしないようにしましょう。

ちなみに子どもが避難所生活をしている場合は、保護者との面談や出張保育などで避難所へ出向いた際に、生活の様子をよく確認することを勧めます。衛生環境や防犯上の問題がないかどうかを確認しつつ、どのような避難生活を送っているのか、保護者からの聞き取りも忘れずに。

国崎チェック！

登園中はメリハリのある時間を過ごせますが、避難所に戻ると生活リズムが崩れてしまうことがあります。登園が難しい子どもも含め、生活リズムを戻すきっかけとして、口腔ケアは大事です。

またお菓子もらっちゃった！ママ、取っておいて
えらい！
先生とも約束したからね
おやつの時間まで取っておくね

被災してても、しなくても！ 職員の心のケア

被災すると、職員は、園の後片付けや子ども・保護者への配慮などで大忙し。職員自身が被災すれば、さらに厳しい状況下に置かれます。職員の心のケアは、子どもの心のケアと同じくらい大事です。

Check 1 心が折れないための配慮ポイント

職員が抱える不安はさまざま。互いに配慮しつつ、支え合うためのポイントを4つ挙げます。

①ヒアリングは個別に

被災後は、後片付けなどに追われ職員は多忙を極めますが、なるべく早い段階で、園長や主任が職員の被災状況をヒアリングしましょう。

その際、家庭の事情などが絡み、ほかの職員の前では言いづらいこともあるので、必ず個別にヒアリングをしましょう。被災状況だけでなく、必要な支援についても話し合えると、職員の安心につながります。

ようやく仮設から出られるのよ
そう、よかったわね
うちはまだまだ……

②何気ない会話にも配慮を

被災後に気をつけたいのが「復興のスピードは人それぞれ」ということ。例えば、ある職員が「仮設住宅から出られる」と話すと、まだ出られない職員は焦り、ストレスにつながります。園長や主任は、復興が加速し始めた際の注意事項として「相手を焦らせるような言動をしない」配慮が必要であることを、職員全員にあらかじめ伝えましょう。

③同僚の変化に気づく

人は不安を抱いたり疲れたりすると、笑顔がなくなったり、声をかけても返事がなかったりと、何かしらサインを出します。同僚のそんな変化に気づいたら、主任や園長に伝え、個別にヒアリングできるようにしましょう。それでも改善しない場合は、臨床心理士などの専門家につなぐことも大切です。

④経営情報は随時伝える

経済面での不安は、被災後の大きなストレス要因。「園は存続するのか」「給料は減額されるのか」など不安を抱えながら、使命感だけをよりどころに頑張ると、職員の心は折れてしまいます。運営側は、早い段階で今後の経営について説明する必要があります。詳細が決定していなくても、経緯を随時伝える誠意が求められます。

Check 2

被災直後の丁寧な対応がカギ！

2020年、熊本県などで発生した豪雨では、球磨川流域の園の職員たちも被災。4園の園長に、当時の被災後の職員対応について聞きました。

経験から学ぶ！

令和２年７月豪雨

2020年7月3日～31日

熊本県を中心に、九州・中部地方などで発生

甚大な被害があった熊本県では、７月３日明け方から雨が降り始め、７月４日午前０時ごろより急激に降水量が増加。人吉市では球磨川やその支流で氾濫が起こり、建物や橋梁の崩落・流失、浸水による被害が生じ、人的被害をも招く大災害となった。

被災直後の職員への対応は

令和2年7月豪雨では、建物の全・半壊だけでなく、車が水没して移動の手段がなくなった人が多くいました。また山間部では、土砂崩れによって道路が寸断され、車があっても通勤・買い物の移動ルートを断たれました。園の職員も例外ではなく、通勤できなくなった人もいます。

そんな被災直後の状況下で、各園の園長は、とにかく職員の安否確認をすると同時に、一人一人に何が必要かを聞いて支援物資を届けたそうです。一方、職員の安否確認をした後で通信網が1週間以上も寸断され、その後の情報が入ってこない状況に陥った園もありました。

被災の経験談を聞いた4園は、園自体の被害はほとんどありませんでしたが、園長・職員の自宅が被災。避難生活が数か月続いた人もいます。

アヴニール・おこば子ども園園長

永田ミキさん

被災した職員は家庭を優先

被災直後は個別に職員からヒアリングをして、被災した職員には、まず家のことに専念できるよう休んでもらいました。一方、被災していない職員からは、被災した職員にどう声をかければいいか分からないという相談がありました。私自身も被災したので、まずは自分の状況をオープンにして情報を共有することに。すると、被災したほかの職員も、遠慮せずに必要な支援を頼めるようになりました。また、園内でも「出勤できる職員で保育を頑張ろう」という雰囲気が生まれました。

被災した職員とつながり続ける

職員の半数が被災し、しばらくは休園。休園中は、動ける職員たちと一緒に、避難所で園児やほかの子どもたちの保育をしていました。私自身は被災していませんが、被災した職員同士での情報のやり取りが支えになったという話を聞きます。また、被災しなかった職員も、被災した職員の自宅に支援物資を届けるなど、やり取りを重ねました。

こがね保育園園長

中井久美さん

仕事が息抜きになる職員も

被災当日、被災した職員はみんな避難所へ行っていました。出勤が難しい職員には家庭を優先してもらったのですが、「自宅の片付けと避難所での生活ばかりが続くと辛いので、仕事をしたい」という職員もいて、本人の意思を尊重し、その人のペースで出勤できるようにしました。被災しなかった職員は、退勤後や休日に、被災した職員宅へ交代で手伝いに行きました。

さざなみ保育園園長

平山　猛さん

Check 3

時とともに変わるストレス要因と支援

被災した職員の住まいは、避難所、そして仮設住宅へ。
変化するストレスの要因に合わせて、支援できることは？

災害から復興へ……
ストレス要因も変化

被災し避難所に移った職員にとっては、避難所生活自体がストレス。「早く仮設住宅へ移ってゆっくりしたい」という思いが強かったそうです。でも仮設住宅に入っても、大雨で避難指示が出るたびに、被災時のことがフラッシュバックし、「出勤するのが怖い」と連絡する職員もいたそうです。

そして、仮設住宅から自宅の再建へと向かい始めると、今後の生活設計で不安を抱えるなど、新たなストレスが発生。加えて、再建に向けた手続きなどで慌ただしくなります。お話を聞いたどの園でも、相談に応じていつでも休めるよう、ゆとりをもって人員を確保するなど、勤務体制を整えていたそう。また、どんなことでも相談できる雰囲気づくりも欠かさなかったことが、お話からうかがえました。

すみません、大雨がどうしても恐ろしくて……
大丈夫！
園のことは心配しないで。気持ちが落ち着くまで、しっかり休んでね。

保育そのものが心の支えになることも

菊池さくら保育園園長
本藤　潔さん

ひとこと

熊本県では水害以外に熊本地震も体験していますが、熊本地震の経験で特に痛感したのは、気が張っている被災直後よりも、ある程度時間がたったときこそ、健康管理や心のケアが重要になってくる、ということ。そんな中でも、保育を通して、少しでも人の役に立つことが、被災した職員自身の心の支えになり、モチベーションを上げることにつながっていたのも印象的でした。

ストレスはあっても仲間の思いが心の支えに

被災した職員の中には、なかなか復興の見通しが立たない人もいました。ストレスも多い中、改めて実感したのは、これまでに培った職員同士の絆の強さ。被災した職員は、ほかの職員に安心して仕事を託し、復興作業に専念できていました。また、仕事の合間に復興の手伝いに行く職員の姿もありました。そんな仲間の思いが、被災した職員の心の支えになっていました。

アヴニール・おこば子ども園園長
永田ミキさん

ひとこと

日頃から心がけてきた「リフレッシュできる環境」

さざなみ保育園園長
平山　猛さん

ひとこと

園ではもともと、「ストレスではなくエネルギーを溜める」ことを意識した運営を心がけてきましたが、被災後もそれを続けています。例えば、研修時にサプライズでスイーツパーティーを開いたり、職員が休みたいときに休める体制を常に整えたり……。リフレッシュできる環境があれば、前向きになれるし、エネルギーが湧いてくると信じています。

Check
4

園長・主任の負担を軽くするには

園全体を見守る園長、保育現場を見守る主任も、責務の重さゆえに、心の負担が大きいです。園長・主任の心のケアはどうすればよいでしょう。

園長先生、ちょっと休憩しませんか？
仮眠できるコーナーも用意しましたので……
あっ そういえばずっとトイレにも行ってなかった……

園長や主任の「不在」を常に想定して

職員から運営上の判断を常に求められ、災害対応でも重責を担っている園長や主任。でも被災状況によっては、園長も主任も出勤できない場合もあり得ます。いざというときに備え、園長や主任が責務を一身に背負うことなく、職員全員で対応できるシステムを考えておきたいものです。

また、災害対応マニュアルの中に「職員の心のケア」の項目を入れ、園長・主任のサポート担当も決めておくと安心です。責任ある立場の人は、職員のサポートはしても、自分自身はサポートされにくいもの。緊急事態時も「園長先生、ずっと休んでいませんね。30分でも休憩しましょう」と促してもらえると、ストレスの軽減につながるはずです。

熊本の豪雨を経験した地域では、月に1度園長会を行い、職員には話せないようなことも相談しているそう。園長同士で気持ちを分かち合える場をつくるのも、心の負担を軽くすることにつながります。

でも何より大事なのは、園長・主任自身が頑張りすぎないこと。「自分がいないと」ではなく、「自分がいなくても」成り立つ体制を日頃から整えておきたいですね。

臨床心理士の配置などメンタル支援の充実を

被災後、保護者の相談を受け、知り合いの臨床心理士に園に来てもらったことがありました。そこで感じたのは、外部の専門家に入ってもらうことの重要性。園児や保護者だけでなく、園長や主任も含め職員が思いを吐き出せる場として、臨床心理士に定期的に来てもらえると心強いと思います。願わくは、園医のように臨床心理士もいるシステムがあれば、メンタル面でも安心な組織づくりができるのではないでしょうか。

こがね保育園園長
中井久美さん

ひとこと

一人で抱え込まない！チームで乗り切る

園長は園の運営すべての責務を負ってはいますが、保育現場は主任に、調理場は調理師に任せて、肩の力を抜くようにしています。また、現場の職員はなるべく一人で責任を負わず、ペアでカバーし合ったり、チームで乗り切ったりするスタイルを大事にしています。そうすることで、自分一人で責任を負うストレスを抑えるだけでなく、カバーし合うなかで「誰かの力になれている」ことがエネルギーの源にもなっているようです。

菊池さくら保育園園長
本藤　潔さん

ひとこと

再開までの道筋を知る！
休園になったら

地震・水害などで園が大きな被害を受けると、子どもを受け入れられなくなり、休園せざるをえません。そのとき、園長をはじめ職員はどう行動すればよいのでしょうか？
休園から保育の再開までの道筋を知っておきましょう。

Check 1
どんな状態なら休園？

休園になるのは、園舎や園庭に大きな被害がある場合だけではありません。実例とともに紹介します。

近隣の状況も確認！

園舎が倒壊したり、亀裂が入ったりした場合は、もちろん休園。大災害では、こうした被害を受け休園する場合が多いです。

一方、園自体に被害がなくても、隣の建物が園側に傾いていつ崩壊するか分からないような状態であれば、園児を受け入れるのは危険。通園路ががれきで塞がれたり、地割れが発生したりで不通になった場合も同様です。被災時は、自園だけではなく近隣の被害状況も確認するようにしましょう。

例えば、2016年に熊本地震を経験した益城町立第一保育所では、園舎は無事でしたが、隣家の家屋が崩壊して敷地内になだれ込み、休園になったという事例もあります。

被災時の第一保育所。隣家が崩れ、境界線のフェンスを倒してがれきが園庭になだれ込んでいる。

Column
休園を想定したネットワークづくりを！

災害時は、近隣園も同じように被災しますが、被害状況は園によって異なります。そこで、ふだんから近隣園とネットワークを育んでおくとよいでしょう。公立・私立、幼稚園・保育園・こども園の垣根を越えてつながれば、被災時も物資・人材面で協力し合えて心強いはず。

経済面では、公的資金を利用しようとすると手続きなどで時間がかかるため、NGO・NPO・日本財団などの支援を考えておくことも必要です。それぞれの団体がどのような活動をし、これまでどんな支援をしてきたかを調べて検討しておくとよいでしょう。

Check 2

休園から再開までのロードマップ

被災後に休園が決まったら、園を再開するまでの行程はどうなる？ ロードマップに沿って確認してみましょう。

Stage 1 災害対策本部・行政・園で話し合う

被災後、まずは災害対策本部・行政（子ども課など）・園が話し合い、休園が決まります。次に、補修業者なども入り、園舎を建て替えるか、補修をするかを判断するため、被害状況を調査します。

補修業者は事前にリスト化しておくと安心。地元の工務店や建設会社、ライフラインなら自治体の指定給水装置工事事業者などです。

Stage 2 被害状況によりいずれかに決定

休園が決まったら、建て替え・補修・後片付けの3つのうちいずれかを進めます。建て替え・補修の場合、まず業者が見積りを作成。それをもとに、費用をどう捻出するかを検討しつつ、業者と建て替え・補修計画を立て、休園期間や今後のスケジュールを検討します。

後片付けの場合は、倒れた棚、落下物などを元に戻し、汚れた床などを掃除。破損した設備などの買い替え、修理があっても、比較的短期間の休園となります。

国崎チェック！

建て替え・補修の予算では、行政のアドバイスを受けつつ、利用できる助成制度を検討します。申請書の作成方法については、保育関係の連盟や協会に知恵を借りるのも一案。

Stage 3 行政と連携して建て替え・補修

建て替えの場合は、工事期間の仮設施設の選定、移転作業があります。行政と話し合いながら仮設できる場所を選定し、プレハブ園舎を建てたり、近隣園・学校に間借りしたり、などといった手続きをします。同時に、元の園舎から書類・遊具・備品などを、安全に留意しつつ持ち出し、安全な場所に保管します。補修の場合は、移転作業はないケースもありますが、後片付けの作業は必要です。

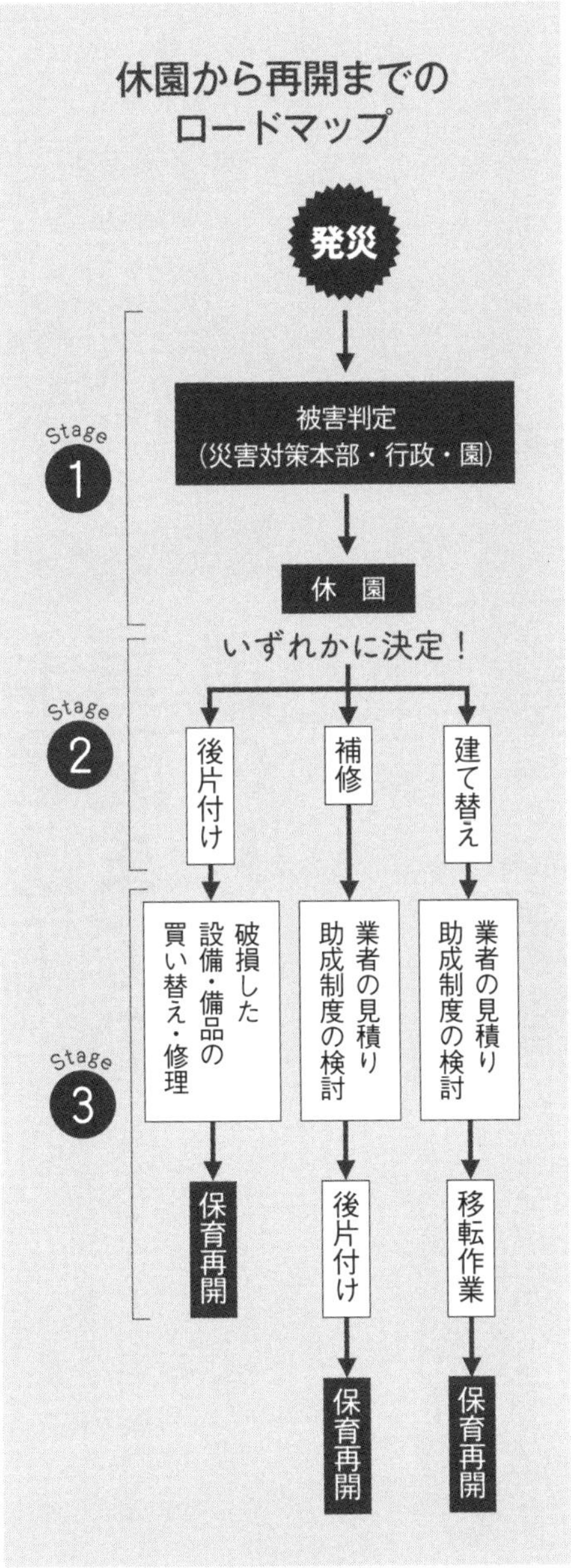
休園から再開までのロードマップ
発災
Stage 1
被害判定
（災害対策本部・行政・園）
休園
Stage 2
いずれかに決定！
建て替え
補修
後片付け
Stage 3
業者の見積り 助成制度の検討
業者の見積り 助成制度の検討
破損した設備・備品の買い替え・修理
移転作業
後片付け
保育再開
保育再開
保育再開

国崎チェック！

仮設施設の場所を決めるときは、既存施設を借りる場合も、プレハブ園舎を建てる場合も、園児の通園を考慮して、元の園から近い場所を選ぶことが重要です。

経験から学ぶ！

第五保育所
（熊本県益城町）

熊本地震で被災
2016年4月14日
21：26、16日1：25
いずれも震度7

ドキュメント

休園から再開までの道のり

熊本地震で園舎が被害を受けた益城町立第五保育所。休園から通常保育再開までを、当時の園長先生に聞きました。

前震発生翌日

園舎周辺の地盤が崩壊!!

前震の翌日、当時の園長の楢木野清美さんは、自宅が全壊したにもかかわらず、園へ向かいました。敷地周辺の地盤が崩壊して園舎は傾き、「地震に強い」と言われていた裏の竹林がなぎ倒されている状況を見て絶句。

まずは、常勤の**職員4名の安全を確認**。状況を見て数日後、**書類、園児の所持品、教材・遊具などを可能な限り運び出しました**。しかし保管場所がないので、益城町役場のこども未来課に相談し、他園のスペースを借りました。

同時に、**携帯電話で子どもたちの安否を確認**。数日かけて全員の無事を確認しました。

国崎チェック!

園の建物を耐震化しても、地盤が弱ければ被害は大きくなります。地盤調査をして、必要であれば改良工事も忘れずに！

激しい地盤沈下が見られる第五保育所の敷地。

2016年4/14 前震発生

4/16 本震発生

4/18 避難所運営業務（10日間）

小学校の間借りが決定

移転先を決め保育再開の準備

本震で園舎はさらに被害を受けて使用不可となり、**移転先を決めることに**。楢木野さんは、行政から提案された候補施設の一つ、益城中央小学校を選択。保小連携の一環で同校と交流があり、子どもたちが慣れている場所だったことがいちばんの理由でした。

2つの教室を借りられることとなり、**保管していた荷物は、4名の職員とその家族、非常勤職員数名で運搬**。学校のトイレは使用不可だったため、**外に仮設トイレを設置**。子ども用補助便座を付け、トイレへの通路にはすのこやテントを置き、雨の日対策もしました。

子どもの目線の位置に「トイレ」の表示を貼った。

広い廊下が倉庫代わりに。

第3章 被災・被害時の対応

保育再開

小学校で保育を再開するが……

本震から1か月後、**小学校で保育を再開**。2日目から保育時間は通常通り、3日目には**簡易給食も提供**し始めました。食器は衛生管理上、紙皿を使用しましたが、子どもには使いづらかったようです。飲み物はペットボトルのお茶や水で、毎日、名前シールを貼って友達の物と間違えないように配慮しました。

校庭は駐車場と化していたため使えず、外あそびができる場所はわずか。近隣も危険で散歩などできません。室内でも、別の教室には小学生がいるため、園児の泣き声が響かないように気遣いながらの保育。通常保育からは程遠いものでした。

広い廊下を使って、簡易給食を提供。

第五保育所・楢木野さんから

子どものストレスを軽減することに苦心しましたが、園児が集まり、友達と一緒にいるだけで笑顔になる姿を見ると、早く再開できてよかったと思いました。

4/25 小学校の間借りが決定

5/16 保育再開

9/1 仮設園舎で保育開始

2019年3/4 新園舎で保育開始

仮設園舎で保育開始

通常保育が本格始動！

本震から約4か月半後、町の総合運動公園内に仮設のプレハブ園舎が完成し、**通常保育がスタート**。でもこの園舎は、園児を迎えるには素っ気ないものでした。そこで床にクッション性のカーペットを張り、柵やテラス、階段を作り、下駄箱を置くなど、**園児の安全面を考えて手を加えました**。プレハブ園舎は町が設置しましたが、手を加えた部分の費用は、NGOの支援団体が負担。発災後、支援団体から問い合わせがあり、楢木野さんが交渉して実現しました。

なお、問い合わせの中には園児や職員の心のケアを考えた活動もあり、とても助けられたそうです。

運動会も無事開催でき、園児も保育者も満喫しました。そして発災から約3年後、ようやく新しい園舎での保育が始まりました。

プレハブ園舎の入り口は高く、階段を設置。

第五保育所・楢木野さんから

立ち止まって考える暇はなく、園の判断だけで動けないことはこども未来課と密に連絡を取りつつ、とにかく前進。でも、通常保育が始まり職員の笑顔が戻ったことでホッとしました。

被災時は力を借りてOK！

支援が必要なとき

後片付けや園の再開に向けた準備など、被災後はやることがいっぱい。自園だけでどうにかしようとせず、受けられる支援を知り、ぜひ助けてもらいましょう。

Check 1

誰に支援を求めたらいい？

被災時はいろいろな人や団体の力を借りてOK。どんな支援団体があるのか、確認しておきましょう。

園の再開を目指して事前に支援窓口をチェック！

日本人はボランティアの支援を受け慣れていないために、「こんなことをお願いしてもいいの?」と遠慮しがち。でも、困ったときはお互いさまです。一日も早い園の再開を実現するためにも、積極的に支援を受けましょう。

では、どこに助けを求めればよいでしょうか。例えば、各都道府県にある協議会・連合会・連盟などの保育関連団体、NPOの災害支援団体、各自治体で立ち上げるボランティアセンター、このほか企業団体、クラウドファンディングを立ち上げている団体など、実はいろいろな窓口があります。

これらの団体にできることは大きく分けて2つ。一つは、主に後片付けを手伝う人的支援。もう一つは、物的支援です。支援を求めるときには、人手と物資のうちどちらの支援を必要としているのかを伝え、何をしてほしいかを具体的に伝えることが重要です。

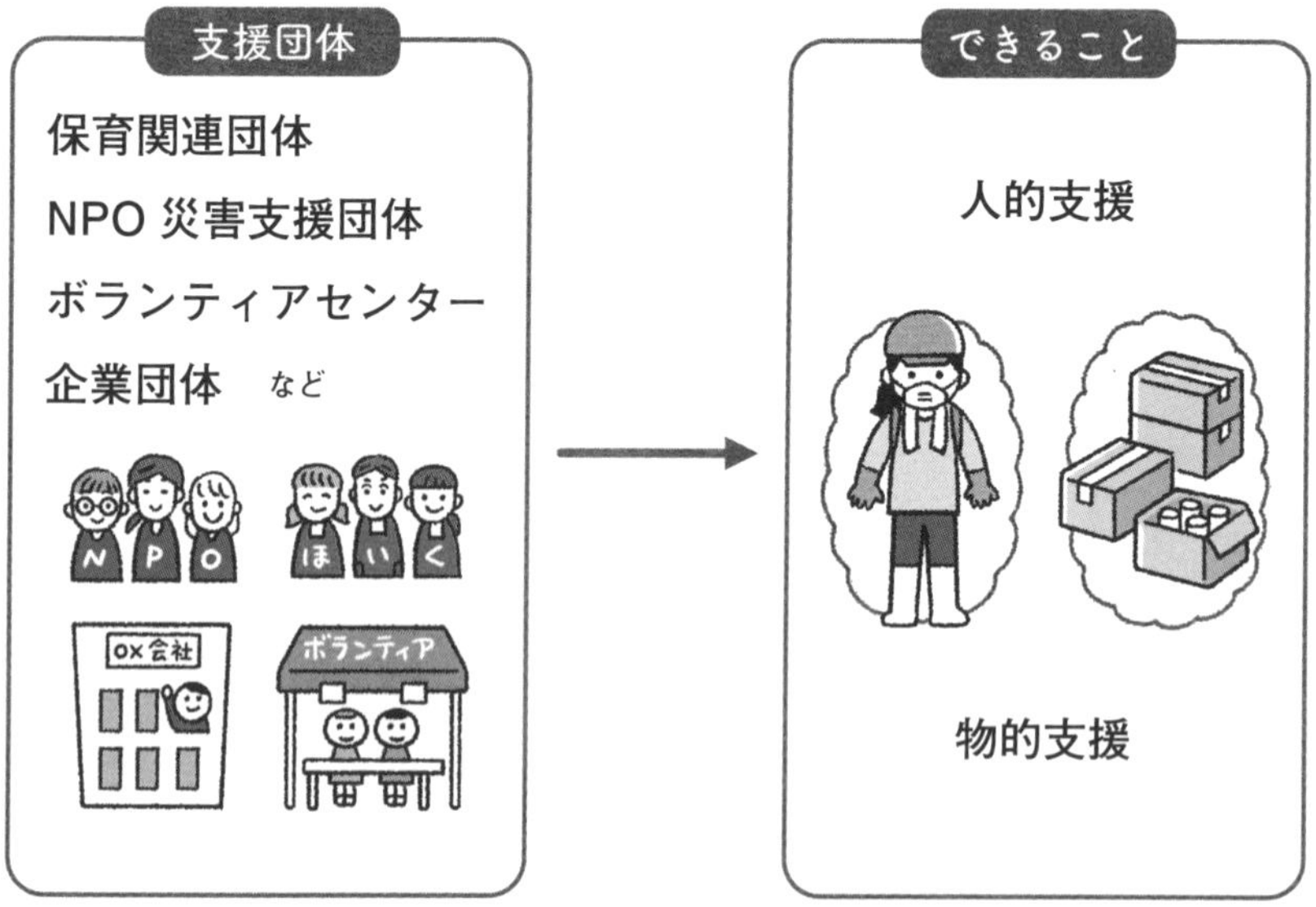

Check 2

人的支援を受けるには

被災後、最も手間がかかるのは後片付け。水害による汚泥の除去、地震により壊れた設備類の運び出しなど、人手が必要なときの依頼窓口を事前に知っておきましょう。

人手が欲しいならまず、ボランティアセンターへ

被災後1～2週間ほどで、各自治体に設置されている全国社会福祉協議会が中心となり、ボランティアセンターを開設します。ボランティアセンターとは、各地から駆け付けた個人・団体の支援者を受け付けてまとめ、被災現場へ派遣する窓口のこと。人的支援が必要な場合は、まずボランティアセンターに支援を申し込んでおきましょう。

申し込み時には、被害状況とともに、支援を必要としている作業の内容を具体的に伝えます。ただ、支援者の必要人数によっては、希望する日に派遣してもらうのが難しいことも。その場合を想定し、ボランティアセンター以外の第二の窓口も考えておきましょう。

第二の窓口は保育関連団体やNPO法人

第二の窓口として考えられるのは、全国保育協議会・日本保育連絡協議会・全国私立保育連盟・私立幼稚園連合会など、各園が加盟している団体。さらに、日本財団やNPO法人も、人的支援の窓口になります。まずは各団体に直接連絡をして、支援を受けられるかどうか尋ねてみましょう。

ところで、まだこちらが支援依頼をしていないにもかかわらず、こうした団体が園を訪れる場合もあります。その際は、身分証明書の確認を忘れずに。悲しいことですが、被災の混乱に乗じて、団体名を騙った犯罪行為が行われた例もあります。警戒を怠らないようにしてください。

国崎チェック!

SNSなどを経由して、個人の支援者が直接園を訪れようとすることがあります。ありがたい話ですが、こういったケースでは後々トラブルが起きることも。安易に受け入れず、ボランティアセンターを介してもらいましょう。

支援団体リスト

社会福祉法人 全国社会福祉協議会
https://www.shakyo.or.jp

日本財団
https://www.nippon-foundation.or.jp

認定NPO法人
全国災害ボランティア支援団体ネットワーク
https://jvoad.jp

NPO法人 国際ボランティア学生協会
https://www.ivusa.com

Check 3

必要な物資の支援を受けるには

後片付けがひと段落すれば、園の再開準備が始まります。災害で失われた物資を調達するときは、どんな支援が受けられるでしょうか。

必要な物を明確に伝え協力を仰ぐ

必要な物資の支援ができる団体もあります。先に挙げた、加盟している団体・日本財団などはもちろん、保育関連学会などの研究機関、保育者養成校なども視野に入れてみましょう。人的支援は難しくても物的支援なら……という場合もあります。遠慮せず、まずは協力を仰いでみてください。

熊本地震の事例では、給食やおやつの食材が調達できず園の再開が遅れていたところ、問い合わせた保育関連団体の所属メンバーの協力で全国から食品が届き、無事再開できたということもありました。

依頼する際のポイントは、具体的にどんな物が必要かを伝えること。前述の園のケースでは、ふだんの給食やおやつのメニューを伝えたことで、必要な食品が届いたそうです。

助かるわ
粉ミルク
かん
みかん
せんべい
クッキー
○○保育園
○○保育園

災害協定を結ぶ企業やクラウドファンディングも

自治体と災害協定を結んでいる企業に協力を仰ぐのも一案です。災害協定とは、災害発生時に、人的・物的支援をする協定のこと。そうした企業に依頼する場合は、行政の担当部署にまず相談しましょう。行政がどんな企業と協定を結んでいるかを事前に調べておき、いざというときも迅速に企業に支援してもらえるように、行政の担当部署と話し合っておきましょう。

このほか、災害時に支援団体が立ち上げるクラウドファンディングもあります。日本赤十字社に送る支援金を集めたり、集まった支援金で物資を購入して被災地へ送ったりと、さまざまな活動があるので、被災したらクラウドファンディングのサイトをチェックし、ファンドを立ち上げている支援団体に依頼してみるのもいいでしょう。

○○乳業
承知しました
任せてください
子どもたちの給食の材料に困っていまして……

国崎チェック!

クラウドファンディングを立ち上げている団体を紹介しているサイトに「READYFOR（レディーフォー）」（https://readyfor.jp）があります。さまざまな支援団体がプロジェクトを立ち上げていますが、中には物資提供を目的とする団体もあるので、調べてみてはどうでしょうか。

Check 4

専門性の高い支援・地域での助け合い

専門技術者や保育者の人的支援が必要なときはどうする？
また、同じ地域の住人同士での助け合いについても考えましょう。

専門技術者や保育者の協力を得るには

必要な人的支援の中でも、専門的な技術や知識がある人が求められることもあります。

例えば、後片付け作業の中でも、重機が必要になるケース、園舎の修繕が必要なケースもあるでしょう。その場合は、人的支援を申し込む際に、重機の運転免許証、電気工事資格などをもっている専門技術者の支援が必要なことを必ず伝えてください。

また、園を再開した際に、被災した保育者がしばらく休職する場合は、代わりの保育者も必要になります。近隣の園同士で協力し合うこともありますが、それも難しい場合は、保育関連団体に保育者の派遣を依頼してみましょう。保育者養成校に支援を依頼して、保育者を目指す学生の協力を仰ぐのも一案です。学生にとっても、社会貢献をしつつ、保育を実践的に学ぶチャンスになるのではないでしょうか。

顔が見える者同士、地域で助け合って

一日も早く園を再開したいと思っても、支援者が到着するまで時間がかかることも。そんなときは保護者や地域の自治会の人たちに手伝ってもらうのも一案です。そのためにも日頃から互いの避難訓練に参加したり、運動会や発表会に招待したりして、地域住民との交流を大切にしたいものです。

逆に、園の被害はさほどでもなく、地域住民が受けた被害が大きいときは園の職員が支援に向かう、というような協力関係を築いておけたらいいですね。

国崎チェック！

被災時は地域の人的資源でまかなえるのなら、それがベスト。地域住民の中に、先に述べたような専門技術をもった人がいれば、その人に助けてもらうのがいちばんです。日頃から互いに交流を重ねていれば、そうした情報も得られるはずです。

Column

ボランティアの受け入れ時に気をつけたいこと

支援者が訪れたその時点で「さて、何をしてもらおうか」と考えるようではいけません。支援を要請したら、事前に作業計画を立て、集まった人数で1日にどこまで作業するかを検討しておきましょう。

また、支援者には弁当、飲み物など持参する物を事前に伝え、到着したら、休憩・水分補給の時間を確保したタイムスケジュールと、休憩場所やトイレの場所を伝えるのを忘れずに。

特に、夏場の後片付けの作業は重労働。30分作業したら10分間の休憩を入れる、お昼休みは1時間……など、季節や環境も考慮して、支援者の健康を損なわないような配慮が必要です。

Check 5

ボランティアの心得

園が所属する団体から依頼され、支援者として、被災地の園で活動することもあるでしょう。服装や持参する物などの基本的な情報をチェック！

被災者に配慮し、自己完結を心がけて

被災地へ行くときは、自分で宿泊場所を確保し、飲み物・食べ物も持参します。全て自己完結を心がけてください。

支援内容は後片付け作業が主なので、それに合わせた服装を用意します。けが防止のための長袖の服、ゴム手袋、安全靴や長靴など。汚れをともなう作業が多いので、着替えは多めに用意しましょう。また粉塵が舞うこともあるので、できればマスクは粉塵用のもの、目にはゴーグルを装着すれば安心です。

ボランティアとして被災者の気持ちに配慮することも忘れずに。例えば、後片付け作業ではたくさんの物を廃棄処分します。でも、いくら廃棄する物でも、被災者にとっては愛着があるはず。乱暴に扱わず、取り扱いに配慮しましょう。被災園に行ったら、「この作業はやりたくない」などと選り好みはせず、職員の指示に従って、相手の気持ちに寄り添いながら作業を進めましょう。

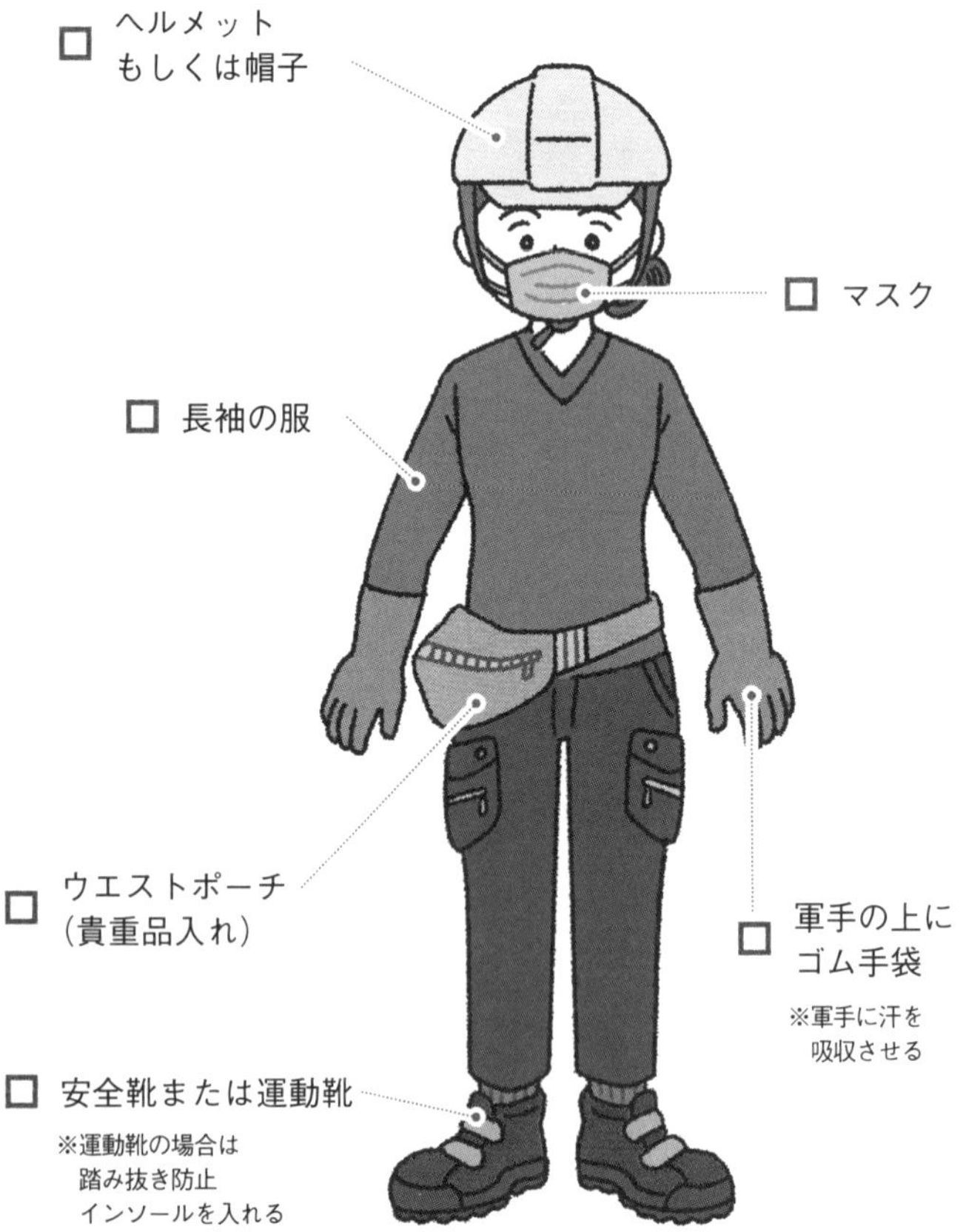
□ ヘルメット
もしくは帽子
□ マスク
□ 長袖の服
□ ウエストポーチ
（貴重品入れ）
□ 軍手の上に
ゴム手袋
※軍手に汗を
吸収させる
□ 安全靴または運動靴
※運動靴の場合は
踏み抜き防止
インソールを入れる

現場への必携品

- □ 雨具
- □ 着替え
- □ 充電器
- □ 大きめのポリ袋
  ※作業中に汚れた物を入れる
- □ 長靴
  ※水害時は必携。踏み抜き防止インソールを入れる
- □ タオル
- □ 健康保険証またはマイナンバーカード
- □ 筆記用具
- □ 常備薬・ミニ救急セット
  ※夏季は熱中症対策として塩飴なども

Column

支援現場へ入る前にボランティア活動保険に加入を

災害の後片付けをする際には、けがをする可能性があります。そのため、被災地に入る前にボランティア活動保険に加入することが必須です。事前に社会福祉協議会で申し込むか、支援当日に現地のボランティアセンターで申し込みます。保険料は 350 ～ 550 円。一度申し込めば、その年度の間は、どこで活動しても保険が適用されます。

保護者や地域の人に協力してもらうときも、万が一のことを考え、この保険に入ってもらいましょう。

第4章

ベストをつくす！

保育時の安全対策

散歩などの日常の活動時や、
遠足や式典などの行事の最中でも、
災害や事件、事故に遭遇する可能性があります。
日々の保育での安全対策をしっかり立てれば、
園の危機管理力はさらに高まります。
子どもたちの安全を守りつつ、
保育を制限しない対策を考えていきましょう。

年度初めから防災防犯対策を！

入園式

年度初めに行う入園式で、いちばん注意したいのは、子どもも保護者も、園の施設をまだ把握しきれていない、という点。それを前提に、特に災害面に留意しつつ、防災防犯対策を立てましょう。

Check 1 入園式までにしておくこと

入園式当日に災害が起きる可能性もあります。それまでにやっておくべきことを紹介します。

緊急時の連絡体制は前年度中に！

新年度の緊急連絡先の整理は前年度中に済ませておくのが鉄則。特に、新入園児や、新任の行政・関係機関の担当者など、新たにかかわる相手の連絡先は、もれなく把握する必要があります。新年度がスタートする前に、古い情報を新しい情報に差し替えましょう。

もう一つ新年度前に検討すべきは、被災時でも強固な連絡ツールを採用すること。緊急連絡網を作っていても、災害時は電話に出られなかったり、固定電話は不通になる可能性が高かったりするため、ふだんからSNSを連絡ツールとして採用するなど、電話だけに頼らないことが大事です。せめて、一斉配信メールシステムは導入したいもの。緊急地震速報や津波速報が発信されたとき、自動で安否確認メールが配信されるものもあるので、より早く子どもと保護者、職員の安否確認ができます。

経験から学ぶ！

全園児の安否確認に3日も……

熊本地震（2016年4月、熊本県益城町で震度7を記録）で被災したある園では、緊急連絡網は作っていたものの、一斉配信メールシステムなどは導入していませんでした。固定電話も不通となったため、職員私用の携帯電話で一人一人の安否を確認しましたが、なかなか電話がつながらず、全園児の安否確認ができたのは3日後。つながりにくかった原因は、保護者自身が被災して電話に出られる状況ではなかったほか、登録していない電話番号だったため、着信しても応答しなかったという保護者もいたから。一斉配信メールがあれば、迅速に安否確認が進んだかもしれません。

保育者の私用携帯電話
○○ちゃんのママ応答して～!!
知らない電話番号……

防災面での受け入れ態勢も入園式までに万端に!

入園前説明会時に、災害時の園の方針を伝えるとともに、入園式で地震が起こった場合についても伝えておきます。余裕があれば、保護者とともに園舎の中を下見しながら、式が行われるホールから園庭までの避難経路を歩いてみるのもよいでしょう。入園式のしおりにも記載しておけば、家族で情報を共有できます。

また、前年度末の5歳児クラスの卒園時に備蓄食料を渡してしまい、新年度入園児の登園が始まるまでの間、備蓄が一時的に少なくなることも。入園式当日に災害が起こる可能性に備えて、入園式前までに新入園児の人数分を合わせた量の備蓄食料にするための補充が必要です。同時に、食料だけでなく、そのほかの防災用品の確認もしておくとよいでしょう。

新入園児の分も合わせると、ギリギリだね
水も、もっと補充しておこう
水
2ℓ

国崎チェック!

複合ビルや商業施設内にある園では、施設の防災センターのマニュアルに従って避難します。そのことをふまえて、保護者や子どもがほかの施設の人の中に紛れ込まないよう、リーダーがしっかり避難誘導しましょう。

式の前に司会進行係が避難方法を説明

参列者の子どもも保護者も、多くがまだ園の施設概要を把握しきれていません。その点では、商業施設を訪れた客と同じ。例えば百貨店では、その場にいる店員がリーダーとなり、慣れない建物内で不安を抱える客にしっかり伝わるよう、大きな声を出して避難経路へと誘導します。入園式でもそれと同様の想定をして準備しましょう。

入園式では事前に、いざというときに、具体的な指示を出す、災害時のリーダーを決めておきます。司会進行係の職員は、式が始まる前に防災のリーダーを紹介し、緊急時はリーダーの指示に従って避難行動をとることを伝えます。

入園前説明会や式開始前に避難方法をアナウンスしたとしても、いざとなると、頭で把握している通りには動けないもの。リーダーの存在と指示が、大きな頼りになります。

防災リーダーの○×さんです
おめでたい日ですが
万が一を想定してお話させていただきます

Check 2

災害発生時の初動をシミュレーション

ここでは、出席者数が多い3歳児の入園式を想定し、地震発生から避難までの初動対応をシミュレーションします。

地震発生！

→

保育者が子どもに身の守り方を指示

担任保育者が「倒れる物から離れて！」と声をかけ、姿勢を低くして頭を守るポーズをして、「みんなも一緒にやって」と伝えます。どうすればよいか分からない子には、保育者が手伝ってあげましょう。

→

保護者への指示

リーダーが「頭を守ってください！」と指示をします。

→

揺れが収まる

→

子どもを保護者のもとへ

担任は子どもを保護者のもとへ連れて行きます。パニック状態になる子もいるかもしれません。まず保護者へ引き渡して安心させてあげましょう。

→

安否確認

子どもや保護者、来賓の中にけが人がいないかを確認します。

→

様子を見て担任は動きやすい服装に

→

外へ出るか留まるかを判断

揺れの大きさや園舎の耐震性を考慮し、園庭へ出るか、そのまま園舎に留まるかを判断します。

→

園庭への避難を決断

リーダーが大きな声で「みなさん、これから順番に園庭へ避難します。担任が先導しますので、指示に従ってください」と伝えます。その後、リーダーは担任に避難できるかどうかを確認しながら、クラスごとに避難指示を出し園庭へ。

国崎チェック!

入園式・卒園式では、職員も袴やフォーマルスーツなど、いつもとは異なる服装。でも災害時には、その服装が足かせになります。袴の場合は、イラストのように両裾を紐で結び、両袖はたすき掛けをして動きやすくします。フォーマルスーツの場合は、普段着を用意しておき素早く着替えます。

Check 3

入園式時の防犯対策

不審者が紛れ込んだり、式の様子がネット上に拡散したりと防犯面での不安もあります。いま一度、セキュリティを確認しましょう。

出席者名簿で来場者を確認！受付態勢を強化

事前に、出席する保護者の名簿を作成し、当日は、新入園児と一緒に来た保護者を受付でチェック。ただ、保護者2人が出席する予定であっても、1人が遅れて単独で来る場合もあります。その際は、遅れて来た保護者にはいったん受付で待ってもらい、先に来た保護者に確認してもらってから入場してもらいます。

面倒ではありますが、入園式の時点では園の職員自身もまだ、子どもや保護者の顔を把握しきれていないこともあるので、慎重に受付をする必要があります。

プライバシー保護の注意喚起を忘れずに！

入園式は、保護者にとって子どもの一大イベント。記念撮影に熱心になることも理解した上で、許可を得ずにほかの子どもが写り込むような撮り方はしないよう注意喚起しましょう。またSNSにアップする際も、犯罪につながる可能性があることを伝えます。

また、ほかの子と一緒に写っている写真を相手の承諾なしにSNSにアップすれば、プライバシーの侵害になるという説明を重ねてすることも必要。入園のしおりに載せたり、当日、司会進行係がアナウンスしたりするのも大事です。

国崎チェック！

入園前説明会や式次第などで伝えたつもりでも、式が始まると撮影に夢中になって忘れてしまう保護者もいます。重ね重ね、注意を呼び起こすことが大切です。

散歩

目的地まで気を抜かない！

散歩時の安全対策はしていますか？
第2章の不審者対策・交通事故対策も参照しつつ、子どもの命を守ることを第一に考えて、しっかり準備してルートを見直しましょう。

Check 1

散歩時の服装・グッズ

散歩時の服装とグッズを紹介。散歩マップも、必須のグッズです。

防災ベストにグッズを収納

エプロンをしていると走りにくく、リュックを背負っているとけが人を背負えないので、防災ベストがお勧め。ベストのポケットにグッズを収納すれば身軽です。

収納するグッズ

- 散歩マップ
- 連絡先一覧表
- 携帯電話（またはトランシーバー）
- 応急手当用品
- レジャーシート
- タオル
- さらし
- ポケットティッシュ
- ウェットティッシュ
- 簡易トイレ（またはポリ袋）
- おやつ
- 笛
- 警棒

散歩マップを作ろう

散歩マップの作成は、散歩のルートを再確認し、危険な場所を洗い出して危機管理意識を上げることが目的の一つです。事故・不審者に遭遇したときに助けを得られる公民館、図書館、学校など、公的な施設を明記し、そこの連絡先の一覧も別に作成して常に携帯しましょう。

散歩の途中で地震が起こる可能性もあるので、一時的に避難する場所も記入しましょう。また、ゾーニング（区域分け）することも大切。どこのゾーンにいるかで、園に戻る、一時避難する、緊急避難場所へ行くなどを決めておきましょう。

作成したマップは、保護者や職員はもちろん、緊急避難場所に指定されている公共施設や町内会にも渡して情報を共有することが大切です。

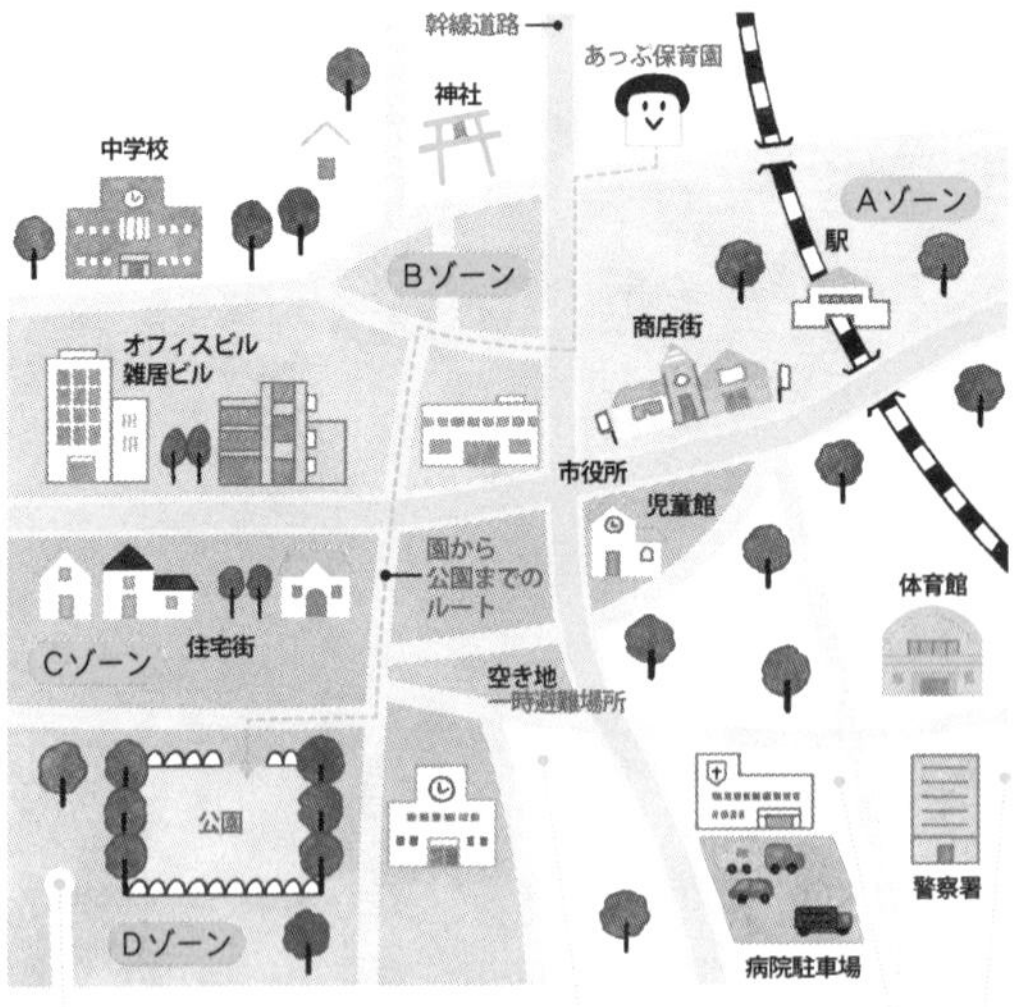

ゾーニングする　一時避難場所を決める　公共施設は要チェック

Check
2
街中での安全対策

人通りが多く、建物がひしめく街中を通る際の防災防犯対策を紹介します。

自転車や歩行者との接触に注意！

散歩車の場合

散歩車の枠の隙間から手を出すと、追い越して行く歩行者や自転車に接触する可能性があり危険です。子どもに「手を出してはダメ！」と言っても効果は期待できません。保育者は、必ず散歩車と自転車や歩行者の間に入って接触を避けましょう。

地震が起こった場合は、携帯品のレジャーシートで散歩車を覆って落下物から身を守り、揺れが収まるのを待って一時避難場所、もしくは園へ。

国崎チェック！

職員の人数が少ない場合は、保護者の祖父母や自治会長さんなどにボランティアを募り、支援隊を結成している園もあります。 安全対策に人手が多すぎることはありません。

周囲を警戒しつつ保育者が列の盾に！

歩きの場合

列の最後尾につく保育者は、こまめに後ろを向いて、追い越そうとしている通行人や自転車、バイクなどを確認しましょう。周囲を警戒している姿勢が伝わり、不審者から狙われにくくもなります。

追い越される場合、「端に寄ろうね」と声掛けをし、保育者は子どもと通行人などの間に入って警棒などでガードします。一方、地震のときは、子どもたちに頭をガードさせながら建物や自動販売機などから離れましょう。

国崎チェック！

警棒を持っていると、保育者の安全への意識の高さが伝わり、防犯効果大です。ホームセンターや通販などで手軽に購入できるので、検討してみて！

Check 3

交差点・横断歩道での安全対策

散歩のルートを決める際は、交差点や横断歩道の安全度の確認を徹底しましょう。

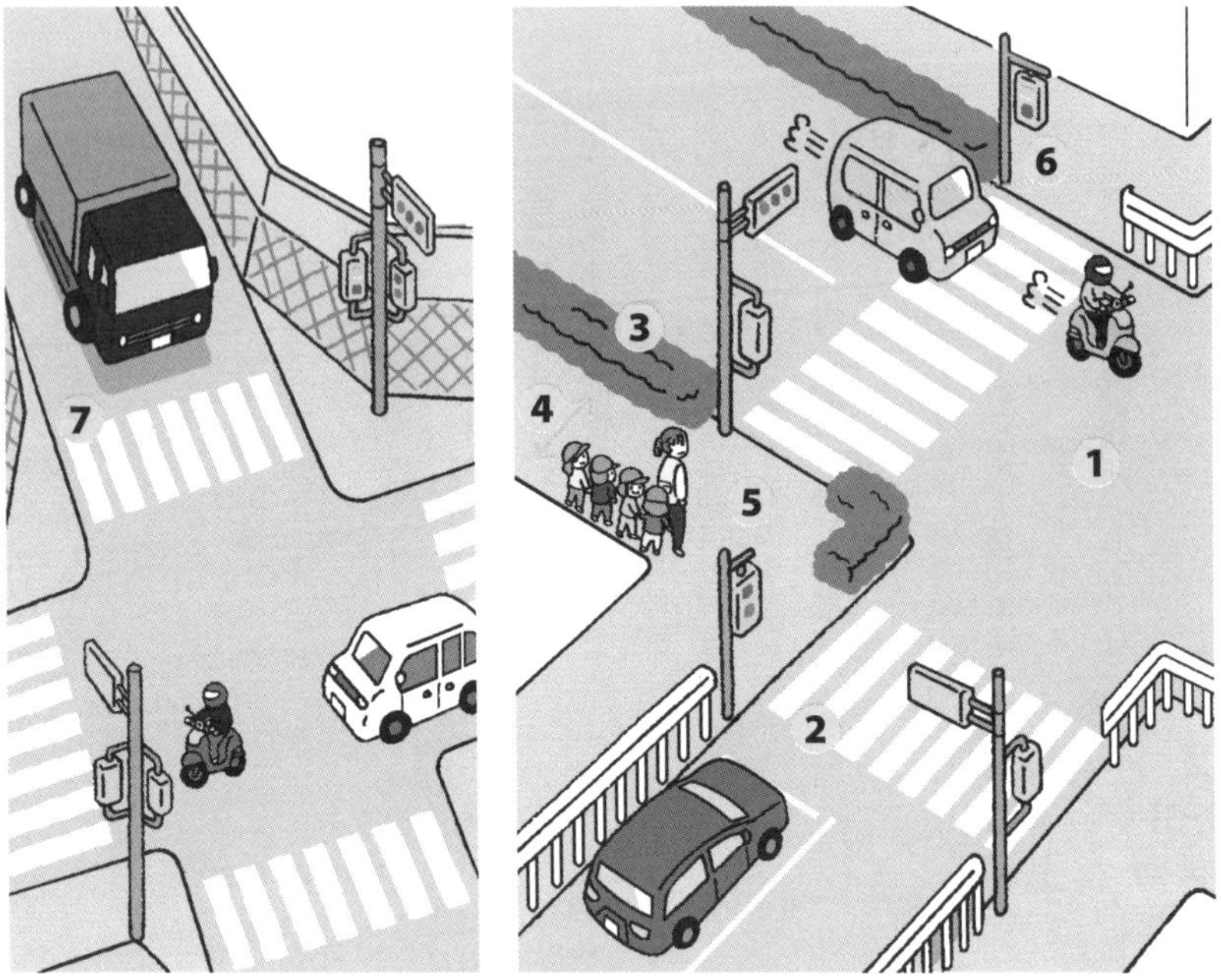

1 交通量は?
散歩に行く時間帯に車や自転車がどのくらい走っているかを確認し、交通量の少ない時間帯・ルートを選ぶ。

2 どんな車種が走っている?
ダンプカーなどの大型車が多ければ、その道は幹線道路の抜け道になっている可能性があり危険なので、散歩ルートからはずす。

3 ガードレールもしくはグリーンベルトはある?
これらがあれば、衝突事故を起こした車が歩道に乗り上げる危険性が低くなる。

4 歩道に余裕はある?
万が一、車道で事故があった場合、歩道に余裕があれば影響を受けにくい。

5 待避できるスペースはある?
信号待ちをしている場所にスペースがあれば、衝突事故などで車が歩道に乗り上げてもぶつかる危険性が低くなる。

6 青信号の点灯時間はどれくらい?
青信号点灯の時間が短いと、子どもが渡り切れず危険。渡る際は、列を短くして、余裕をもって渡るのも大事。

7 横断歩道がある場所の地形は?
見通しのよい平坦な道にある横断歩道を選ぶ。横断歩道が急な坂道の途中にあると、ドライバーが信号を見落としたり、下り坂を猛スピードで走ってきた車が止まりきれないことも。

国崎チェック!

覚えておこう! 横断歩道の「3・3・3の法則」

3歩下がって待機
縁石から3歩下がって信号が青になるのを待ちます。

3確認・3秒待ち
青信号になっても右・左・右を確認し、その間3秒待ちます。

Check 4

公園の安全対策

目的地に到着したら、危険物や不審者のチェックが大事。毎日訪れる場所でも、油断せずに確認しましょう。

危険物チェック

公園は、いろいろな人の出入りがあり、たばこの吸い殻、空き缶、ガラスの破片、ときには注射針が落ちていることもあります。ベンチの下や砂場などをくまなくチェック！　安全確認ができるまで、子どもは1か所に集めて待機させましょう。

砂場の中のチェック
ベンチの下のチェック
遊具のチェック

木陰から子どもを見ている人はいないか。

スマホを見るふりをして撮影していないか。

不審者を発見！

すみません！

子どもの写真を撮られていましたよね。保護者の許可が必要なので、ちょっと確認させてください。

子どもに近づく人がいたら、さり気なく保育者が間に入る。

駐車場の車の中からこちらを観察している人はいないか。

不審者チェック

公園では、近所の人が運動をしたり、おしゃべりをしたり、サラリーマン風の人が休んでいたり、さまざまな過ごし方をしている人がいます。その中で不審に思った人がいたら、子どもを近づかせないようにしましょう。人物観察は遠慮せずに堂々と！　相手に警戒心が伝わることも大事です。

もしも子どもの写真を撮っている人を発見したら、「保護者の許可が必要です」と話し、撮った写真を確認し、その場で消去してもらいます。このときは、支援隊の人ではなく、必ず保育者が毅然と、でも刺激を与えない口調で話しましょう。

下見を忘れずに!

遠足

自然や地域社会にふれたり、電車やバスに乗る楽しみもある遠足。災害時を想定した準備、目的地別に気をつけたいポイントを紹介します。

Check 1

現地下見のポイントと防災グッズ

目的地が決まったら、まずは現地の下見が大事。事前の安全確認のポイントと、携帯する防災グッズを紹介します。

目的地選びと下調べ・下見のポイント

遠足の目的地によって、安全対策の注意点はさまざま。

川や山などへの遠足の場合は、園周辺とは異なる自然環境で災害にあった場合を想定して、準備をしなければなりません。

一方、水族館や動物園など、人の多い場所の場合は、ほかの団体客が少ない日時を選ぶなど、防犯面での対策が重要です。

また、商業施設などといった室内の施設の場合は、なるべくスペースが広く、換気設備が整っている施設を選ぶなど、感染症対策も必要になります。

目的地が決まったら、現地のハザードマップをもとに下調べ・下見をした上で、安全対策をしましょう。下調べ・下見のポイントは以下の通りです。

下調べ・下見のポイント

- □ 現地の災害特性の調査
  …現地のハザードマップと照らし合わせつつ、実際に現地を歩いて確認
- □ 災害時の医療機関の確認
  …現地から近い緊急医療救護所（災害時に自治体が設置）の設置場所を確認
- □ 現地までのルートの安全確認
  …交通機関、徒歩を含む全てのルートの、防災防犯上の安全を確認
- □ 連絡手段の確認
  …携帯電話の不通などを想定し、災害時優先電話の設置場所も確認
- □ 避難先の確認
  …現地や、そこへのルートから近い一時避難場所、広域避難場所を確認
- □ 保護者の引き取り方法の確認
  …あらゆる災害・事故を想定し、引き取り方法を検討、保護者と共有

必携！　遠足時の防災グッズ

子どものグッズ

屋外での避難も想定し、子どもにも防災グッズを携帯してもらうのも一案。

- □ 携帯トイレ
- □ 雨具（レインコート）
- □ ポリ袋
- □ 笛
- □ 蛍光ブレスレット

Let's
ダウンロード!

遠足時の防災グッズ＆
下調べ・下見のポイント

保育者のグッズ

- □ 現地ハザードマップ
- □ 防災マニュアル
- □ 連絡先一覧表
- □ 携帯電話（または衛星電話）
- □ 携帯電話の充電器・ケーブル
- □ 携帯ラジオ
- □ 応急手当用品
- □ ブルーシート
- □ ヘッドライト
- □ 誘導ロープ
- □ サバイバルブランケット
- □ さらし
- □ ウェットティッシュ
- □ 簡易トイレ（またはポリ袋）
- □ おやつ
- □ 笛
- □ 腕章

絶対
オススメ！
防災
グッズ

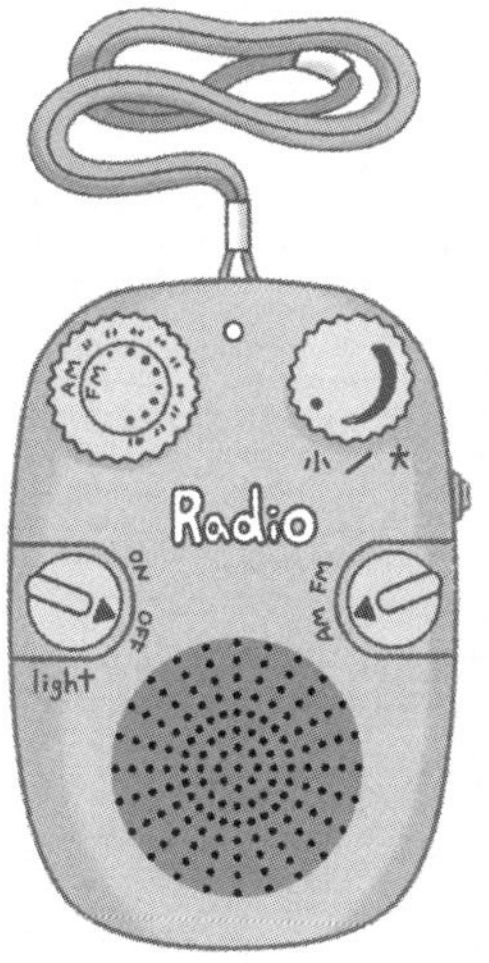

防水ラジオ

ストラップ付きで小型の防水ラジオがあれば、移動中も手がふさがらず、雨天時でも安心して使えます。天気が急変しやすい山などの遠足では、気象情報の確認用として必携。

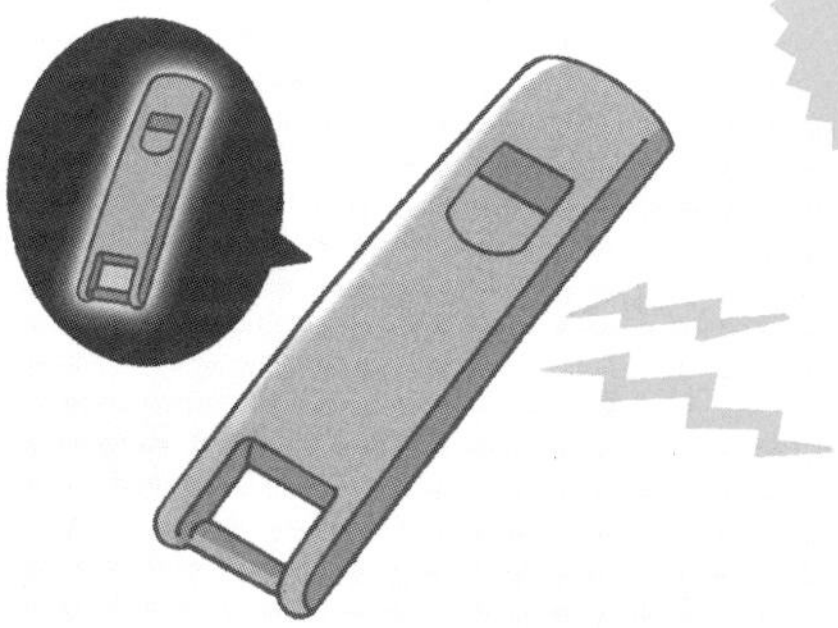

蓄光式の笛

プラスチック製で軽量、さらに暗闇の中でも光って目印になりやすい蓄光式の笛。100デシベルほどの大音量が出るものなら安心です。遠足時は特に、大人も子どもも必携です。

Check 2

屋外施設での安全対策

園から遠い動物園や遊園地など、交通機関を利用して行く遠足で気をつけたいことは？

想定目的地

動物園
遊園地
（屋外施設）

移動中の電車やバスの中で地震が発生することを想定。保護者が同行していない場合は、まずは子どもたちの無事を確認し、園へ連絡します。保護者への連絡は、園から一斉メールなどで状況や引き取りをどうするかを知らせます。保護者には、引き取り方法が定まるまで待ってもらい、現地に行くことのないよう、事前に伝えておきましょう。

保護者同伴で現地集合の場合は、一斉メールやSNSなどで遠足の中止を知らせ、安否確認をします。この場合も、園と連絡を密にとって状況報告をしましょう。

子どもたちは無事です。一斉メールをお願いします
分かりました
大丈夫だよ

下見ポイント

施設の防災対策と感染症対策をチェック

施設内にいる間に地震が起きる可能性もあります。広い敷地の屋外施設で施設側がどのような防災対策をしているのか、事前に知っておくと安心です。また、施設周辺の避難場所なども確認しましょう。

また、人の出入りが激しい動物園や遊園地では、屋外とはいえ感染症対策も大事です。こうした施設には、正面入り口のほかに、団体専用の出入り口があることが多いです。同じ日、同じ時間帯に複数の団体が入園するとしても、異なる入り口を使えば、見学するルートも違ってくるので、人の密集を避けられます。遠足予定日の他団体の動きを施設スタッフに聞き、調整してもらいましょう。その他、消毒など、施設が行っている感染症予防対策についても、事前に調べておくと安心です。

ピピッ

Check 3

屋内施設での安全対策

一般の来場者が多い屋内施設では、迷子になる子どもへの配慮や不審者対応に細心の注意を払いましょう。

想定目的地

水族館
博物館
商業施設
(屋内施設)

一般客も多い施設では、慣れない環境下でグループからはぐれてしまう可能性があります。保育者と子どもが互いに判別できるように、保育者は腕章を着けたり、子どもはスカーフや帽子を着用したりして、すぐに見分けられる工夫を。さらに、スキを狙って子どもに近づいたり、様子を窺ったりと、不審な動きをしている人はいないかどうか、怠りなく目配りしましょう。

また、保護者が同行している場合でも、子どもが迷子になってしまう可能性が！「入場後も手をつないでください」と伝えるのが大事ですが、保護者同士で話に夢中になり、子どもたちから目を離してしまうことも。保護者がいても常に警戒しましょう。

クラゲ きれいだね
さあ、ママたちのところへ行こうか

下見ポイント

感染症対策に加え、施設の耐震性・避難経路も確認！

屋内の場合、定期的な換気や人の密集を避ける対策をしているかどうかも確認しましょう。

防災面では、下見する前に建物の耐震性を施設の管理者に確認し、現地では避難経路もチェック。施設の管理者に具体的な避難方法を聞き、下見時には避難を想定して、見学を予定している場所から非常口までの距離を確認するとよいでしょう。

展示物が混み合った施設では、経路が確保されていたとしても、避難に支障があるかもしれません。また、非常階段の広さや手すりの高さなど、子どもが安全に避難できるかどうかについても、しっかり確認しましょう。

非常口までの経路も広さがあるしスムーズに避難できそう

Check 4

徒歩遠足の安全対策

散歩よりも距離のある、大きな公園や果樹園などに行く場合は、目的地までのルート選びを慎重に！

園への連絡は、チェック❷と同様に状況説明をし、引き取り方法をどうするかを決めます。保護者へは、どのタイミングでも必ず、園から一斉メールやSNSで発信するようにします。

想定目的地

公園
果樹園

大きな公園は樹木の種類が多く、中には触るとかぶれる木があるかもしれません。その点を事前に調べ、そのような木がある場所を避けてあそびましょう。万が一、子どもが触って皮膚炎を起こすことも考え、外用薬は必ず持参します。また果樹園では、ビニールハウスであってもハチが飛んでいる可能性があります。自然に囲まれた環境に行く際は、虫よけ対策と、刺された場合の救急対策も、準備しておきましょう。

また、目的地へ向かう途中で地震が起こることも考え、出発前に、子どもたちと一緒に「ダンゴムシのポーズ®」など子どもが自ら身を守る方法を確認しておくのも大事です。

みかん畑で地震が起きたら……？
ダンゴムシ！

下見ポイント

遠回りになっても安全第一のルートを選択！

目的地までのルートを2、3通り用意し、実際に歩いてみて、ルート上にどのような危険があるかをチェック。例えば、交通量が少ない道路を選び、ガードレールやグリーンベルトはあるか、信号待ちをするときの退避スペースがあるかを確認します。また、道路沿いに強風で飛ばされそうなものや、地震時に落下しそうな看板などがないか、自動販売機など倒れそうなものがないかをチェックしましょう。

また、地震時に一時避難できるスペースがどこにあるかも確認しておきます。ルートマップの中に、広い駐車場やコンビニエンスストアなどの場所を記入しておくとよいでしょう。

いずれにしても、安全を第一に考えてルートを選択します。

国崎チェック！

地域を徒歩で長距離移動する場合は、目的地までをいくつかのゾーンに分け、各ゾーンの危険箇所を確認し、一時避難場所を決めておきましょう。

この道の方が安全だね

Check 5
海・川・山での安全対策

体力のある5歳児クラスの場合、遠出して山登りなどにチャレンジすることも。自然災害への備えはどうすればよいでしょう？

想定目的地
海沿いのハイキング
山登り

現地で災害が起こった場合、どう対処すればよいか、ケース別に考えてみましょう。

海沿いのハイキング

津波の危険

津波の危険がある場所では、近くに高台があるかどうかを確認。津波警報が出されたら、とっさの判断ができるように、あらかじめ目的地から近い避難場所や高台を確認しておくことが重要です。また、津波避難場所や指定されている津波避難ビルを探し、ハイキングコースからの避難方法を検討しておきましょう。

津波は川を遡ってくるので、川のそばにいるときは、川の流れに対して直角方向へ避難します。

みんなこっちへ！

国崎チェック！

積乱雲が発生したら、災害のサインと思って。大雨、竜巻、雷から身を守るために、避難できる安全な建物があるかどうかチェックしておきましょう。

山登り

土砂災害

地震の揺れの影響でがけ崩れ、地滑り、土石流が誘発される可能性があるので、揺れが収まったらすぐ下山を。また、当日は晴れていても、豪雨が続いた後は山が多くの水を含んでいて、同様の危険があります。大雨の後は、山登りは中止しましょう。

また、山では天候が急変することがあります。下見しておいた一時避難場所に行くなど、突然の大雨の際の対処も考えておきましょう。

あっ雨だ！
パラ
パラ
パラ
まずは、調べておいた避難場所に行きましょう！

下見ポイント

「いざ！」というときのために現地の管理者と連携を！

山登りでは、当日と同じルートを歩き、土砂災害の前兆がないかをチェック。ハザードマップで確認するのはもちろん、山の管理者に避難場所や救急要請・緊急連絡方法などの確認をします。

海沿いのハイキング、登山どちらの場合も、現地のハザードマップで危険箇所を把握し、チェックポイントを絞って下見に出かけましょう。

準備と監視を徹底！

水あそび・プールあそび

「大丈夫」と思っていても、「まさか！」の事故が起こりかねない、水あそびやプールあそび。災害にも警戒しつつ、備えと監視を徹底しましょう。

Check 1

危機管理の基本

水あそび・プールあそびが始まる前に、毎年必ず「危険」を再確認して、準備と訓練を行いましょう。

思わぬ事故や病気のリスクも意識して

海に囲まれた島国の日本で生活する上では、水害や海難事故から身を守るためにも、幼い頃から水に慣れ親しんでおくことはとても重要です。

でも、水あそびはリスクも伴います。例えば、溺死、子ども同士が衝突する事故、低体温症、プールを介して広がる感染症など、そのリスクは幅広いです。

水に親しむときには危険もあるという意識をもち、その上で準備や対策を徹底していきましょう。

こども家庭庁・文部科学省などからは、毎年6月頃に「教育・保育施設等におけるプール活動・水遊びの事故の防止及び熱中症事故防止について」を、各都道府県経由で各園に通知しています。水あそびの事故への危機管理が、それだけ重大だということです。文書はホームページでも見られるので、プール開きの前に、管理職だけではなく全職員が目を通しておきましょう。

プール開きの前に準備と訓練を

水であそぶときは皮膚の露出が多くなるので、ちょっとしたことでもけがをする危険があります。プール開きの前には、設備にひび割れや破損、劣化、塗装の剥がれなどがないかを点検しましょう。ビニールプールは、国家規格である日本産業規格（JIS）を満たしている製品を使い、こちらも破損などを確認してから使用します。

プール開きの前には、水あそび・プールあそびのときのリスクや、監視体制を確認する安全研修を行いましょう。過去の事故事例を知り、自園に潜むリスクや防止対策を考えるのもお勧めです。

また、熱中症対策として、タープなどで日陰を作るほか、活動の合間に水分補給することも忘れずに。

万が一の事故に備えて、119番通報を含めた緊急時の対応手順やAED（自動体外式除細動器）の使い方、心肺蘇生法などについても訓練しておきましょう（82～83ページ参照）。

プール開きの前に！
ToDoリスト

- ☐ プールなどの設備の点検
- ☐ 園内での安全研修
- ☐ 心肺蘇生法やAEDの取り扱い、応急手当などの講習・訓練
- ☐ 緊急時の対応手順の確認・訓練
- ☐ 監視体制の確立
- ☐ 子どもへの注意事項の説明

Check 2

プールあそびのルールづくり

気象条件や健康管理など、国のガイドラインに沿って保護者にも協力してもらいながら、園のルールを決めておきましょう。

気象情報をチェックし中止判断のルール化を

熱中症対策として気温・湿度をチェック。熱中症の注意を呼びかける「高温注意情報」が出ていたら中止しましょう。水の中とはいえ、外あそびは危険です。

同時に、園の周りの空を見上げ、積乱雲が発生していないかを確認し、豪雨や落雷の危険がないかを検討します。積乱雲が確認されなくても、気象情報で「雷注意報」が出ていたら中止しましょう。

子どもたちがあそんでいる最中でも、このようにこまめに気象情報をチェックして中止判断の指針とし、安全を確保しましょう。

保護者と連携して感染症対策もルール化

プールあそびの注意項目に、咽頭結膜熱・流行性角結膜炎・とびひなど、プールで感染する病気があります。保護者には、毎日の検温はもちろん、当日の体調を細かく報告してもらいましょう。また、感染性の病後に登園する子どももいます。その場合は保護者に、プールに入ってもよいかどうかを医師に確認してもらうようにします。

子どもの体調管理や感染症対策は、保護者と連携しながら、園独自のルールづくりが大切です。

国崎チェック!

プールあそび中にAEDを使用するときは、必ずぬれている胸を拭きましょう。胸がぬれていると、十分なAEDの効果が得られなくなります。

Column

「いざ！」に備えて安全研修を！子どももルールを徹底

毎年、プール開きの前に園で安全研修を開き、AEDの使い方や応急処置、緊急時の連絡先の確認など、もしものときの対処法を保育者全員に徹底しましょう。園にAEDがない場合は、胸骨圧迫の実習を。

また、子どもたちのプールあそびのルールを決めるのも大事。走らない、友達を押さない、プールの中で友達の上に乗らない、おしっこをしないなど、その理由を説明しながら事前に保育の中で伝えましょう。

Check 3

プールの安全確認

毎年初心に戻って、必ずプールの安全確認をしましょう。

プール環境のチェックリスト

チェック項目	推奨対策
設置場所	・日陰になり、風通しがよい場所。 ・地震時、周辺に倒壊のおそれがある物がなく、飛来物の危険がない場所。 ・園の外から子どもたちの姿が見えない場所。
プール本体の安全性	・ひび割れなどの破損、塗装の剥がれ、部品の劣化などを確認し、修理をする。 ・排水口のふたを固定するなど、吸い込み防止措置をする。 ・ビニールプールの場合は、日本産業規格（JIS）製品を選ぶ。
広さ・深さ	・子どもがぶつかり合わない広さを保てるよう、1度に入る人数を調整。 ・子どものひざ下ぐらいまでの深さ（子どもが手をプールの底についたとき、顔が水につかない）。
水質・水温	・プールの中に虫・落ち葉・小石などが入っていないかをチェックする。 ・1度使った水は排水し、きれいな水を入れる。大型プールであれば、ガイドラインに沿って塩素を入れる。 ・気温＋水温＝ 50℃、水温≧ 24℃がだいたいの目安。
プールサイドの材質	・柔らかいゴムマットや人工芝など、滑りにくく、転んでもけがをしないような物を敷く。

国崎チェック！

「教育・保育施設等における事故防止及び事故発生時の対応のためのガイドライン」（厚生労働省・内閣府・文部科学省）、「プールの安全標準指針」（文部科学省・国土交通省）の安全基準を確認しましょう。ガイドラインは刷新されていくので、常に最新のものをチェック！

Let's ダウンロード!

プールあそび総合チェックリスト

Check 4

水の衛生管理

水あそびやプールあそびで特に大事なのが、水の衛生管理。プールの大小にかかわらず、丁寧な管理を行いましょう。

清潔な水を使い水質によるリスクを回避

水あそび・プールあそびでは、水を介した感染症や低体温症などのリスクから子どもたちを守る必要があります。水あそびの実施期間中は、水の衛生管理を徹底しましょう。

文部科学省の『学校環境衛生管理マニュアル』では「水泳プールに係る学校環境衛生基準」が示されていて、遊離残留塩素濃度、大腸菌、濁度などの水質の基準項目が設けられています。文部科学省のウェブサイトで確認できるので、ガイドラインに沿って適切に水質や水温を管理しましょう。

水の衛生を守る！

チェックリスト

- □ 水は飲料水を使用し、生活用水（雨水など）は使わない
- □ １度使った水は排出して取り替える。大型プールの場合はガイドラインに沿って塩素を入れる
- □ 遊離残留塩素は１リットルあたり0.4ミリグラム以上、1.0ミリグラム以下が望ましい
- □ 大腸菌が検出されず、濁度は２度（水中でプール壁面から３メートル離れた位置から壁面が明確に見える程度）以下であること
- □ プールの中に小石や落ち葉、虫などの異物がない
- □ 水温は24℃くらいが適当（気温との差５℃くらいが望ましいが、その日の湿度・体感温度も参考にする）
- □ 定期的に清掃する
- □ プール管理日誌をつける

Column

プールが小さくなるほど衛生意識が薄れがち

何人も泳げるような大きなプールに比べて、家庭用のビニールプールのような「水あそび」色が強いものを使うときは、水質や水温への意識が低下しがち。一度使った水は排出して入れ替えるなど、小さなプールやたらいなどでも、確実に衛生管理を行いましょう。

Check 5

監視体制の徹底

安全な水あそび・プールあそびを行うには、監視の役割が重要です。

浅い水深でも油断禁物！ 監視役を必ず設ける

浅いプールでは事故は起こらないと思いがちですが、たった5センチの水深でも、鼻と口が水没すると溺死するリスクがあります。事故を防ぐには、監視をしっかりと行うことが大事です。

園の多くで見られるのが、担任が一人で「保育」と「監視」を兼務していること。保育をしながら全体を見渡すことは困難なので、プールで一緒にあそぶ保育者とは別に「監視役」を必ず設けます。

監視役はプールの外で監視に専念し、異常を発見したらプール内にいる保育者に知らせます。子どものあそぶ声に遮られて監視役の声が届かないこともあるので、笛を用いると便利です。

また、水の中でのあそびは疲労も大きいもの。ストップウォッチで時間管理を行い、月齢による時間調節は必要ですが、20分くらいを目安にプールから上がるようにします。

万が一の事故に備えて、プールのそばにはAED、緊急時対応や心肺蘇生法のフローチャート、連絡手段の携帯電話を準備しておきます。監視役の集中力低下や疲労を考慮した交代や、緊急時にも対応できる体制も考えておきましょう。

国崎チェック!

主体的に、楽しそうにあそぶ子どもの姿を見ると、「あそびを中断すべきではない」と思うかもしれません。でも、水の中でのあそびは体力を消耗し、疲労度も大きいもの。子どもの体に負担をかけないように、ストップウォッチを使って制限時間を守りましょう。

POINT 1

プールの広さに応じて監視の人数を調整し、監視エリアに死角や漏れをつくらない

POINT 2

監視場所に近いところや浅い場所も含め、規則的に目を動かしてくまなく監視する

POINT 3

「動かない」「不審な動き」「顔色が悪い」子どもをいち早く見つける

POINT 4

子どもの着替えや片付けは手伝わず、最初から最後まで監視に専念する

監視役が身に着けるもの

- □ 笛
- □ 目立つ色の帽子・ビブス
- □ 時計・ストップウォッチ

プールサイドに置いておくもの

- □ AED
- □ 救急箱
- □ 携帯電話
- □ 心肺蘇生法や緊急時対応のフローチャート
- □ 暑さ指数計測器

多角的に監視して死角をなくす

監視役の保育者は、プールの中とプールサイドから、それぞれ水平方向を注視し、さらに高い場所からも俯瞰して多方向から監視します。このとき監視役は、ルールを守っていない子、動かない子、ぐったりしている子がいないかに注意。もし、体調が悪そうな子がいたら、プールの中やプールサイドにいる監視役が助けにかけつけます。

高い場所からの監視は、プール全体を見渡せる高さの台や椅子の上から監視する方法と、園舎のプールを見渡せる場所から監視する方法があります。園舎から不審な動きを確認した場合は、メガホンもしくはトランシーバーで指示を出しましょう。

溺れるサインを見逃さない！

人が溺れているときは、バシャバシャと暴れるイメージをもっているかもしれません。実際には、両手を上げ一点を見つめたまま静かに沈んでいきます。恐ろしさのあまりに呼吸がしづらくなって声を出せないからです。

溺れるサインに留意して、動きが少なく、静かにしている子がいたら声をかけましょう。体調がすぐれないときは、すぐにプールから上がらせます。

溺れるサイン

◉イメージ

◉実際は……

子どもの危ない兆候！ チェックリスト

- □ 顔色が悪い
- □ くちびるが紫色
- □ 鳥肌がたっている
- □ 震えている
- □ 寒そうなしぐさをしている
- □ 動かない
- □ 不自然な動きをしている
- □ 活発だった子が急に おとなしくなる
- □ 楽しんでいない

Check 6

プールあそびの最中に地震が発生したら

プールあそびの最中に地震が起きたら、どのように子どもを誘導すればよい？
もしものときに備えて、事前にシミュレーションしておきましょう。

あわててプールから出ようとするのはNG！

地震発生から待機するまで

1 地震発生！

2 子どもたちをプールの縁につかまらせる

保育者が子どもたちをプールの端に誘導し、プールの縁につかまらせます。

3 プールから上がる

揺れが収まったことを確認して、プールから上がります。

4 プールサイドでしばらく様子を見る

あわてて園舎へ戻らないで、子どもの体を拭いて再び揺れないか様子を見ます。その間、別の保育者は園舎へ戻って情報を収集し、園長と対応を決めましょう。

国崎チェック！

地震発生時にあわててプールから上がろうとすると、水に足がとられて危険です。プールの中で揺れが収まるのを待ちます。プールから上がっても、園舎のほうが危険な場合があるので、まずは外で待機しましょう。

Check

7

盗撮などから守る！防犯対策

園外からプールあそびの様子が盗撮されたり、ホームページに掲載した写真が悪用されたりしないように、犯罪につながる危険から子どもを守りましょう。

盗撮・悪用されることを意識して万全な対策を！

盗撮

園の塀越しや、周囲の高いビルやマンションなど、園庭が見える位置からは盗撮される危険があります。周囲を確認して、タープを張ったり、よしずを立てかけたりして目隠しをしましょう。

写真の悪用

園のホームページにプールあそびの様子を掲載することはNG。せっかく盗撮予防ができていても、ホームページで世界中の人の目にさらしてしまい、さらに写真を加工されて犯罪にからむ使われ方をされる危険性もあります。

また、子どもの水着や帽子につけた名前が見えてしまうと、個人情報保護の観点からも危険です。

どうしても保育の様子を伝えたいという場合は、保護者だけがログインできるページに掲載。その写真も、子どもに寄ったものを避け、解像度を低く設定しましょう。

Column

ホームページへの写真掲載は保護者を守るためにも慎重に！

保護者の中には、パートナーのDVから避難している人がいることも。園のホームページに載った子どもの後ろ姿や持ち物から居場所が特定されるという事例もあります。

子どもを守るだけでなく、事情を抱えた保護者を守る意味でも、ホームページへの写真掲載は慎重に検討しましょう。

国崎チェック！

プールの写真を保護者に提供するのも推奨できません。どうしてもという場合は、保護者の子どもだけが写っている写真に限定するなど、徹底したいものです。

水難事故から子どもを守る！

海あそび・川あそび

海や川でのあそびは、水あそび・プールあそびとはまた異なる危険があります。自然にふれる貴重な機会を奪わず、子どもを水難事故から守るにはどうすれば？準備と、海・川それぞれの対策のポイントを紹介します。

Check 1 「万が一」に備える対策

園児が溺れたり、急な雷雨に遭ったりなど想定外のできごとに対応できるように準備をして行きましょう。

海・川に行くときの必須アイテム

多めの浮き輪やロープのほか、携帯電話（圏外の場合は衛星電話など）、応急手当用品などを用意します。ライフジャケット・マリンシューズ・軍手は、職員・子ども1人1つずつ持参します。

大判のタオルは、低体温症になった際に使用。まず乾いたタオルで体を拭き、大判のタオルで体をくるみ、温かい飲み物やカイロなどで徐々に体を温めるのが肝心です。

- □ 浮き輪
- □ ロープ
- □ 携帯電話（または衛星電話）
- □ 大判のタオル
- □ カイロ
- □ 応急手当用品
- □ ライフジャケット
- □ マリンシューズ
- □ マリングローブ

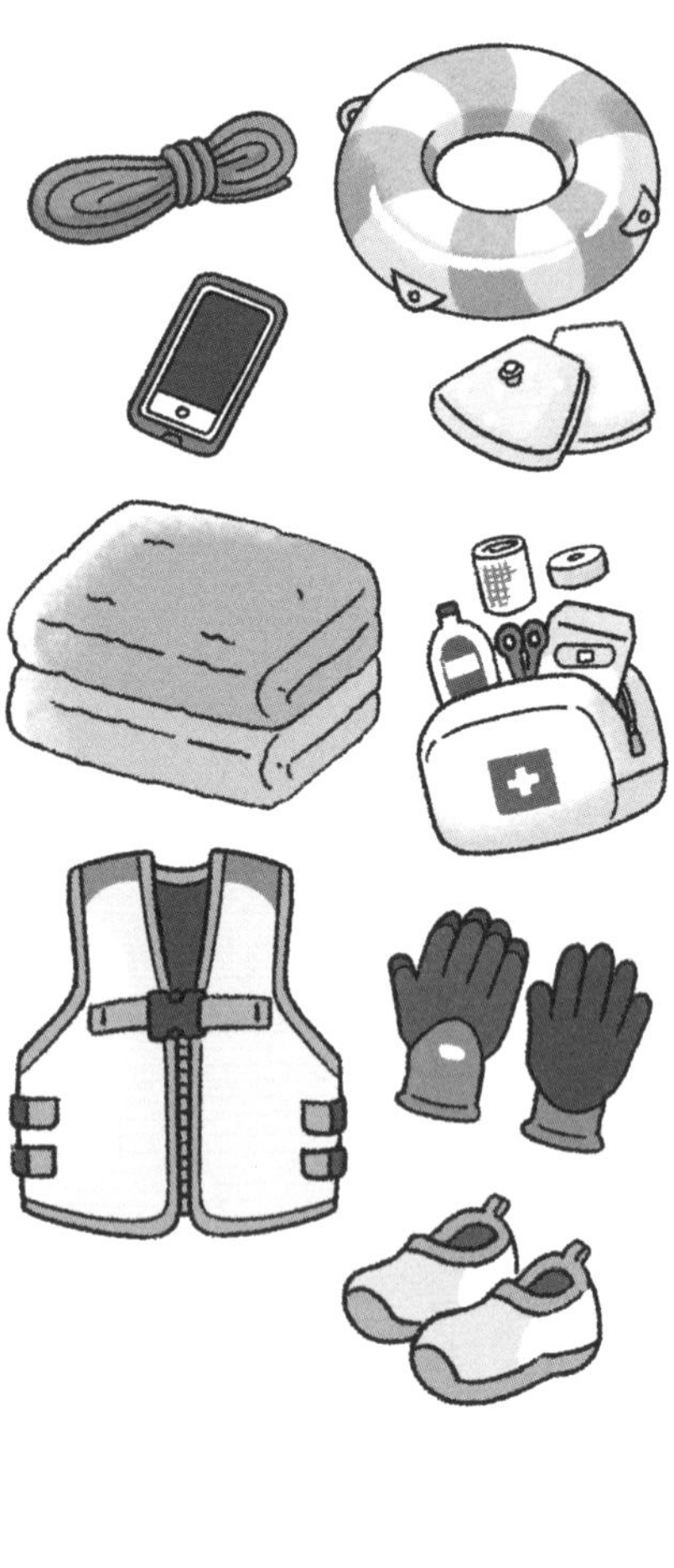

国崎チェック！

保険の確認も忘れずに！海や川など園外活動が多い場合は、園外での事故にも対応している保険のほうが安心です。

Column

危険な生き物に注意！

河原には猛毒を持つマムシやスズメバチ、ブヨやアブ、チャドクガなど危険な生き物がいます。海にもクラゲなどの危険生物がいます。目的地周辺にどんな生き物がいるかを調べ、応急処置ができる準備も必要。子どもたちにも、危険な生き物がいることを話して注意を促しましょう。

Check 2

海難事故に備える！

天気予報で使われる気象用語の意味や
意外なところに潜んでいる海の危険を調べて、事故を回避しましょう。

気象情報の意味を知り事前に危険を想定

園外に行く際は、事前に気象情報をチェックするのが必須。でも、天気予報で発出されている注意報や警報などの気象用語の意味を知らなければ、対策のしようがありません。基本的に天気予報での「注意報」は自然現象が原因で災害が発生するおそれがあるとき、「警報」は自然現象が原因で重大な災害が起こるおそれがあるとき、「特別警報」は警報の基準を超えた重大な災害が起こるおそれが高まっているときに発出されます。

事前のチェックで注意報が出ていたら延期・中止の判断を。注意報が出ていなくても、現地到着後に突然、警報や特別警報が発令されることもあります。また、トンガの巨大噴火によって日本でも津波があったように、遠方での噴火や地震も日本の海に大きな影響をもたらします。現地に到着した後も、こまめに気象情報を確認しましょう。

海岸付近で気をつけたい気象情報

高波：
高い波（波浪）のこと。天気予報では「波浪警報」などと伝え、単なる高い波ではなく、災害を発生させるレベルの高い波になることを意味しています。

高潮：
台風や低気圧が海面上を通過するとき、海面の高さが急激に上昇する現象。高波と重ねて発生した場合、災害を発生させるレベルの高い水位を意味します。

津波：
海面が盛り上がったり沈み込んだりすることで生じる、巨大な波の伝播現象。約30センチの津波でも、簡単に人や大きな物が引き込まれてしまいます。

潮の満ち引きに要注意！

潮干狩りなど、海辺に出かける際に大事なことは、潮の満ち引きの時間を調べておくこと。

満潮の時間になると、わずか数分で水位が上がってきます。特に潮干狩りでは、貝を採りながら浜辺からかなり離れたところまで進んでいることが多いです。貝を採ることに夢中になり、満潮の時間に気づかなかったり、ギリギリまで採ろうと粘っていたりすると、たちまち水位が上がり、溺れる危険性が高まります。

子どもの足では浜辺に戻るのにも時間がかかるので、「水位が上がった」と気づく前に浜辺に戻っていられるよう、満潮時間と子どもが歩くスピードから逆算して、移動は無理なく戻れる距離に留め、時間に余裕をもって引き上げることが肝心です。

Column

海辺の危険

海辺にはガラスや金属片・割れた貝殻など、けがをする物が落ちているので、指が露出せず脱げにくい、マリンシューズがお勧め。潮干狩りで砂を掘るときは、軍手をして手指をガードしましょう。

また海は日差しを遮るものがなく、熱中症になる危険も高まります。こまめに水分補給をし、浜辺にテントやタープを張って、休める場所を作っておきます。

Check 3

川の流れ・危険箇所をチェック

川岸から見えにくい流れや、流れの中にある危険を調べて安全を確保しましょう。

川の様子から危険を知ろう

川の様子を一見するだけでも、天候によって危険が高まる可能性がある川かどうかが分かります。特に川の上流は、天気の変化で突然流れが変わります。浅くても、濁っていなくても、油断は禁物です。

危険度の高い川

1 水かさが増して、流れが急になっている

2 水が濁って、流木が流れてきている

→上流域で局地的に大雨が降った可能性があり、流れが速くなったり鉄砲水が発生したりして危険。

3 大きな岩がたくさんある

→過去に、大きな岩が流されてくるほどの大規模な鉄砲水が発生した場所。上流で大雨が降れば、突然大きな岩が流れてくる危険がある。

川の流れを知ろう

川の流れは、地形や水量によって速さが異なり、見ただけでは想像できないような力があります。安全に水あそびをするには、川岸から見ただけでは分かりにくい、水の流れを知っておくことが重要です。

場所による流れの違い

●川岸と川の中央

水の流れは川岸がもっとも遅く、中央に近づくにつれて速くなる。

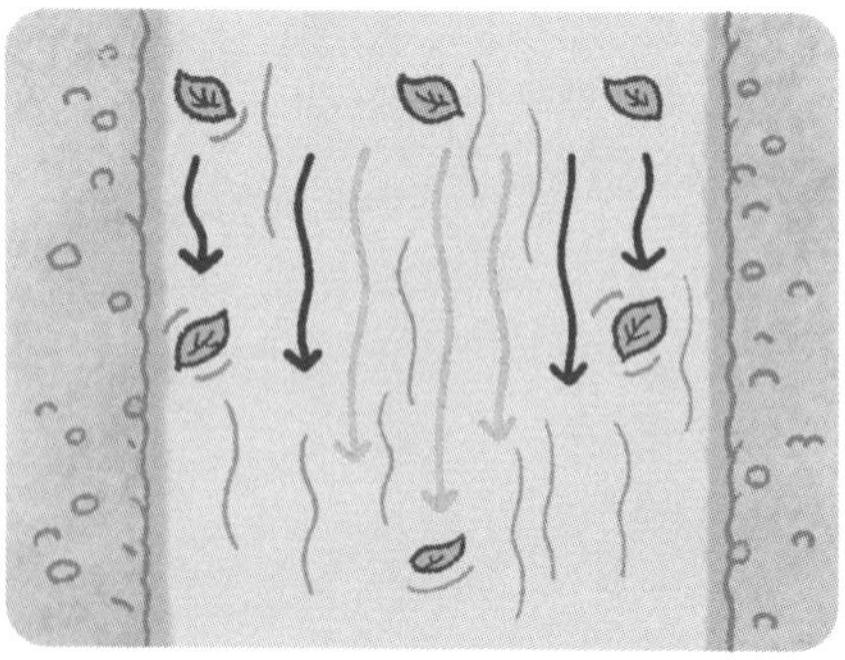

●水面と川底

川底付近はもっとも遅く、水面に近づくほど速くなる。水面は波などの影響で流れは少し遅くなる。

●岩場での流れ

岩場では流れが遮られ、水が回り込む。回り込む際の水圧で、水が川底に流れるため、本流との境目付近は危険。

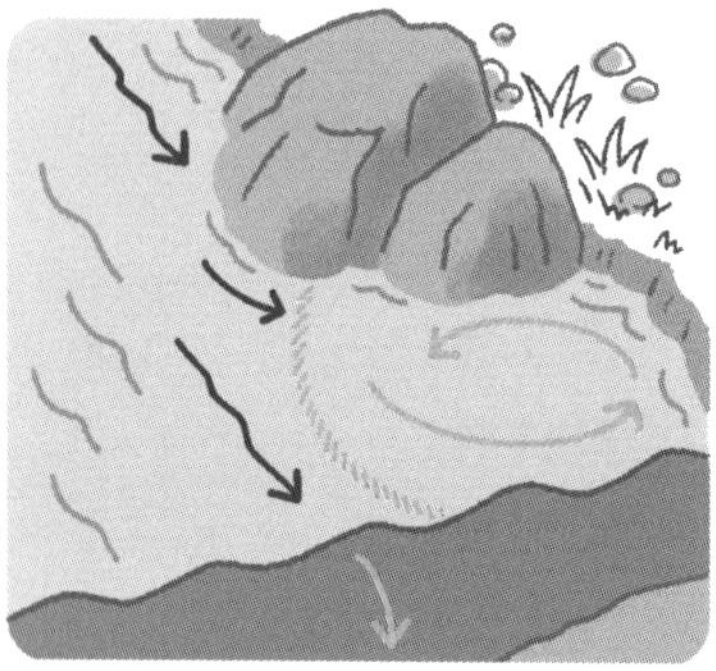

川の中の危険を知ろう

川底にある石や流木にも要注意。川底の石に足を挟まれたり、流木や倒木に足をとられたり、体ごと引っかかったりすると、川の流れの強い圧力に押されて、たちまち溺れる危険があります。水の中を事前にチェックして、危険のない場所を選びましょう。

Check 4

流されることを想定した対策を

水難事故が起きる場所は河川が最も多く、
安全そうな場所であっても想定外のことが起こります。
常に園児が流されることを想定して対策をしましょう。

河川で多発する水難事故

２０２０年に発生した水難事故のうち、中学生以下の子どもの死者・行方不明者がどこで事故に遭ったかをみると、河川がもっとも多く、次いで海、用水路、湖沼池と続きます。

まずは「川の防災情報」や「全国の水難事故マップ」などのウェブサイトで、情報収集に努めましょう。

また、いざというときに備えて、救急車、川の管理者、河川事務所などに緊急連絡ができるように連絡先を控えておきます。その際、事前に電波の状況を調べておき、携帯電話が圏外の場所の場合は、衛星電話を持参するか、いちばん近い公衆電話の場所を確認しておきましょう。

そして現地では、ライフジャケットを着用するのが基本です。

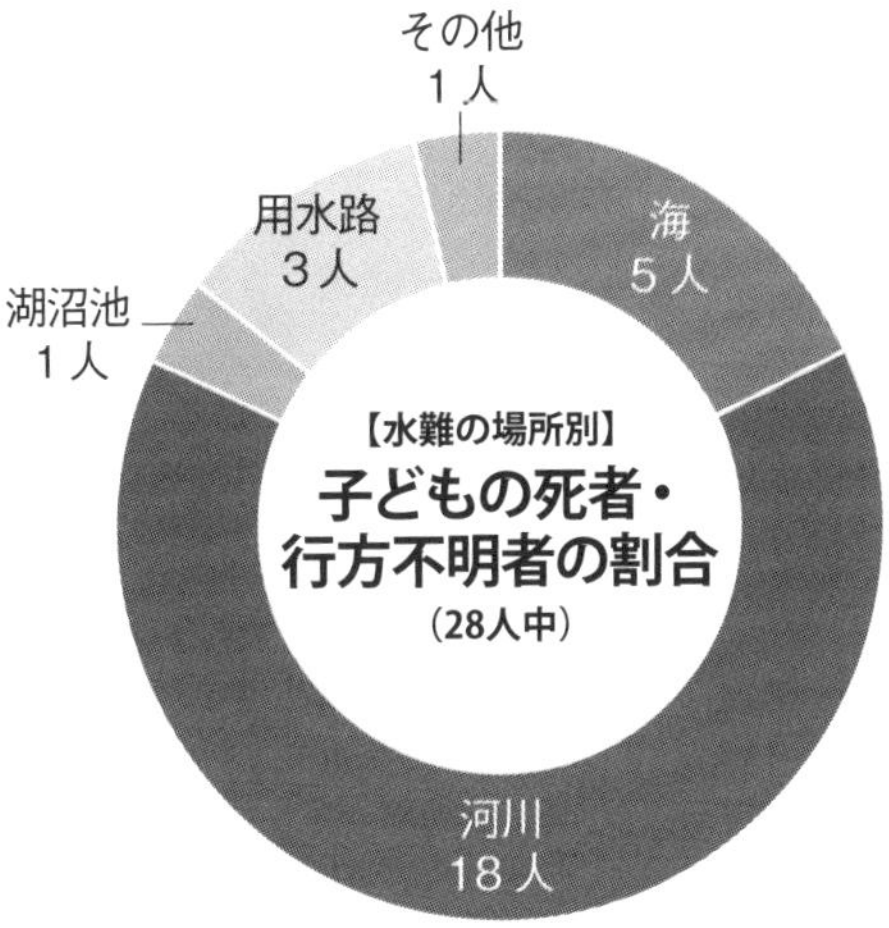
【水難の場所別】
子どもの死者・行方不明者の割合
（28人中）
河川 18人
海 5人
用水路 3人
湖沼池 1人
その他 1人

参考資料　警察庁「令和２年における水難の概況」

河川情報 関連サイト

川の防災情報（国土交通省）
https://www.river.go.jp/

全国の水難事故マップ（河川財団）
http://www.kasen.or.jp/mizube/tabid118.html

保育者の立ち位置と流されたときの対策

浅瀬でゆるやかな流れの場所であっても、子どもが流されることを想定してガードをかためることが大切です。以下の方法で、安全を目指しましょう。

・川幅にロープを渡せる場合は、ロープに浮き輪をくくり付けて、流された子どもがつかまれるようにしておく。
・子どもたちやロープより下流に保育者が立ち、子どもが流されてもキャッチできる態勢をとる。
・ロープを張って、いけすのような場所を作り、その中であそぶ。

国崎チェック！

子どもは川底にある石などを拾うのが大好きです。間違えてガラス片を拾ってしまうことがあるので、マリングローブや軍手を着けるのがベスト！

防災にもつながる！お泊まり保育

お泊まり保育中の被災を想定し、安全対策を考えましょう。お泊まり保育を通してできる防災訓練も紹介します。

Check 1

睡眠時の安全確保・保護者への連絡

お泊まり保育中に北海道胆振東部地震で被災した園の事例を参考に、睡眠中の安全確保の方法や保護者への連絡の工夫を考えます。

就寝場所と布団の敷き方

お泊まり保育の就寝場所は、倒れてくるような設備や落下物がない、ホールのような広いスペースが安全です。保育室を使う場合は、遊具や備品など、倒れたり落下したりする危険がある物をあらかじめ別の部屋に移動しておけば、安全を確保できます。

就寝中の地震では、寝起きの子どもが転倒したり隣の子を踏んだりしかねません。そんな危険を避けるため、避難する方向に向けて斜めに布団を敷いて通路を作り、自然に誘導できるようにしましょう。ふだんの午睡時も同じようにレイアウトすれば、事故を未然に防ぐことができます。

隣の子を
踏まないよう、
布団は避難方向に
向かって斜めに、
少し離して敷く
真ん中に通路を作る

被災直後の保護者への連絡

お泊まり保育の深夜に被災したはやきた子ども園では、まず、ふだんから保護者への連絡用に使っていたSNSで保護者に子どもの安否のみを短く伝え、少し落ち着いた頃に、詳しい状況を伝えました。そのため、保護者からの連絡が殺到することもなく、翌朝のお迎えも混乱することはありませんでした。

被災したらすぐに子どもの安否を伝えると、保護者の気持ちも落ち着きます。また迅速かつ一斉に伝えられるような連絡方法を確保しておくことも大事です。

経験から学ぶ！

北海道胆振東部地震で被災

2018年9月6日3:07
震度6強

はやきた子ども園

（北海道安平町）

地震発生時、はやきた子ども園の子どもたちは、揺れでは起きませんでした。職員室や調理室などの落下物や棚が倒れる大きな音、地域の防災無線、窓ガラスがガタガタと揺れる音で目を覚ましたという状況でした。

子どもたちが眠っていたプレイルーム以外は、物が散乱してひどい状態でした。プレイルームは何も変化がなく、子どもたちは被害の大きさに気づかなかったのです。そこで子どもたちがショックを受けないように、翌朝帰宅するまで、園内の状況を見せないようにしました。

子どもたちが一晩過ごしたプレイルーム。

Check 2

お泊まり保育で防災訓練

お泊まり保育は、子どもたちにとって非日常の経験です。キャンプなどのアウトドア活動や、料理などの経験がそのまま防災訓練にもなります。日常の保育でも取り入れてみましょう。

お泊まり保育で挑戦！

防災訓練につながる活動

お泊まり保育で多くの園が行うキャンプファイヤーや花火。子どもたちにとって、火は怖いものであり、日常生活で扱うことはほぼありません。火のつけ方や扱い方だけでなく、服に火がついたときの対処法なども指導するとよいでしょう。

みんなで作るおやつや食事も子どもたちにとって楽しみの一つです。例えば、カレー作りなどの調理をやってみることで、食べ物を扱う際の衛生管理が身につき、災害時の炊き出し訓練にもつながります。はやきた子ども園では、被災の前日、デイキャンプを行っていて、園庭にある窯でピザを作ったそうです。

国崎チェック！

園庭や果樹園で果物を収穫したり、畑で野菜を育てたり。保育の中で食材を収穫する体験もできるといいですね。

Column

突然の停電でもパニックにならない訓練を！

暗闇は、子どもにとって不安なもの。けれども、いざというときに備えて、暗闇に慣れることも大事です。お泊まり保育はそんな「暗闇体験」ができるチャンス。次のようなあそびを提案します。

園内の明かりを消して暗闇をつくり、子どもの不安を和らげるため、廊下の手すりに蛍光テープを貼ったり、LEDランタンを床に置いたりしておきます。そして子どもたちを3～4人のグループに分け、グループごとに宝の場所を記した地図と懐中電灯を持って暗い部屋を探検。懐中電灯を頼りに宝物を探すあそびを通して、暗闇を無理なく体験できます。

防災・感染症対策をしっかりと!

作品展・生活発表会

年度後半の冬に行われることが多い、作品展や生活発表会。季節的に、防災対策や感染症対策の徹底が大事です。

Check 1 火災のリスクに備える

冬には、展示作品から発火する可能性も! 火災のリスクに備えるには、どこに注意を払い、対策すればよいでしょうか。

冬だからこそ! 心配な「収れん火災」

窓際に展示している作品はありませんか? ペットボトルなどを使った製作物、窓に貼り付けた透明な吸盤は、太陽光を集めレンズの役割をして発火する「収れん火災」を起こす可能性があります。

収れん火災は、日差しが強い夏に起こりやすいと思われがちですが、太陽の位置が低く室内に光が入りやすい冬の方が起こりやすいのです。太陽光が届く場所に収れん火災の原因となる物を置かないようにしましょう。窓に遮光フィルムを貼れば、地震時のガラスの飛散防止にもなり、さらに、外から屋内が見えにくくなり防犯効果も期待できます。

仕切りシートなどのつり下げ方

防火面で気をつけたいのが、感染症対策や間仕切りのための仕切りシートや天井からつるす展示物のつり下げ方。

消防法では、シートをつり下げる場合、スプリンクラーから横30センチ、下45センチ以上離さなくてはなりません。火災が起きた場合、仕切りシートなどが障害になりスプリンクラーが正常に作動しないことがあるからです。

Column

行事のあり方を見直す

冬の行事は、火災のリスクはもちろん、感染症のリスクが毎年あります。コロナ禍に多くの園が行事のあり方を見直したはずですが、これからも見直しを習慣化してほしいです。

子どもの育ちを伝えることと、それに伴う感染症・防災防犯上のリスクをはかりにかけて、何を優先するのかを考えることは、園の保育と危機管理のあり方、両方の再確認になります。その際、「どちらかを犠牲にする」のではないやり方が見つけられればベスト。

例えば、作品展を開かずとも、製作中の子どもの姿の動画を保護者と共有し、作品はお迎えのときに個々に見られるようにすれば、感染症等の心配も少なく、子どもの成長の姿もじっくりと見られます。保育にも危機管理にも最善なやり方を考えられたらいいですね。

こんなレイアウトは危険！

・透明な吸盤
・ビー玉を
使った工作
・机を２つ重ねて作った台

国崎チェック！ 展示や舞台のレイアウトを決める段階から防災担当者を決めてチェックしましょう。それでも心配であれば、事前に消防署員に来てもらって点検してもらうと安心です。

窓際に収れん火災の要因となる物を置かない

火災原因になりそうな物

- ペットボトル
- 花瓶
- 金魚鉢
- メガネ
- 虫眼鏡（ルーペ）
- ステンレスのボウル
- 鏡（凹面鏡）
- ガラス玉、水晶玉
- 窓に貼り付けた透明な吸盤

転倒防止の対策を！

たった1日のこととはいえ、地震がいつ起きるかは分かりません。展示用にと、机を2段に重ねるのはもってのほか。発表会の大道具などもしっかり固定して、転倒防止対策を！

消防法を厳守して“万が一の災害”に備えよう

仕切りシートは天井に貼り付けない

仕切りシートは、必ず難燃性のものを使用し、スプリンクラーから下45センチ以上、横30センチ以上離してつり下げます。同様に、火災報知器からも離すようにしましょう。

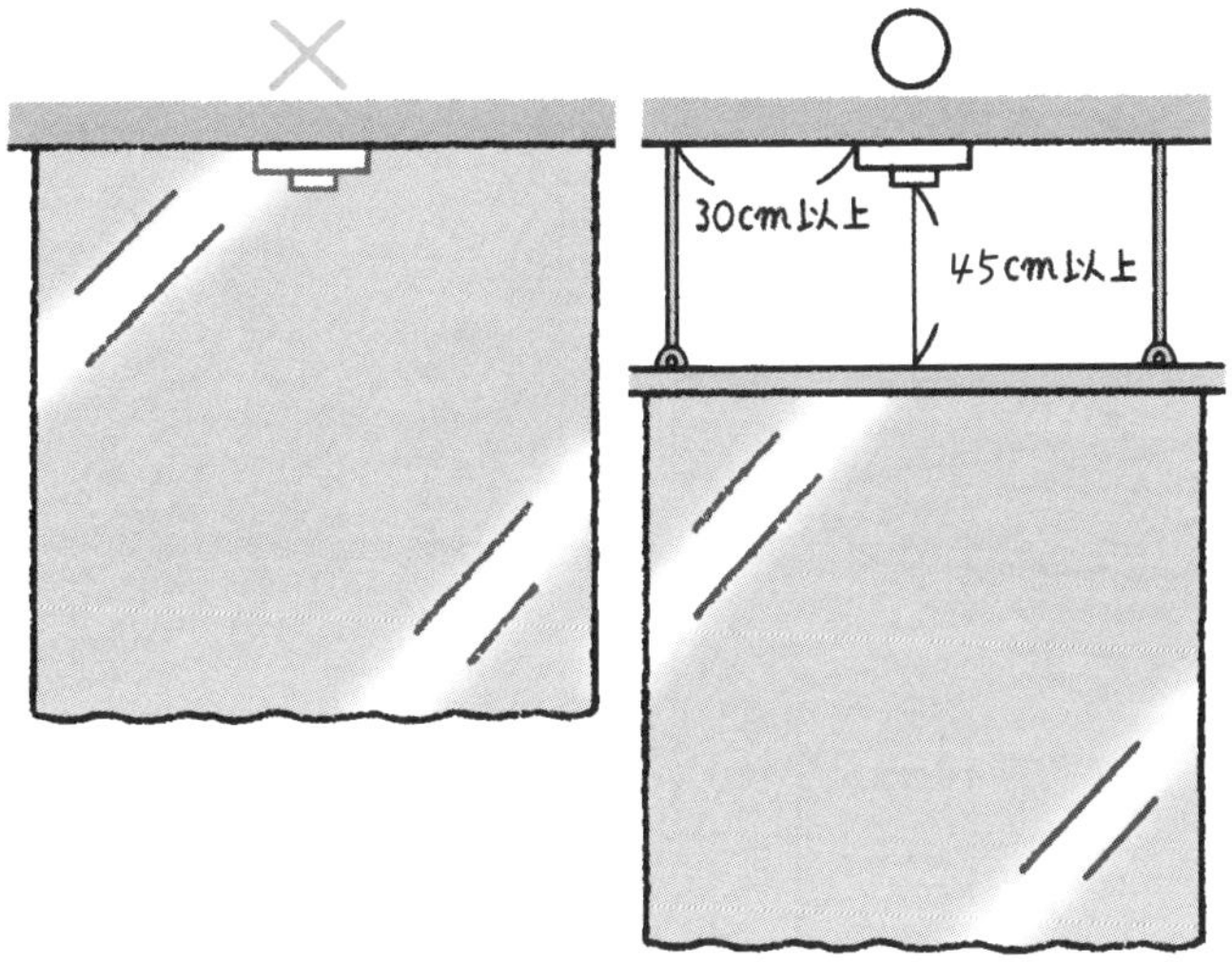

×
○
30cm以上
45cm以上

Check 2

人の密集を避けて感染予防を

インフルエンザやノロウイルスなどが流行する冬は、感染症対策が重要です。マスク着用・検温・手洗いの徹底だけでなく、人の密集を避ける対策も考えましょう。

保育室で行う場合は人数制限を徹底

作品展や発表会を保育室で行う場合、来園者を1家族1人に制限することで、ある程度密集を避けることができます。人数を制限することで、不審者の侵入も防ぎやすくなります。

さらに、作品展の場合、来場日時を予約制にすることも提案します。人数制限を徹底しつつ、来園者をより細かく把握することで、不審者対策にもつながります。

10時の予約でしたね。どうぞ
あれ、ぼくが作ったんだよ

国崎チェック!

保育室などあまり広くない場所で行う場合は、室内に1か所でも、何も物を置かない安全な避難スペースをつくり、災害時の安全にも留意してください。

広い会場の場合は「入れ替え制」の導入も

ホールなど広い場所で行う場合も、人数制限をすれば、ある程度の密集は避けられます。でも、さらに感染症対策を徹底するなら、発表会ではクラスの発表が終わるごとに来場者も入れ替わるシステムの導入をお勧めします。

作品展の場合も同様に、クラスごとに来場者が入れ替わって作品鑑賞をします。入れ替わる度に換気を行うのも鉄則です。

では、あっぷ組の保護者の皆さまお入りください

Check 3

避難経路の確保と避難方法の共有

作品展・発表会のときに地震や火災が起きたら……。スムーズに避難ができるよう、避難経路のチェックをおこたらず、避難方法を来園者にきちんと伝えましょう。

屋外への動線、消火器などを隠さないように！

作品展の際、立体物の展示に廊下を使うのはお勧めできません。地震や火災が発生した際、避難の邪魔になるからです。廊下を使う場合は、平面作品の壁面展示にとどめましょう。保育室の中の展示レイアウトも、出入り口に誘導できるような動線づくりが大切です。

また、作品や大道具で非常口の誘導灯や消火栓ボックス、消火器などが隠されていないかをチェック！　いざというときに屋外へ出るまでに時間がかかり、火災時は消火活動が遅れてしまうおそれがあります。

・廊下や消火栓などの前に大きなものを置くのは NG

避難方法・場所を連絡帳やお便りで事前に告知

発表会や作品展当日の災害時の対応や避難方法については、来園者と共有しておく必要があります。事前に、お便りやイベントのしおりなどで、伝えておきましょう。

伝えるべきこととしては、

・職員の指示に従って避難すること
・屋内にとどまれない場合の避難場所（園庭、雨天時はテント内など）
・避難後、まず同伴した家族がいるかどうかを確認すること

などが挙げられます。

特に、保護者は園児のきょうだいも同伴していることが多く、事前に人数制限して来園者を把握していない限り、当日職員が確認をするのは難しいです。避難を終えたら、まずは各自安否確認をしてもらうことが大事です。

国崎チェック！

雪の多い地域で屋外への避難を想定する場合は、あらかじめ園庭を雪かきして、テントを設置しておくのがお勧めです。

「なんとなく」ではなく本気で!

引き渡し訓練

引き渡し訓練を「なんとなく」していませんか?
引き取りカードの確認、引き渡しの手順など
訓練の目的を明確にしながら、
保護者とルールや方法を共有していきましょう。

Check 1

園までの所要時間を把握しよう!

保護者が職場や自宅から園に到着するまで、災害時はどのくらいの時間がかかるのでしょう?
まずは、引き取りに来るまでの所要時間を調べ、災害時を想定して訓練をしましょう。

災害時の所要目安時間は「平時の所要時間×3」

災害時、子ども一人一人の保護者が引き取りに来るまで、どのくらいの時間がかかるかをしっかり把握しましょう。そのためにまず、保護者に職場や自宅から園までの徒歩の所要時間を計測してもらいます。遠方の職場から引き取りに来る保護者も、電車などがストップすることを想定して、地図アプリなどで、徒歩で向かった場合にかかる時間を調べてもらうとよいでしょう。

でも、その時間はスムーズに移動できた場合にかかる時間。災害時は、道路が損壊したり、建物が倒壊したり、火災が起きていたりするため、むやみに移動できないことも多く、平時のように歩けるとは限りません。そんな「想定外」を考慮して、平時の所要時間を3倍にした時間を災害時の所要目安時間と考えます。

引き渡し訓練時に、その所要目安時間に合わせて引き取りに来てもらうのは難しいですが、この目安時間を保護者と共有すれば、災害時をよりリアルに想像しながら訓練に臨むことができます。また園も、引き取りまでに24時間以上かかる可能性がある保護者がどれくらいいるかを想定することができます。さらに、24時間後にどのように動くかまで決めておくと安心です（150ページ参照）。

すすめない!!
○○ちゃんのママは歩いて2時間。ということは……
実際は6時間くらいを想定しないと……

Check 2

引き渡し時の受付方法

引き渡しで大事なのは、混乱なく子どもを引き渡すこと、そして、引き渡した子どもと待機している子どもの内訳を迅速かつ確実に把握することです。そのカギとなる受付方法を考えてみましょう。

総合受付と保育室で受付

園庭もしくはエントランスに総合受付を設置。ここでは子どものクラス名だけを伝えてもらい、各クラスの保育室に進んでもらいます。各保育室の受付担当が、保護者が持参した引き取りカードと、園が保管している引き渡しカード（148ページ参照）を照合し、引き渡しカードにサインをもらってから子どもを引き渡します。

ここがグッド！
総合受付で各クラスに引き取りに来た人数を一度に把握できるので、各クラスに聞いて回る必要がありません。また、クラス名を聞くことで、不審者の侵入を未然に防ぐことができます。

ここに注意！
総合受付が混雑しないように、乳児クラスと幼児クラスに分けて複数の担当者を配置するなど、混雑を緩和する工夫が必要です。

クラスごとに保育室で受付

総合受付を設けるのが難しい場合などは、保護者に各保育室まで直接行ってもらい、クラスごとに受付をする方法もあります。ただし、ここで初めて保護者と顔を合わせるため、防犯上、受付は保護者とのかかわりが深い担任や副担任が責任をもって行います。

ここがグッド！
保護者は保育室に直行するので、園の入り口付近での混乱を回避できます。また、担任・副担任が受付をすることで、保護者の安心感につながり、落ち着いて引き渡しができます。

ここに注意！
担任・副担任が受付対応をするため、子どもの様子を見る職員を別途配置する必要があるかもしれません。また、引き渡し状況を集約するため、定期的に効率よく園長・主任に伝えるようにします。

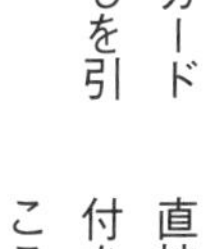

国崎チェック！
職員が動かなくても引き渡し状況を把握できるように、ふだんから職員間でトランシーバーなどで情報共有をできるようにしておくのも一つの方法です。

Check 3

引き取りカードと引き渡しカード

保護者の引き取りカードと園の引き渡しカードは、引き渡しをミスなくスムーズに行うための重要な情報源です。大事な情報がもれていないか、いま一度内容を確認しましょう。

引き取りカード（保護者用）

緊急・災害時引き取りカード

あっぷこども園

きりん　組　園児氏名　あっぷ美香

	引き取り登録者氏名（優先順）	続柄	連絡先
1	あっぷ花子	母親	090–○○○○–○○○○
2	あっぷ太郎	父親	090–○○○○–○○○○
3	あっぷ一郎	祖父	080–○○○○–○○○○

補記	ご自宅の災害リスク
ご自宅がある地域のハザードマップを確認し、以下の災害リスクについて、該当するものに○をつけてください。 ・土砂災害（ある・なし） ・津波（ある・なし） ・洪水（ある・なし）	

【注意事項】

家族構成が変わったとき、連絡先の番号に変更があったときには、速やかに園に報告してください。

連絡先：あっぷこども園（代表）044－××××－○○○○

引き取りカード

保護者証と一緒に携帯してもらおう

保護者証は、園に出入りするためのパスポート。同様に身分証となる引き取りカードは、紛失防止のために保護者証と一緒にケースに入れて携帯してもらいましょう。

引き取りカードには、できれば園で決めた引き取りルールなども記載しておきましょう。書類にまとめて配るよりも、必要に迫られたとき、すぐに保護者が確認できて便利です。

国崎チェック！

引き取りカードの裏面には、園で決めた引き取り時のルールや、災害用伝言ダイヤルの利用方法など、災害時の園からの連絡手段について記載しておけば、万全です。

引き渡しカード（園の保管用）

緊急・災害時引き渡しカード

あっぷこども園

きりん 組　園児氏名　あっぷ美香

	引き渡し登録者氏名	続柄		連絡先
1	あっぷ花子	母親	職場	044 －△△△△－□□□□
			携帯	090 －○○○○－○○○○
			住所(勤務地)	神奈川県△△市□□区……
2	あっぷ太郎	父親	職場	03 －□□□□－△△△△
			携帯	090 －○○○○－○○○○
			住所(勤務地)	東京都○○区△△△……
3	あっぷ一郎	祖父	職場	――
			携帯	080 －○○○○－○○○○
			住所	神奈川県□□市△△△……
	兄弟姉妹			
	あっぷ　健	兄		○△小学校４年Ｂ組 担任：鈴木
	代理人氏名			
	学研まなぶ	叔父	携帯	090 －○○○○－○○○○
			特徴	鼻の横にホクロがある。

【備考欄】○△小学校：044 －△△□－○○○○

引き渡しカード

常に最新情報に更新しよう

緊急・災害時の引き渡しカードの内容は、園児の個人カードなどと重複する箇所がありますが、それでも別に作成するのが必須。災害時に特化したカードがあれば受付で確認する際に便利だからです。

また、情報は常に最新の内容に更新することが重要。引き取り人や連絡先が変わったら必ず伝えるよう、保護者に頻繁に注意を促します。

国崎チェック!

引き渡しカードには、きょうだいの名前、学校名などを明記し、備考欄にきょうだいが通う学校の連絡先を記載しておけば、災害時に連絡を取り合うのに便利です。また、代理人の記載欄もつくり、確認の目安となる代理人の特徴をメモしたり、顔写真を貼っておいたりすれば万全です。

Check 4

「こんなとき」に備えたルールづくり

災害時には、想定外の出来事が起こりやすいもの。訓練の中で、起こりうることを想像して解決策を考え、ルール化して保護者や行政などと共有することが大切です。

ケース1

24時間以上経っても引き取りに来ない

大地震などの災害が発生したときは、交通手段が寸断されたり、保護者自身が病院へ搬送されたりと、何が起こるか分かりません。保護者が24時間以内に引き取りに来られない場合の園の対応を決めておく必要があります。例えば、左のようなフローチャートを作っておくと安心です。事前に行政とも確認し、訓練時、保護者にも伝えましょう。

24時間以内に引き取りがない場合の流れ

地震発生から24時間は園で待つ
（園舎に被害がない場合）

↓ 24時間後

避難所もしくは系列園などへ移動する
（24時間以上経過もしくは園舎に被害がある場合）

↓ 48時間後

一時的に震災遺児として養護施設でケアする
（72時間以上経過した場合）

（地震発生から72時間後）

ケース2

未成年の兄・姉が引き取りに来てしまった

同じ地域の小学校や中学校に通う園児の兄・姉が下校後に園児を引き取りに来ることも考えられます。こうした事態に備え、引き渡しカードに兄・姉の情報も記入し、園児のきょうだいを把握しておきましょう。きょうだいが園に来たときは、保護者に連絡して園児の兄・姉であることを確認し、保護者到着まで一緒に待機するようにした方が安全です。

ケース3

代理人が引き取りに来た

引き取りカードに記入してある保護者が来られない場合を想定しましょう。例えば、引き取りの優先順位の1番目が母親、2番目が父親、3番目が祖父となっているのに、3人とも来られず、保護者が急きょ、近所の親戚に頼むことも考えられます。

引き渡しカードに記載がない人が「頼まれて来た」と言っても、保護者に連絡をして確認がとれるまでは引き渡さず、子どもと一緒に園で待機してもらうのが鉄則です。

ケース4

保護者が自宅の様子を把握していない

外出先から直接園に来たため、自宅の状況を把握していないという保護者は多いはず。家の耐震性などに不安がある場合、自宅が被害を受けていることも考えられます。

場合によっては、子どもを残していったん保護者だけが自宅の状況を確認しに行ったり、不安なら一時的に子どもとともに園に避難したりする選択肢もあることを伝えましょう。

Check 5

地域の園・学校と協力体制をつくる

災害は想定外の被災をもたらす可能性があります。園舎に留まれない状態になったり、けが人が出たりと、園の職員・保育者だけでは対応できないことも。近隣の他園や学校と協力することも考えましょう。

地域で連携すると引き渡しも効率UP

災害時は、一つの園だけで対応しようと考えると、負担が大きすぎて難しくなります。特に、保護者が24時間経っても引き取りに来られないケースでは、地域で助け合うのが理想的です。

例えば、学区内の幼稚園・保育園・小学校などが連携し、「被災24時間後は、残った子どもは小学校で待機する」などと決めておけば、子どもを見守るスタッフの確保もしやすくなります。きょうだいが小学校にいる場合、一緒に保護者の迎えを待てるので、子どもの不安を和らげられるだけでなく、保護者も引き取りが1か所ですみます。

地域の園・学校・行政のつながりがもたらすもの

近隣の園や小学校・中学校との連携を強化するために、SNSや電話などの緊急・災害時連絡網を作成するのがお勧め。できれば行政とも連絡網を共有すると、各施設の被害状況をいち早く共有できます。

この連絡網は、防犯にも役立ちます。例えば、園で不審者を見つけて警察に連絡するだけでなく、連絡網を利用すれば、不審者情報を素早く共有することができます。

保護者との情報共有を徹底！

入園前説明会・保護者会

園の安全対策についての情報共有ができる「保護者のための行事」ともいえる、入園前説明会と保護者会。入園前説明会では主に園の方針とルールを、保護者会ではより具体的な安全対策を共有します。それぞれで伝えるべきことについて、紹介します。

Check 1 入園前説明会編

何を伝える？どう伝える？

入園前説明会時に、防災防犯面で伝えるべきことは？内容を整理しながら、伝え方にもひと工夫！

なぜ入園前説明会時に？どうやって説明する？

園の防災防犯対策についての説明は、慌ただしい園生活が始まる前の入園前説明会時がベスト。4月に登園が始まってから説明したのでは、万が一入園後すぐに被災した場合、十分な対応ができない可能性があります。十分な備えを伝えることで、保護者もこれから入園する園に対する信頼が芽生え、安心感をもって園生活をスタートすることができます。

では、入園前説明会で伝えるべきことはどんなことでしょうか。トピックとしては、防災、防犯、情報セキュリティ、そして感染症対策などが挙げられます。説明会ではトピックごとに分けて話していくとよいですが、その際大事なことは、トピックごとに、

・園の方針・対策
・方針・対策に伴うルール
・保護者にお願いすること

を意識しながら説明することです。園の方針、保護者が守らなければならないこと、協力すること。これらを整理して話すと伝わりやすくなります。

3つのことを意識しながら伝えよう

□ **園の方針・対策を伝える**

例）「当園には○○の災害リスクがあります。子どもの安全を十分に確保するため、引き取り訓練をはじめ、防災訓練を1年に○回行います。……」

□ **方針・対策に伴うルールを伝える**

例）「引き取り訓練では、保護者のみなさんにも必ず参加していただきます。その際、保護者証着用と引き取りカードの持参を守ってください」

□ **保護者へのお願いごとを伝える**

例）「炊き出し訓練などでは、ぜひみなさんのご協力をお願いします。……」

しっかり伝わる!

工夫ポイント

ポイント
1 書類で情報を視覚化!

伝えることはすべて、事前に書類にまとめて配り、それに沿って話すのが鉄則! 特に大事なこと、強調したいことは「最重要!」「要保存!」と書き込んだり、文章だけでなくイラストや図も多用したりします。話だけ、文章だけで理解してもらおうとせず、視覚的にも理解がしやすい書類作成に努めましょう。

ポイント
2 書類は一括して渡す!

説明会で配った書類は、安全対策に限らず全てをまとめてとじて渡すのがベスト。書類が埋もれないように、家の目につく場所に保管してもらいます。とじないで渡す場合は、各自冊子状のクリアファイルを持参してもらい、説明が終わるごとに1枚1枚ファイルに入れてもらう、という方法もあります。

ポイント
3 ルールと「お願い」の使い分け

説明するときは、言葉の使い分けも大事。守ってほしいルールを話すときは「…なので守っていただきます」。協力を得たいことは「…をお願いします」。どんな内容でも語尾を「お願いします」とすると、インパクトが弱く、重要な事柄も軽く受け流されてしまうことがあるので、意識して使い分けましょう。

ルールを伝える場合

保護者証着用が
園のルールなので
守っていただきます

お願いを伝える場合

密を避けるため
速やかなお迎えを
お願いします

国崎チェック!

説明会時に保護者から挙がった質問は、その場で答えるだけでなく必ず書き留めて。次年度の書類作成時に、質問に対応した内容も入れて、アップデートしましょう!

Check 2

防災防犯面で伝えることは？

「対策・ルール・お願い」を意識しつつ、必ず伝えたいことを整理しましょう。

防災

園の災害リスクと安全対策を共有

地域によって災害の種類はさまざまです。まずは、地域のハザードマップを見ながら、園周辺の災害時の危険性について説明し、園がどのような災害リスクを抱えているのかを伝えて、保護者と危機意識を共有しましょう。その上で、園で行っている安全対策や備蓄、災害時の避難方法、SNSなどでの情報発信のシステムを伝えていきます。

国崎チェック!

商業施設やビルの中にある園では、施設の防災センターと連携して、事前に防災マニュアルとすり合わせておきます。説明会では、園だけではなく施設全体の防災対策を伝えられるようにしましょう。

引き取りのルールはしっかりと伝える

引き取りの方法は、入園前の保護者にとっては最も知りたい情報の一つです。引き取りの際のルールを、持参してもらう引き取りカードなどを実際に見せながら説明し、必要な書類は4月の入園よりも前に提出期限を設定して、回収するようにします。引き取りのルールは、引き取り時に持ってきてもらうカード等にも記載しておくのがお勧めです（148ページ参照）。

備蓄や訓練など協力のお願いは最後に

例えば「預かり備蓄」の提出や、引き渡し訓練への参加、炊き出し訓練のボランティアなど、保護者の協力が必要なことは、最後に「お願い」という形で伝えます。その際、なぜ協力が必要なのか、子どもの安全にとっていかに大事かを、それが役に立った実例を具体的に挙げるなどして、保護者にとって他人事にならないように伝えていきましょう。

防犯

登降園時のルールはきっぱりと伝える！

防犯、特に不審者対策も、これから入園する保護者にとっては知っておきたい情報。施錠システムや防犯カメラなどといった園内設備のセキュリティや不審者訓練の内容、園外保育時の防犯対策など、園で行っている安全対策を丁寧に伝えます。

でも、特に伝えたいのは、保護者に向けたルールを徹底してもらうことです。例えば、登降園時は必ず保護者証を身に着けること。園の門扉を開けるときは、保護者証を着けていない人は決して中に入れず、インターフォンで連絡してから入ってもらうこと。これらは全て、保護者がルールを守らないことには、対策として何の役にも立ちません。

保護者には、なぜ厳しいルールを設けているのか、その理由も述べた上で、その大切さが分かるようしっかりと伝えましょう。

登降園時のトラブル情報は園への報告をお願い

家から園までの通園路でトラブルがあったり、不審者に遭遇したりしたとき、保護者によっては「園内のことではないから」とあえて園には報告しないこともあります。が、園は地域との関係も深いので、そういった情報を知らないままだと、地域との連携に支障が出てしまったり、不審者情報を地域のほかの施設と共有することができなくなったりします。園外のトラブルであっても、速やかに園に報告してもらうようにお願いしましょう。

Check 3

情報セキュリティと感染症対策

防災防犯に加えて、伝えておきたい危機管理を紹介します。

SNS上の写真掲載に厳重警戒を呼びかけて!

個人情報保護の観点から、SNS上の写真掲載についてはますます強い警戒が必要になってきています。説明会では、園のホームページ上での個人情報保護のあり方を説明するだけでなく、保護者個人のSNSに園児の写真を掲載することについても、注意喚起をする必要があります。例えば、相手の許可を得ずに友達の園児の写真を掲載することは、個人情報を世界中にさらすことになることを説明し、掲載には大きな責任が伴うことをしっかり伝えましょう。

感染症対策についてもぜひ伝えて!

コロナ禍を経たいま、感染症対策も、防災防犯と同様に園の方針を保護者に伝えるべきこととなりました。入園を控えている保護者も、子どもや保育者が感染した場合の園の対応を知りたいはずです。

そこで、新型コロナウイルスやインフルエンザなど感染が発生した場合の施設の利用制限や保育内容の変更、衛生対策などといったガイドラインを作成して配ることを勧めます。

それと同時に、コロナ禍を通してどのように保育を行ってきたのか、行事の見直しをどのように進めてきたのかも伝えるといいかもしれません。非常事態の中で園が何を大事にしてきたのかを話すことで、その園の保育の根幹や姿勢も保護者に伝わるはずです。

また、感染症流行下での保護者のマスク着用や入室制限など、園で方針として決めていることもルールとして伝えましょう。ただし、一方的に伝えるのではなく、質問の時間をつくるなどして、保護者が疑問や不安を伝えられる場も設けると、理解を得やすいです。

国崎チェック!

写真撮影するときは、位置情報の設定を必ず「オフ」に。「オン」にして撮影した画像をSNSに掲載すると、そこから撮影場所が特定されてしまうので、場所が分からないように撮影・掲載しても無意味です。

保護者会編

Check 1

園の防災対策を伝える

入園前説明会で丁寧に伝えても、防災防犯対策への意識が薄まらないよう、毎年の保護者会で繰り返し伝えるべきことがあります。

これだけは保護者会で伝えたい

まず、地域の災害リスクを知らせましょう。園や保護者の自宅がどのような土地に建っているのかを、ハザードマップで確認して情報を共有します。そのうえで保育中の地震、風水害時の避難場所、保護者への連絡方法など、園の対応策を伝えましょう。

災害は、夜間や休日にも起こります。その場合、翌日開園するかどうか、職員の体制はどうなっているかも伝えておく必要があります。

共有する項目	園の対策
地域の災害リスク	・地域のハザードマップでどんな災害の危険があるかを伝える。 ・保護者からも危険な場所を指摘してもらい、散歩マップに反映。
災害時の避難方法	・地震、風水害時の避難場所を伝える。 ・24時間引き取りを待つ場合の避難場所、過ごし方を伝える。
被災・被害時連絡方法	・連絡先一覧を作成し、保護者と共有する。 ・SNS、災害用伝言板などでの連絡方法を伝える。
引き取り方法	・保護者証の確認。 ・引き取りカードについて説明。 ・保護者の代理人が引き取りに来る場合の確認をする。
夜間・休日の対応	・災害発生翌日に開園するかどうかなどの、決定事項を伝える。 ・職員の体制を伝える。

Check 2

被災・被害時の連絡手段

SNSや一斉メール以外にも保護者への連絡手段があります。電話やインターネットがつながりにくいときでも、安心して伝言を残せます。

被災・被害の直後は、保育者が電話対応をしていると、子どものケアがおろそかになってしまいます。保護者には、園へ連絡をしないで園からの情報発信を待つように伝えましょう。

園から保護者への連絡方法には、Facebookなどといった SNSのほか、災害用伝言板、災害用伝言ダイヤル「171」があります。

災害用伝言板（スマートフォン・携帯電話）

震度6弱以上の地震など、大規模災害が起きたときに運用が開始され、安否確認ができます。園が安否情報を登録したことを、保護者など、あらかじめ指定した相手にメールで知らせます。パソコンからも確認できます。

コメント例

> **あっぷこども園**
> **本日の出席**：園児○名、職員○名
> **施設に残り待機**
> ご家庭からの電話はご遠慮ください。
> お迎えに来られるまで職員がお子さんを
> お預かりしています。なお、園から保護者の
> 方へ連絡する場合があります。

国崎チェック!

伝言板も伝言ダイヤルも「端的」が鉄則！
必要以上の情報、不安感をあおる情報は
避けましょう。

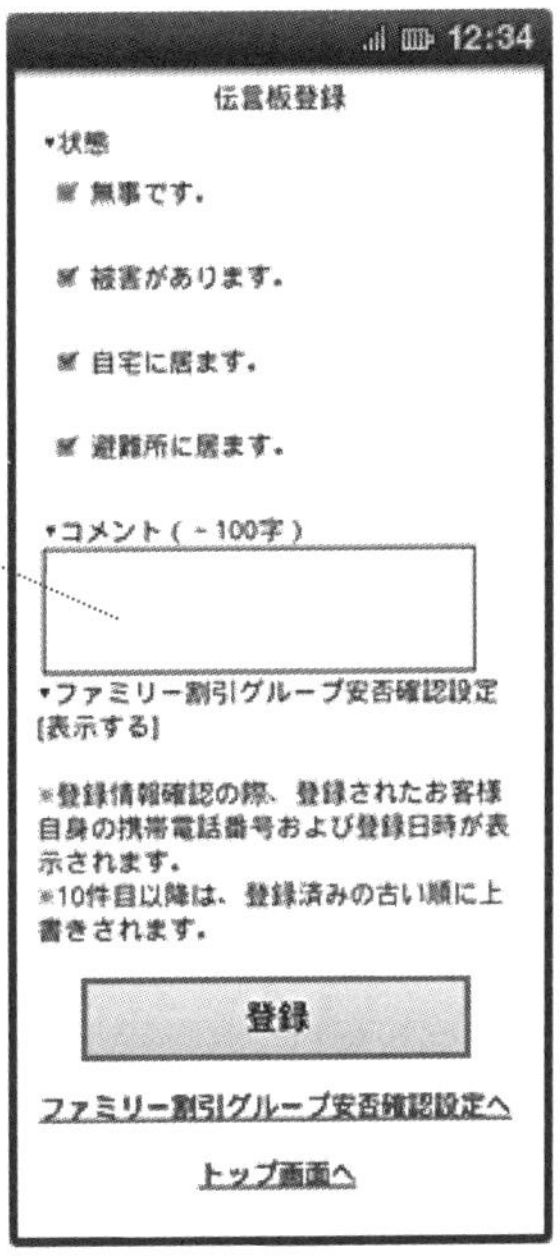

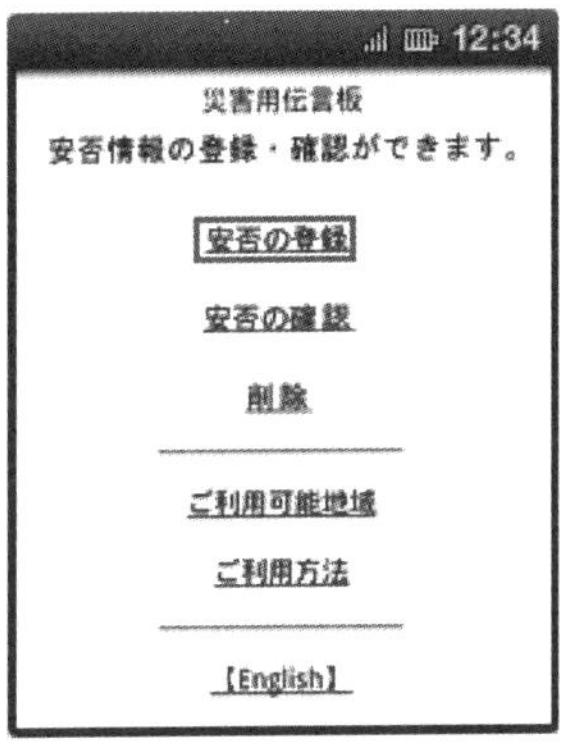

※画面はＮＴＴドコモの場合。

災害用伝言ダイヤル「171」

自然災害で被災地への通信が増加し、つながりにくい状況が発生した場合に提供される声の伝言板です。提供の開始、登録できる電話番号、伝言録音時間や伝言保存期間など、運用方法・提供条件は、状況に応じてＮＴＴが設定。テレビ・ラジオ・各エリアのＮＴＴ公式ウェブサイトなどを通して知らされます。ただし、録音件数が限られているため、保護者には、再生のみで録音はしないように伝えましょう。

伝言を再生する

1. 171に電話をする。
   ↓ 利用案内が流れる。
2. 2を押す。
   ↓ 利用案内が流れる。
3. 園の電話番号に市外局番からかける。
   ↓ 利用案内が流れる。
4. **ダイヤル式**：そのまま伝言が再生される。再生が終われば電話を切る。
   プッシュ式：1を押すと再生される。
   ↓
5. **プッシュ式**：再生を繰り返すには8
   プッシュ式：再生を終了するには9
   ↓
6. **プッシュ式**：伝言を追加して録音する場合は3

伝言の録音（30秒以内）

1. 171に電話をする。
   ↓ 利用案内が流れる。
2. 1を押す。
   ↓ 利用案内が流れる。
3. 園の電話番号に市外局番からかける。
   ↓ 利用案内が流れる。
4. **ダイヤル式**：そのまま伝言を残し、電話を切る。
   プッシュ式：1を押して伝言を残す。
   ↓ （ここで電話を切っても録音されている）
5. **プッシュ式**：録音した音声を確認するには9
   プッシュ式：録音をやり直すには8

※災害用伝言板、災害用伝言ダイヤル「171」の詳しい利用方法は各社ウェブサイトでご確認ください。

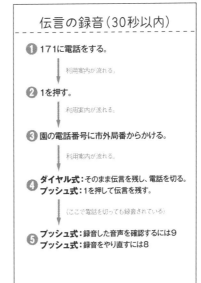

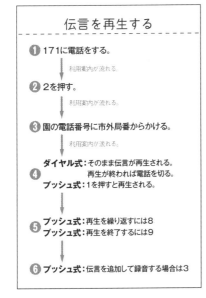

Check 3

保護者証の着用を徹底

不審者を園内に入れないためには、
登降園時の園による保護者証確認の徹底はもちろん、
保護者にも、外部の人が紛れ込まないよう注意してもらうことが大事。
保護者会の際に協力をあおぎましょう。

保護者証は子どもの命を守るパスポート

保護者証は、保護者と子どもをつなぐ証明書です。保育者が保護者と顔見知りでも、保護者証を忘れた場合、必ずサインをもらって本人確認をします。また、園オリジナルのストラップを作ってまねされない工夫をすれば、より安心です。

家族以外にもお迎えの保護者が複数いる場合は、1枚の保護者証をコピーすることがないように、園の公印入りの保護者証を数枚用意するくらい徹底したいもの。保護者にも、安全に対する園の真剣な姿勢が伝わります。そしてより安全を期するために、卒園・退園時には必ず園に返却してもらうようにします。

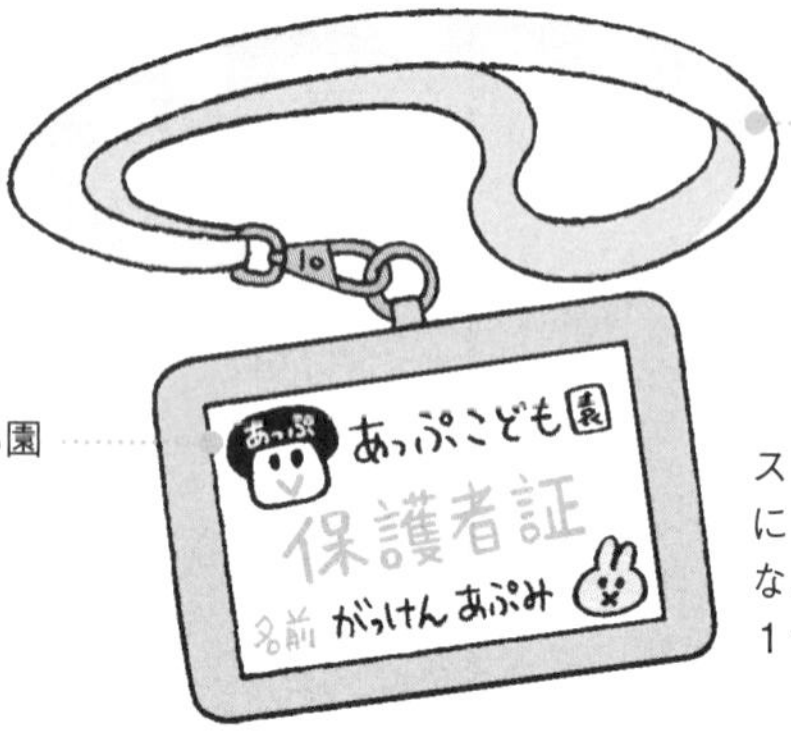
オリジナル模様のストラップ
あっぷこども園のマーク
あっぷ
あっぷこども園
保護者証
名前 がっけん あぷみ

ストラップはまねできない絵柄にし、保護者証もクラス名にちなんだ絵柄や子どもの絵など、1つしかないものに。

園外の人が紛れないよう保護者に注意喚起を！

登降園時は要注意！ 保護者が子どもと一緒に門を通るときに、部外者も便乗して入ってくることがあります。保護者は「自分の知らない保護者かな」と思って見逃してしまい、その結果、不審者にスキを与えてしまうことになります。

保護者証を着けておらず、顔見知りでない人を保護者が見かけたときは、「今日は保護者証をお忘れですか?」と、一言声かけをしてもらうようにしましょう。

国崎チェック!

せっかく保護者証の着用を徹底しても、保護者の「親切心」一つで台無しになります。保護者証を着用していない来客者に対しては、チャイムを押して待つように伝え、扉を閉めるのが鉄則。保護者にも“心を鬼”にしてもらうように伝えましょう。

すみません 保護者証を着けていない方はピンポンして入ってください
開いているので入ってもいいかなとつい思っちゃいました

いかにも業者風の人が「工事でうかがいました」などと言っても、一緒に入らないように保護者にも徹底してもらおう！

第4章 保育時の安全対策

Check 4

家庭での防災防犯意識も高める

家庭での防災対策や、登降園時の災害・犯罪など、被災・被害に遭ったときの対処法を保護者と確認し合いましょう。

家庭での対策と登降園時の危機管理情報を共有

園での安全対策と同様に、家庭内での安全対策も確認してもらいましょう。また、散歩時の園の危機管理体制をしっかり説明し、登降園途中に災害が起こったり、事件に遭遇したりした場合も、園と同じように対処してほしいことを伝えます。

登降園時の危機管理としては、自宅周辺の危険箇所や不審者情報の有無を確認します。この情報を散歩マップにも反映し、園と保護者全員で共有しましょう。

被災時のリアルなイメージを思い描こう

実際に被災したとき、自宅に留まる、避難所に移る、震災疎開をするなど、その後の行動を決めている家庭は意外と少ないもの。保護者が一堂に会している機会に、グループで被災時の行動シミュレーションを考えてみるのもお勧めです。同じテーマを家族でも話し合って、決めたことを後日園に知らせてもらうと、被災時の園の対応に役立てられます。

また、保護者会の日に避難訓練も行うと、保護者に積極的に参加してもらえるチャンス。体験を通して、被災するイメージを描きやすくし、家庭でも園でも防災の意識を高めましょう。

保護者向け安全対策度チェック

□	耐震性	住まいの耐震性に問題はない？
□	固定	家具・電化製品の固定をしている？
□	備蓄	災害時に役立つものを備えている？
□	外出時の意識	自宅から園までの危険箇所を認識している？
□	有事の行動	いざというときに逃げる場所、助けを求める場所を決めている？
□	教育	子どもに安全教育をしている？

国崎チェック！

災害時の危険箇所を確認し合いながら、被災したときにどう避難すればよいのかを知恵を出し合って考えます。ここでの情報は園の散歩マップにも反映させましょう。

国崎信江（くにざき・のぶえ）

危機管理アドバイザー　危機管理教育研究所代表

阪神淡路大震災に衝撃を受け、防災対策の研究を始める。防犯・事故防止対策にも幅を広げ、特に子どもの命を守るための危機管理に力を注ぎ、被災地での支援活動、講演・メディアを通しての情報発信をしている。内閣府、気象庁、文部科学省などの防災関連の委員、神奈川県などの防災アドバイザーを歴任。著書に『保育者のための防災ハンドブック』（ひかりのくに）、共監修に『クイズでわかる生き残り大作戦! 防災のサバイバル』（朝日新聞出版）など。

子どもと保育を守る！

［令和版］園と保育者の防災防犯大全

ダウンロードコンテンツつき

取材協力園	なかよし大富保育園　はやきた子ども園 幼保連携型認定こども園せいめいのもり 益城町立第四保育所 アヴニール・おこばこども園 こがね保育園（熊本県）　さざなみ保育園（熊本県） 菊池さくら保育園　益城町立第一保育所 益城町立第五保育所（掲載順）
編集協力	ゆいプランニング
デザイン	FROG KING STUDIO
本文DTP	明昌堂
イラスト	やまおかゆか
撮影	山本倫子（国崎信江ポートレート） 大野真人（P73）
写真提供	危機管理教育研究所（P78、P104） 益城町役場こども未来課（P106-107）
校正	草樹社

本書は、『ほいくあっぷ』2020年4月号～2023年3月号に連載として掲載された記事をもとに、加筆・修正してまとめたものです。